정신력의 기적

D.J. 슈워쯔 / 이정빈옮김

지성문화사

정신력의 기적

D. J. 슈워쯔/이정빈 옮김

꾸준한 노력,
이것이 당신에게 승리를 안겨 준다. 노고를 마다하지 말라, 옛 친구여! 용
기를 내라, 중단하긴 더없이 쉽다. 고통은 지치지 않는 법이다.
하지만 희망의 등불이 꺼지면 더욱더 싸워야 한다. 그래야만 전과도
큰 것이다. 모든 것이 파괴되고 참패당하고
상처입는 지독한 사태를 경험하더라도 다시 한 번 시도하라. 죽기는 더없이
간단하다. 고통은 삶을 연장하는 것.
ㅡ로버트·사비스

인간의 정신력은 무한한 기적을 창출한다

이 책은 보통 책과는 다르다. 어쩌다 생각날 때에나 읽고 남에게 줘 버리든지, 아니면 서가에 꽂아 두고 두 번 다시 거들떠보지도 않는 책과는 다르다. 이 책은 당신을 성공시켜 행복하게 만들기 위한 안내서로 만든 것이다.

마음이라는 신비한 도구

보통 사람들은——물론 당신은 그런 사람은 아니다. 그렇다면 당신은 이 책을 읽지 않을 것이다——우리가 '마음'이라고 부르는 신비한 도구를 너무나 업신여기는 것 같다. 사람들은 이 신비한 도구를 방치한 채 개발도 컨트롤도 하지 않고 있다. 당신의 두뇌라는 훌륭한 '생각하는 기계'는 행복, 번영, 마음의 평화, 그리고 하려고 하는 것은 무엇이나 성공시킬 수 있음을 당신에게 보증하여 주려고 한다. 그러므로 정신력의 소유자들이 살고 있는 세계에 빈곤이 존재한다는 것은 아무래도 놀라운 일이다. 이 엄청난 영향력의 일부분만 이용한다 해도 인간이 걸머진 문제들은 사라질 텐데……. 그러나 빈곤이 남아 있다는 것은 우리가 아직도 그 지식을 완전히 사용하지 못하고 있다는 명백한 증거가 아닐까?

이 책은 무엇을 가르치고 있는가?

실제로 사람들이 성공하는 것보다는 실패하는 쪽이 보다 커다란 기적일지도 모른다. 오늘날 우리들의 세계는 바르고 현명한 노력을 하는 사람들은 대개 성공이 보장되도록 되어 있기 때문이다.

❶ 이 책은 당신이 상상도 못할 만큼 부를 만드는 방법을 가르치고 있다.

❷ 이 책은 당신이 놓쳐 버린 시간과 노력을 돌이키는 데에 도움이 되는 사고과정의 조직적인 재편성 방법을 가르치고 있다.

❸ 이 책은 당신의 목적지에 더 빨리 도착하기 위한 많은 지름길을 밝히고 있다.

❹ 이 책은 성공할 가망이 없는 상황에 빠져 버린 것처럼 보이는 당신에게 거기서 벗어나는 이유와 방법을 찾는데 도움을 준다.

❺ 이 책은 인생의 여러 가지 문제에 곤혹을 느끼고 있는 당신에게 쉽고도 간단하게 재빨리 효과를 거둘 수 있는 해

결법을 가르치고 있다.

❻ 이 책은 인생에서 더 많은 흥분과 적극적인 드릴을 얻으려는 당신에게, 그리고 권태로움에서 벗어나 인생을 즐기려는 당신에게 그 방법을 가르치고 있다.

❼ 이 책은 이기는 경우보다도 지는 경우가 많은 당신에게, 항상 이기고, 결코 지지 않는 적극적인 방법을 밝히고 있다.

이 책에 상세히 설명되어 있는 철학을 실제로 활용한 많은 사람들은 더 많은 돈을 벌고, 더 많은 행복을 찾아내고, 더 많이 판매하고, 어린이들을 더 많이 효과적으로 가르치고, 더 잘 관리하여 사람들에게 영향을 미치며 그 밖에 여러 가지 방법으로 인생의 톱에 서고, 인생을 자기에게 보탬이 되게 하는 방법을 배워 왔다.

▇참다운 지혜란?
▇오늘날 우리는 사람들이 '지식의 폭발'이라고 말하는 것을 자주 듣는다. 새로운 지식을 갖추어 두기 위해서만도 10년마다

도서관의 면적을 배로 늘리지 않으면 안 된다고도 한다. 그러나 불행하게도 지식은 놀라운 기세로 늘어나고 있는데도 실제로 도움이 되는 지식——정신적인 만족, 사랑, 그 밖에 좋은 것을 우리에게 가져다 주는 지혜는 그리 많지 못하다. 예리하고 슬기로운 지혜는 여전히 매우 드물다. 그러나 우리는 다음 사실을 알고 있다——만일 우리가 현명하다면 행복하다는 것을, 우리가 현명하다면 성공할 수도 있는 것이다.

만일 당신이 생각하는 사람이라면, 만일 당신이 정신력의 내부에 있는 지식을 개조하는 방식을 받아들일 생각이 있다면, 이 책은 당신에게 도움이 될 것이다. 만일 당신이 심리의 노예라는 데에 진절머리가 나고 보통 삶에 싫증이 나며, 과거의 성과에 실망하고 있다면 나의 친구여! 지금이야말로, 바로 지금이야말로 당신의 사고 과정을 영구히 바꾸는 체험을 서둘러 착수해야 한다.

David J. Schwartz

차례

정신력 활용으로 도움얻기

제3장

고민을 없애고 활기를 되찾으려면

제4장

차례

남을 지배하고 조종하기 위한 정신력의 활용방법

어떻게 하면 공포를 극복할 수 있는가

더 빨리 출세하려면 크게 생각하라

제7장

소망 달성을 위한 심리 조절의 응용

제8장

차례

마음의 작용을 세 배로, 지력으로 부자가 되려면

정신력을 강화하여 그 혜택을 증가 시키려면

제1장

인생의 더 좋은 큰 몫

인생은
움츠리고 살기에는
너무 짧다. 나는 위를 보고
밖을 향하여 걷고 싶다.
나는 좀더 행복하기를 원한다.
나는 좀더 생활을 즐기고 싶다.
나는 성공하고
싶다.

인생의 더 좋은 큰 몫

당신은 지금 앞으로 남은 인생에 풍족한 보수를 가져올 모험을 향해 출발하려고 한다.

당신은 더 많은 행복, 더 많은 돈, 더 많은 마음의 평화 따위, 온갖 좋은 것을 더 많이 얻기 위해 당신의 정신력을 활용하는 새롭고 신선한 방법을 배우려고 하는 것이다.

당신의 훌륭한 정신력을 이해하고——그것을 활용하는 것보다 더 매혹적인 것은 이 세상에 있을 리가 없다. 당신은 그것을 충분히 즐길 것이다. 그러나 오직 하나 바람이 있다. 이 제1장은 될 수 있는 대로 천천히 읽기 바란다. 깊이 생각하면서 읽기 바란다. 내용을 잘 이해하기 바란다. 참다운 지혜를 받아들일 수 있도록 당신의 마음자세를 갖추기 바란다.

그럼 준비가 되었으면 다음으로 나아가자.

인생의 파이는 어떻게 나눌 수 있는가?

먼저 다섯으로 똑같이 나눈 커다란 파이를 연상하기 바란다. 다음으로 다섯 사람이 이 파이를 먹기 위해 자리에 앉으려고 하는 모습을 연상하기 바란다. 이 파이가 행복, 사랑, 돈, 마음의 평화라는 '인생에서 가장 좋은 것'이라고 하자. 이 파이를 먹으려고 하는 다섯 사람은 똑같은 지능, 교육, 경력을 지닌 사람들이다.

자, 이 파이가 '인생에서 가장 좋은 것'을 뜻하고 있음을 기억해 주기 바란다. 다음에 해야 할 일은 그 파이를 다섯 사람에게 나누는 것이다. 여기서 우리는 인생에서 가장 좋은 것을 나누는 바로 그 방법으로 이 파이를 나누려고 생각한다. 다음과 같이 하는 것이다.

다섯 사람 중에서 네 사람에게는 파이 한 조각을 나누어 준다. 그리고 남은 한 사람에게만 파이 네 조각 전부를 주는 것이다. 생각해 보라! 다섯 사람 중에서 한 사람은 다른 네 사람을 합친 것 네 배나 가지게 되는 것이다.

슈워쯔의 첫째 방법

이것이 슈워쯔(이 책의 저자)의 첫째 법칙이다. 다음 사실을 마음에 심어 두어야 한다.

—— 가장 좋은 것의 80%는, 20% 또는 그 보다 적은 사람들이 가지고 있다. 한 마디 덧붙이자면, 이 법칙은 오히려 소극적이라고 할 수 있다. 어떻게 해서 그러한 계산이 나오는지 살펴보자. 모든 회사의 주식과 부동산, 소득 중의 80%는, 20% 또

는 그 보다 적은 사람들이 얻고 있다.

여러 가지 방법으로 되풀이하고 되풀이하여 나는 이 법칙이 진실임을 실증해 왔다. 예를 들면 나는 과학적인 성과, 발명, 중요한 책, 위대한 예술의 80%는, 20% 또는 그 보다 적은 사람들이 창조하고 있음을 발견했다. 사업상으로 중요성을 띤 아이디어 가운데 80%는, 20% 또는 그 보다 적은 사람들이 생각해내고 있다. 인생에서 참으로 재미있는 것 가운데 80%는, 20% 또는 그 보다 적은 사람들이 즐기고 있다. 그리고 다음 사실도 의심할 여지가 없다. ──마음으로 사랑하거나 육체로 사랑하는 80%도, 20% 또는 그 보다 적은 사람들이 즐기고 있다.

이 법칙을 잘 생각해 보면 우리는 돈, 주식, 부동산, 비즈니스나 직업상의 성공과 달성이라는 모든 것에 이 법칙이 적용되는 것을 알 수 있다. 그러나 이것은 행복에도 변함없이 적용될 수 있는 것일까? 나는 '그렇다'고 생각한다. 다섯 가정 중에서 한 가정은 다른 네 가정을 합한 것과 맞먹는 행복을 누리고 있다. 가장 좋은 것은 대체로 이 '80-20'의 비율로 분배되고 있는 것이다.

이 슈워쯔의 '80-20의 법칙'은 개인 소득이나 판매, 행복, 사업상의 성공을 비롯하여 다른 어떠한 활동에도 적용된다. 이것은 하나의 법칙이다. 그리고 인력의 법칙이 틀림없는 것과 같이 이 '80-20의 법칙'은 명확한 것이다. 모든 자연의 법칙이 그렇듯 결코 사라지는 것이 아니다. 그러므로 슈워쯔의 '80-20의 법칙'을 당신은 머리에 새겨 두어야 한다.

모든 사람에게 필요한 지식이 있다. 사람들이 그 지식을 자신의 것으로 소유하지 못하는 한 다른 모든 지식은 그에게 해로운 것이다. ─톨스토이─

80-20의 법칙은 어떻게 이루어졌는가?

자, 우리의 다음 과정은 이 법칙의 '뿌리'를 이해하는 일이다. 그것을 이해하는 방법을 배우면 그것 때문에 파멸당하는 대신에 그것 때문에 도움을 얻을 수 있을 것이다.

왜 다섯 사람 가운데 한 사람만이 '가장 좋은' 파이를 5분의 4나 차지하는 것일까? 이 사람은 다른 네 사람과 어떤 점이 다를까? 그 비밀은 무엇일까? 어떻게 하면 당신 몫인 파이를 크게 만들 수 있을까? 어떻게 하면 네 사람 몫을 차지하는 다섯 사람 가운데 한 사람이 될 수 있을까? 이 책이 바로 당신에게 그것을 실현하는 방법을 제시하려고 하는 것이다.

이 문제를 연구하고 있는 전문가는 만일 우리가 전국민의 모든 돈, 모든 부를 각 사람들에게 골고루 나누어 준다고 해도 그 부가 현재 소유되고 있는 상태대로 되돌아가는 데에는 불과 몇 년밖에 걸리지 않을 것이라고 말하고 있다. 바꾸어 말하면 만일 각자가 같은 수량의 '공기놀이돌'을 받아 시작하더라도 다섯 사람 가운데 한 사람이 네 사람의 '공기놀이돌'을 소유하는 데에는 별로 시간이 걸리지 않을 거라는 뜻이다.

소득이나 부는 만일 그것을 공평하게 나눈다 하더라도 그것은 오래지 않아 불평등하게 재분배되는 결과가 온다는 것이다. 그것은 가장 좋은 것의 80%를 소유하는 다섯 사람 가운데 한 사람이 다른 사람들과 다르다는 점이다. 그에게는 무언가 특별한 점이 있다는 것이다. 그것이 대체 무엇일까?

무익한 학문을 많이 배우기보다는 항상 그대에게 쓸모 있는 몇가지 지혜로운 것을 아는 편이 더 낫다. ―세네카―

그 차이는 어디서 찾을 수 있을까 ?

이 커다란 차이는 지능——다시 말해서 생각한다는 타고난 능력으로 설명될 수 있을까 ? 만일 그것이 지성하고만 관계가 있다면 성공을 설명하기란 극히 간단할 것이다. 그러나 그렇지가 않다. 성공은 건강이라든지 행운(알맞은 때에 알맞은 곳에 있다든지, 알맞은 사람들을 알고 있다든지)과도 관계가 있다.

사람들에게 놀라운 차이를 안겨주는 그 손댈 수 없는 무엇인가는 '지능 지수'나 행운이나 교육 또는 어렸을 때 누렸던 좋은 환경같은 단순한 것이 아니고, 말로 표현하기가 매우 어렵고 힘든 것이다.

요약해서 말하면, 그 차이는 우리가 스스로 정신력을 계획하고 조직하고 지배하는 방법 가운데에서 찾을 수 있는 것이다. 되풀이해서 말하지만, 성공한 사람과 평범한 사람의 차이는 자기의 정신력을 계획하고, 조직하고, 지배하는 방법 가운데에서 찾을 수 있는 것이다.

여기서 당신에게 두 가지 질문을 하려고 한다. 그 첫째는, 당신이 '80-20의 법칙'을 이해하고 있느냐 하는 것과 둘째는, 당신도 80%를 소유하는 20%의 사람들 가운데 끼이고 싶으냐는 것이다. 질문 하나하나에 대한 당신의 답이 '예'라면 다음으로 나아가자. 어느 질문이라도 답이 '아니오'라면 시간을 헛되이 할 필요가 없으니까 여기서 이 책을 그만 읽는 게 좋을 것이다.

 바다 저편에 있는 행복을 구하지 말라. 신은 우리의 필요한 모든 것은 쉽게 얻을 수 있도록, 그리고 어려운 것은 필요치 않는 것으로 만드셨다. 이렇게 된 행복을 신에게 감사하라. —스코로보다—

평범한 사람들의 철학

나는 성공자와 극히 평범한 사람을 대표하는 수많은 사람들에게 그들의 인생 철학을 설명해 달라고 부탁하며 돌아다닌 적이 있다. 다음에 쓰는 것은 그 때 만난 80%의 사람들이 생각하는 사고 방식을 정리하여 본 것이다. 이 평범한 대표자를 윌리라 부르기로 하자. 그의 목표와 야심의 정도는 이렇다.

"나는 어디에서나 볼 수 있는 평범한 집에 살고 있습니다. 차도 역시 같습니다. 그리고 3년이나 4년마다 나는 그것을 다른 보통 차와 바꾸어 탑니다. 여름이 되면 한 번 정도는 처자를 데리고 한 주일 동안 여름 휴가를 즐기려 노력하고 있습니다. 그리고 할 수 있는 한 은행에 예금 구좌를 터서 주에 5달러씩 저금을 하지요. 그 곳에 맡겨 두면 돈은 절대로 안전하고, 주말에는 한 주일 걸러 한 번씩 로버트와 셀리를 집에 초청합니다. 한 주일 걸러 이번에는 로버트와 셀리가 우리를 자기들 집에 초청하기로 되어 있습니다.

나는 일이 즐겁지는 않습니다만, 그것은 생활비를 벌 수 있고 별로 힘든 일도 아니므로 견디고 있습니다. 나는 부자는 될수 없을 것입니다. 또 그렇게 되려고 생각도 하지 않습니다(그는 자기를 속이고 있는 것이다). 나에게 찾아 오는 기회를 노려서 어떻게 해 볼 수 있었으면 하고 생각하고 있을 따름입니다. 나는 커다란 목표 같은 것은 없습니다. 그 누구도 미래를 예언할 수는 없으니까요.

돈을 가진 사람들은 누군가를 속이지 않을 수 없었을 것입니다. 나는 아무도 속이고 싶지 않습니다. 나는 주식을 사려고는 하지 않습니다. 주식 시장이 폭락하면 손해를 보는 경우가 많기 때문입니다.

나는 이웃 사람들에게 특별히 주의를 기울이지는 않습니다. 그러나 인연이 있어서 이웃에 살게 되었으니까 나쁘게 대하지는 않습니다. 나는 보통 사람처럼 행동하려고 힘쓰는데 그것은 내가 무언가 평범하지 않은 일을 하여 이웃 사람들에게 이상한 인상을 주게되면 난처하기 때문입니다."

이것이 세상에 흔히 있는 윌리들의 사고 방식이다. 윌리들은 밤마다 거의 같은 시간에 잠자리에 들고, 아침마다 같은 시간에 일어나서 항상 같은 조반을 들고, 똑같은 불평을 하며, 똑같은 불만을 털어놓고, 같은 길을 따라 회사에 통근하고, 무표정한 얼굴로 동료와 인사를 나누며, 우중충하고 지저분한 곳에서 점심을 먹고, 똑같은 일을 하며, 언제나 다름없이 집에 돌아와서 거의 같은 저녁밥을 먹는다. 그리고 나서 피로한 몸을 쉬면서 한 주일 전에도 본 것 같은 텔레비전 프로를 보기 위해 거실로 자리를 옮긴다. 이러한 것이 윌리들인 것이다. 그리고 명심해 두어야 할 것은 당신이 알고 있는 사람들의 80%는 윌리의 부류에 들어간다.

엘리트의 철학

그럼 이번에는 성공하여 인생을 즐기고 있는 20%의 엘리트들이 안고 있는 철학을 살펴보자. 이런 부류의 사람을 촬리라고 부르기로 하자.

무엇보다도 촬리는 움츠리고 살기엔 인생이 너무나 짧다는 것을 잘 알고 있다. 그는 일부러 이웃 사람들의 감정을 해치는 일을 하는 경우는 없지만, 마찬가지로 그들의 망령된 고집은 조금도 걱정하지 않는다. 그런 일보다는 자기 생각이나 소망에 훨씬 더 관심을 두는 것이다.

이웃 사람이 잔디를 한 주일에 두 번 깎든 말든 그런 일은 전혀 관심 밖이다. 촬리는 자기가 정원을 손질하고 싶을 때 손질할 따름이다. 그는 다른 사람을 모두 평등하게 보고 있다. 그는 그의 성과에 비례하여 돈받는 일을 하고 있다. 만일 그가 야심과 재능 덕분에 더욱 생산을 많이 하면 그는 더 많이 돈받기를 기대한다. 마음 속으로 그는 스스로 운명의 주인공이라 믿고 있다.

촬리는 일년에 한 번만 휴가를 즐기는 게 아니라 되도록 자주 휴가를 즐긴다. 촬리와 그의 가족은 한 가지 일을 두 번 하는 경우는 좀처럼 없다. 그는 호기심이 강하여 무엇이나 경험하고 싶어한다. 그는 심리적인 뜻에서 위험스럽게 살기를 좋아한다. 그는 여러 가지 일을 적극적으로 한다.

가장 중요한 사항의 하나로, 촬리는 '안전'이라든지 '미래' 혹은 '내일'과 같은 것은 걱정하지 않는다. 촬리는 어떠한 상황에 놓이더라도 그것을 잘 피할 수 있다는 자신을 가지고 있다. 그는 안전은 밖에서가 아니라 안에서 생기는 것임을 잘 알고 있다.

일에 대해서라면 촬리는 날마다 적을 굴복시키고 있다. 자기를 억압하는 사람이라도 결코 두려워하지 않는다. 오히려 그는 경쟁을 좋아하는데 그것은 그의 일을 점점 더 흥미있게 만들어주기 때문이다. 촬리는 프로이다. 그는 무리들을 굴복시키려고 하는 대신에 자기 잠재 능력에 도전하는 쪽을 택한다. 촬리는 타고 싶은 차를 타고, 가고 싶은 곳에 가며 가족과 즐기고 자극을 얻기 위해서 인생을 산다. 그는 위대한 철학자 디즈레일리가 말한 "인생은 움츠리고 살기에는 너무 짧다"는 명언을 터득하고 있다.

촬리는 단조롭고 기계적인 일은 안하기로 하고 있다. 그는 인생에서 단조로움을 없애고 자기 자신을 생동하게 하는 일만을 한다.

촬리는 미래를 플로리다의 모래 언덕에 앉아서 멀리 보이는 한 점을 멍청히 바라보듯이 보는 것이 아니라 자기가 미리 정한 목표를 달성하는 때가 언제이냐를 예리하게 관찰한다는 자세이다. 촬리는 자연 법칙이 불확실함을 알고 있으므로 기회를 놓치는 일은 결코 없다. 촬리는 인생의 지도를 뒤쫓고 있다.

촬리는 자기 이웃이 어느 정도 버는지에는 관심이 없다. 오직 관심은 나는 얼마만큼 수입을 얻을 수 있느냐이다. 촬리는 아무런 문제 없이 평화롭게 사는 것은 원치 않는다. 촬리는 복도나 레스토랑이나 화장실 따위에서 상사나 동료들의 복잡한 부부 관계를 흥보는 짓은 하지 않는다. 촬리가 관심을 갖는 것은 오로지 자기 부부 관계이며 자기 성생활이다.

촬리와 윌리의 차이

여기에는 전혀 상반되는 두 가지 철학이 있다. 그리고 왜 촬리가 윌리의 네 배나 되는 몫을 인생에서 얻고 있는지 그 이유를 설명하는 것도 철학의 차이인 것이다. 윌리는 노예처럼 남의 뒤에 달라붙어서 걸어가는 인물일 따름이고, 현대의 평범한 소시민이며, 심리적인 예속자이다. 촬리는 자유인이고, 실행가

이며, 현대의 왕자이다.

다음은 당신도 할 수 있는 테스트이다. 당신이 잘 아는 사람 가운데 다섯 사람을 뽑아 주기 바란다. 그 다음에 이 다섯 사람 가운데 네 사람이 윌리의 부류에 들어가는지 어떤지 조사해 보는 것이다. 80%의 사람은 그들의 정신력을 대중에게 넘겨 주고 있다. 80%의 사람은 자기 힘으로 살려고 하지 않고, 다른 사람에게 자기 사고 방식을 지배하는 대로 맡기고 있다. 80%는 이미 항복하고 만 것이다.

일이 잘 되지 않는 경우에 윌리와 같은 사람들은 아내를 비난한다(또는 그들의 상사라든지, 어느 정치가라든지, 종업원을 비난한다). 윌리같은 사람들은 자기 문제임에도 곧 대역이 되는 사람을 비난하려 한다. 이와 같은 사람들은 문제를 일으키는 불합리한 점이 자기의 어딘가에 있다는 것을 도저히 알지 못한다.

그러나 촬리와 같은 사람은 아내를 나무라거나, 상사라든지, 종업원이라든지, 워싱턴에 있는 연방 정부를 비난하는 짓은 결코 하지 않는다. 촬리는 참다운 심리적 성숙에 이르러서 자기 자신의 잘못은 언제고 스스로 책임을 지려고 한다. 그리고 그렇게 함으로써 촬리는 성장하고 더 높은 책임의 수준에 도달할 수 있는 사람으로 자기 자신을 단련하는 것이다.

네 가지 나쁜 기적과 하나의 좋은 기적에 대한 기록

몇 년 전, 나는 대학 동창회 열 다섯 번째 연례 모임에 참석한 적이 있었다. 15년이란 세월은 달라진 모습을 보여 주기에 충분했다. 주말인 금요일에서 일요일까지 나는 학생 시절에 잘 알던 다섯 친구와 개별적으로, 많은 시간 이야기를 나눌 기회를 가졌다. 다섯 사람은 누구나 커다란 야심, 커다란 꿈, 커다란 희망을 안고 사회에 진출하였던 사람들이다.

이들은 모두다 같은 경험을 서로 나누고, 같은 사람들을 알고 있었다. 먼 옛날 학생 시절에 우리는 성공, 사랑, 직업, 세계 평화, 미래, 신(神), 정치 등등 대학생들이 흔히 하는 이야기를 서로 주고받았던 것이다. 그러나 그 중에서도 가장 많이 나눈 대화는 우리는 어디에 가려고 하는가? 그리고 어떻게 하면 거기에 갈 수 있는가에 대한 이야기였다. 우리는 각자의 인생 철학을 서로 나누었던 것이다. 그리고 우리는 '더할 나위 없이 좋은 인생'이라고 부르던 꿈을 안고 있었다.

그럼 이들 다섯 사람에게 각각 어떤 일이 일어났는가를 간단히 이야기해 보자. 아마 그들은 당신의 오랜 친구들 가운데 누군가를 당신에게 생각나게 해 줄 것이다.

냉담하고 화를 잘 내는 따분한 M 부인

서른 여섯 살인 M 부인은 의사와 결혼하여 두 아이의 어머니가 되었지만 무척 불행했다. M 부인은 매우 훌륭한 드레스를 입고 단정한 모습을 하고 있었지만 그녀의 눈은 어쩐지 지친 듯이 흐려 보였다. 그리고 그 얼굴은 웃거나 생활을 즐기거나 하는 방법을 잃어버린 것처럼 보였다.

"억지 교육을 받은 덕택으로 불행하게 되었어요."라며 그녀는 설명하는 것이었다.

"만일 내가 세상이란 어떤 것인지를 알지 못했다면 지금보다 훨씬 나았을 텐데……. 저는 견디기 어려운 마을에 살고 있어요. 저는 그 마을 사람들이 싫습니다. 그 곳에서는 사친회라든지 브릿지 클럽과 같은 바보스런 곳 이외에는 갈 곳이 없습니다. 아무런 즐거움도 없습니다. 의사 부인인 탓으로 저는 온종일 감시당하고 있는 것 같아요.

남편은 행복하다고 생각해요. 뭐니뭐니해도 그에게는 일이 있고 거기에 매달릴 수 있습니다. 하지만 저는 그렇지 못합니다. 저는 이제 그를 사랑한다고는 생각하지 않습니다만, 두 자녀가 있어서 그 아이들을 위해 살고 있을 정도예요. 그렇습니다, 그것은 겉으로는 좋아 보일지도 몰라요. 저를 알고 있는 사람들은 우리를 행복한 부부라고 생각할지도 모릅니다. 그것만은 교육을 받은 덕택이라고 생각해요. ——생각하는 것과 행동하는 것을 구별하는 방법은 배웠으니까요.

저는 마음의 감옥에 들어가 있는 기분입니다. 그리고 평생을 갇혀 살아야 하는 거예요."

여기서 주의해야 할 것은 이 부인이 15년 전에는 제일급의 인류 학자가 되겠다는 커다란 목표를 가졌던 사람이라는 것이다. 그녀는 이 세계를 보다 좋은 곳으로 만들겠다고 했다. 학교 시절에는 국제연합이라든지 국무성에서 일하고 싶다고 가끔 이야기하고 있었다.

그러나 이제 그녀는 완전히 욕구 불만에 빠져 있다. 전에는 그렇게나 걸출하던 그녀의 사랑스런 애교도 간 데 없이 사라졌다. 돈이 그녀의 문제는 아니었다. 존경을 받는 의사와 결혼을 했기 때문에 사회적인 지위도 말할 나위 없었다. M 부인의 고민은 자기를 노예와 같다고 생각하는 점에 있었다. 그녀는 자기가 좋아하지 않던 직업의 노예였다. 사랑하지 않는 남편의

노예였다. 그리고 또 완전히 비관적인 미래의 노예였다. 유일
한 기쁨이란 오직 두 아이뿐이었다. 그러나 이것만으로 충분했
을까? M 부인의 칵테일 글라스는 이미 비어 있었다. 당장이
라도 마음의 외과 수술을 하지 않으면 그녀는 이미 부딪치고
있는 여러 가지 문제와 더불어 더욱 커다란 문제를 안게 될 것
이다.

사기꾼인 페이트

　대학 시절의 페이트는 어떤 사람이라도 즐겁게 해 줄 수 있
는 재미있는 성격의 소유자였다. 동료들은 그를 대단히 영리하
고 예민하며 빈틈없는 성격으로 생각하고 있었다. 그 당시에도
페이트는 인생에 대한 자기의 철학을 떠벌리고 있었던 것이다.
페이트는 세상을 바보스러운 것으로 믿고 있었다. 그의 생각에
따르면, 세상이란 속임수를 쓰고 사기꾼 같은 방법으로라도 성
공만 하면 된다는 뱃심이었다.
　페이트의 능변만은 아직 변함이 없었다. 그는 동창회가 열리
고 있는 동안 자기가 주식과 부동산으로 해치운 커다란 거래라
든지, 한몫 번 엄청난 도박이라든지, 자기가 이룩한 큰 성공담
을 아무에게나 이야기하며 돌아다녔다. 그러나 페이트가 너무
나 떠벌리니까 그 이야기는 엉터리라는 것을 누구나 알게 되
었다. 페이트는 하나도 성공하지 못했던 것이다.
　페이트가 이뤄 놓은 '성공의 진상'이라는 것은 다음과 같
았다. ──그가 한 말은 모두가 꾸며 댄 이야기로 그 이상의 것
은 없었다. 그는 무일푼이라 은행에서도 외면당하고 있었다.
그는 여러 가지 일에 손을 대 보긴 했으나 성실하게 해 본 일은

하나도 없었다.

페이트는 '언젠가 내 배가 항구에 들어오기만 하면……' 하며 허풍을 떨고 다니는 사람들 중의 하나에 불과했다. 그의 아내인 제인은 페이트의 고삐를 끌기에 열성이었다. 그리고 자세히 보면 그녀가 대단한 부담을 주고 있음을 알 수 있었다.

페이트 자신은——그것은 원래 부자연스런 것이었지만——그림자도 없이 사라지고 만 것을 보여 주고 있었다. 페이트는 어떠한 일에나 헌신적으로 임하지 못했다. 이제 와서 보면 페이트는 분명히 말하면 교육을 받은 룸펜에 지나지 않는다.

이 경우 문제가 되는 것은 페이트가 아직까지 진리를 배우지 못한 것이다. 페이트는 아직 속임수를 성공의 비결로 생각하고 있다. 페이트는 기초적인 지력도 부족하지 않았으며, 비록 방향을 잘못 잡았을지라도 야심은 충분할 만큼 있었다. 페이트는 자신을 두려워하며 허황된 꿈에 신세를 망친 심리적인 노예가 되어 있었던 것이다.

완전히 자포 자기가 된 사나이 T

15년 전의 T는 지적이고, 성실하고, 성공을 꿈꾸던 클라스에서도 가장 유망한 청년 중 한 사람이었다.

그러나 15년이 지난 지금에 와서 T는 인생을 감옥과 같은 것으로 믿고 있다. 빌은 감정면에서는 완전히 죽어 있었다. 즐거움이라든지 성공을 위해 노력한다는 생각은 먼 옛날의 것이 되어 있었으며, 자기 능력보다 훨씬 못한 일을 하고 있는 정신적인 로보트가 되어 있었다. 빌은 인생에 대하여 비뚤어진 의견을 가지고 있었다.

"대학 교육이란 룸펜을 만들 따름이야."하고 그는 나에게 말하는 것이었다.

"행복을 바라거나 기대하도록 가르치는 건 좋지 않아. 저 아이들에게는(여기서 그는 메인 캠퍼스에 있는 기숙사쪽을 가리키며) 인생이란 고달픈 것이므로 그것을 즐긴다는 말 같은 것을 기대해서는 안 된다고 가르쳐 주어야 해. 인생은 투쟁이다——참고 견디어야 하는 것이지 즐길 것은 못 된다."

여기서 빌은 인생의 부정적인 쪽에 공격의 화살을 돌려댔다. 빌은 현대 기업을 분석하여 그것이 얼마나 불공평하냐든지, 자기가 비즈니스 세계에서 당한 사기라든지, 정치적인 기만, 과격한 경향 등 우리 사회의 온갖 부조리한 일들을 공격의 대상으로 삼았다.

그리고 나서 빌은 이렇게 해결안을 설명했다.

"하지만 나는 이제 체념했어. 나는 열심히 노력하면 성공할 수 있다는 낡아빠진 사고 방식이 얼마나 바보스러운가를 알게 된 거야. 그래서 전에 나는 공무원이 되어 체제와 싸우는 것을 6년 전에 그만둔 거지."

"자네는 그 일에 재미를 붙이고 있나?"하고 나는 물어 보았다.

"어림도 없지." 그의 대답은 이러했다.

"그러나 그 월급으로 일단 중산층 생활은 할 수 있지. 그리고 나는 다른 일로 만족을 찾을 줄도 알고요. 하지만 중요한 것은 난 행복을 기대하지 않으니까 실망도 없다는 것이지."

한 마디로 말해서 T는 자포자기가 되어 있었다. 그는 뒷골목에서만 인생을 살아가려 할 뿐 인생을 이루고 있는 참다운 요소는 피하고 있었다. 그는 인생대학의 '낙제생'이다.

빌이 안고 있는 문제의 하나는 문제가 일어나는 것이 인생에 자극을 주는 원천이라는 사실을 이해하고 있지 못하다는 점이다. 그는 문제를 안고 있지 않은 사람은 이미 무덤에 한쪽 발을 들여놓고 있는 사람일 뿐이라는 사실을 아직 모르고 있다는 것이다.

직업도 좋지 못하고 '이제는 너무 늦다'고만 생각하고 있는 짐

내가 만난 또 한 사람의 옛 친구를 짐이라고 불러 두자. 짐은 공학부(工學部)를 나왔다. 나는 그가 공부를 잘하여 좋은 성적을 올리던 매우 성실한 학생이었음을 기억하고 있다.

그러나 짐한테서는 옛날의 박력, 이기려고 하는 그 헌신적인 노력을 찾아볼 길이 없었다.

우리가 긴장이 풀렸을 즈음 짐은 나에게 이렇게 말했다.

"디이브, 자네도 알다시피 나는 대학에 들어가고 나서 꼭 한 가지 커다란 미스를 저지르고 말았거든. 그건 아주 컸어."

"그것이 무엇이었는데?"하고 물으면서 나는 그가 서툰 투자에 걸려들었다든지, 불행한 결혼을 하고 말았다는 이야기를 하는 게 아닌가 생각했다.

"응, 나는 실은 공학이 마음에 맞지 않았던 거야. 내가 얼마나 열심히 공부했는지 기억하고 있나? 그 덕택으로 성적은 항상 클라스에서 상위에 있었네. 나는 ××회사에 근무했고, 계속 거기서 일했지. 나는 곧 가정을 갖게 되었고, 그래서 다른 직업으로 바꿀 수 없게 되었기에 체념해 버린 거야. 몇 년 동안은 여러 가지 일이 있었지만 어느 것이나 처음에는 지금 하는 일보다도 급료가 적었어. 그래서 나는 그만둘 수가 없었던 거지. 이제는 그저 세상을 평범하게 살 따름이야. 나는 내가 세일즈라든지 매니지먼트 같은 직업을 택했더라면 얼마나 좋았을까하고 생각하지. 그러나 이제 직업을 바꾸기에는 너무 늦고 말았어.”

“왜 그런가?”하고 물으면서 나는, 다른 일을 시작하기엔 너무 늦다는 구실은 결코 있을 수 없다고 생각했다.

“그러나 디이브, 솔직하게 말하면 나는 지금의 상태를 바꾸는 게 두려워. 나보다도 젊고 훨씬 생동하는 사람들과 경쟁해야 하기 때문이지. 그래서 나는 현재 하고 있는 일에 달라붙어 있어.”

이것이 짐의 의견이었다. 아직 사십도 안 되었는데 그는 15년 전에 저지른 잘못을 고치기를 두려워하고 있다. 그리고 어떤 경우에나 그렇듯이 기다리면 기다릴수록 자기가 만들어 낸 공포의 포로가 되고 마는 것이다.

나도 알고 있지만 짐은 이제까지 수많은 훌륭한 강의를 들어 왔다. 하지만 공포를 극복하는 단 하나의 방법은 바로 두려워하는 일을 하는 것임을 지적해 주는 강의는 듣지 못하고 말았던 것이다. 짐이 당장 과감히 직업을 바꾸지 않는다면 30주년째 기념 잔치가 다가올 무렵에는 참으로 가련한 존재가 되고 말 것이다.

믿음직한 마이크

마이크는 옛 친구 중에서는 여러 가지로 평가가 달랐다. 대학 시절, 마이크는 항상 ‘좋은 친구’임엔 틀림없었지만, 사교에서나 학문에서나 남보다 특별히 뛰어나지는 못했다. 마이크는 별로 부자는 아니었으므로 몇 시간이고 아르바이트를 했다. 마이크는 공론가(空論家)가 아니라 실천가였다. 내가 아는 한 마이크는 대학을 나오고 나서 '실패'한 일이 있었지만 그는 그것을 실패라고는 생각하지 않았다. 한 번 국회의원으로 입후보한 적이 있었지만 실패하고 말았다. 어떤 사업에 손을 댔다가 실패한 일도 있었다. 일신상의 비극도 여러 번 경험하였으며, 그 가운데는 어린이를 없앤 경우도 있었다.

그러나 지금에 와서 마이크는 적극적이고 끈기 있는 정신력으로 버텨 매우 잘 되고 있는 증권 회사를 운영하고 있다. 콜로라도에 커다란 목장을 가지고 있고, 그 밖에 자동차 판매점을 둘이나 경영하고 있다. 마이크에게는 행복한 아내와 네 아이가 있으며, 유럽 여행도 몇 차례 다녀왔고 동창회에는 자가용 비행기로 날아왔다. 그는 인생을 살면서 그때 그때를 적절히 즐기고 있었다.

방의 한귀퉁이에서 잡담을 하고 있을 때, 나는 그에게 여러 가지 문제가 산더미처럼 가로놓여 있음에도 이토록 성공할 수 있었던 것은 무슨 까닭인지 이야기해 달라고 부탁했다. 마이크는 이렇게 말했다.

"응, 학교를 마친 뒤에 나는 내 철학을 위한 주춧돌을 서서히 쌓고 있었지."

"그 주춧돌이 무엇이지?"하고 나는 물었다.

"이런 거지. 나는 모든 일은 다 좋은 쪽으로 작용한다는 것을 믿도록, 철저하게 믿도록 단련했어. 예를 들면, 내가 국회의원에 입후보하여 낙선했을 때에도 나는 좋은 쪽만을 보기로 했어. 나는 그 선거 운동을 하는 동안에 여러 가지 일을 배웠지. 생각하기에 따라서는 당선은 못 했지만 나는 승자였던 거야. 그리고 내가 벌인 첫 사업이 실패했을 때에도 나는 그것을 교재로 삼았어. 만일 내가 처음부터 그처럼 비참하게 실패하지 않았던들 다음 사업에 이만큼 성공할 수는 없었을 걸."

학교의 시험 성적을 보면, 마이크는 다른 친구들에 견주어 좋은 쪽은 아니었던 것을 나는 잘 알고 있다. 그러나 그는 이 세상에서 행복과 만족을 찾아 내는 데에는 무엇이 필요한가를 알고 있었다. 마이크는 이기기 위해선 어떻게 하면 좋은지, 게다가 졌다고 생각했을 때까지도 이기려면 어떻게 해야 좋은가를 알고 있었다.

5명 중 4명이 심리적 노예인 것은 어째서인가?

그 일요일 밤, 비행기에 탔을 때 나는 착잡한 감회에 젖었다. 지능, 경력, 기회가 거의 같고, 함께 인생의 경주에 참가한 다섯 사람이 15년 동안 달린 뒤의 모습을 조금 전에 보았기 때문이다.

이들은 모두 훌륭한 학력을 갖고 있었다. 지능도 충분했다. 기나긴 경제 호황 밑에 살아 왔다. 그러나 완전히 인생을 정복한 것은 다섯 사람 가운데 한 사람에 지나지 않았다. 나는 '80 −20의 법칙'이 작용하고 있는 산 실례를 여기에서도 본 것이다.

그러나 어째서일까? 무엇이 달랐을까? 옛 친구 다섯 사람 중에서 네 사람은 내가 치명적인 마음의 죄라고 부르는 일곱 가지에 매달려 있었던 것이다. 다음에 서술하는 이들 죄를 읽어 주기 바란다. 신중히 읽어 주기 바란다. 마음의 죄가 가져

오는 보답은 심리적인 죽음임을 잘 기억해 두기 바란다.

실패를 낳는 치명적인 일곱 가지 마음의 죄

심리적인 노예라든지, 성과를 별로 올리지 못했다든지, 권태롭다든지, 욕구 불만에 사로잡혔다는 이른바 실패한 사람들을 분석해 보면, 그들은 주로 일곱 가지 치명적인 죄에 몸을 맡기고 있음을 알 수 있다.

일곱 가지 죄란 이런 것이다. 하나하나를 주의 깊게 검토해 보시라. 이것은 다섯 사람 중에서 네 사람이 왜 마음의 기어를 풀고 이로움이 없는 세계에 틀어 박혀 있었었는가를 설명하는 것이다.

■ 첫째 죄─당신이 하고 싶은 일을 할 수 있도록 당신 자신을 통제하기보다는 다른 사람이 당신 인생을 움직이는 대로 맡겨 둔 것

이 죄에 몸을 맡기고 있는 것은 당신 스스로 제2급 사람들이 말하는 대로 되고 있는 것이다. 다시 말하면 그들이 말하는 평범한 수입, 평범한 업적, 평범한 행복이라는 그들의 수준에 당신을 끌어내리도록 묵인하고 있는 것이다.

제2급 사람들은 이렇게 말한다.

"당신은 이렇게 말해야 한다." 이 말에 당신은 그대로 한다. 제2급 사람들은 당신이 택해야 할 직업의 종류, 당신이 그 일을 하는 방법, 당신이 사생활에서 취해야 할 태도를 지도한다. 그들은 사리에 어긋난 남편, 오만한 아내, 건방진 종업원, 그

리고 참견 잘하는 친척과 같은 사람들로 자주 당신 생활을 지배하는 '타인'인 것이다.

당신이 이 죄를 저지르고 있는지 아닌지 찾아내는 한 가지 방법은 당신이 내린 가장 최근의 결정을 분석해 보는 것이다. 당신은 자기가 선택하려 한 것을 선택했는가? 그렇지 않으면 당신은 남의 생각을 바탕으로 해서 그것을 선택한 것인가?

▨ 둘째 죄―'불운'이라든지 '냉혹한 것'을 자기 탓으로 돌리지 않고 남의 탓으로 돌려 책망하는 것

정신이 단련된 사람은 자기가 움직이는 환경을 만드는 것이다. 그러나 많은 사람들은 단련된 정신을 갖고 있지 못하다. 나폴레옹은 이렇게 말한 적이 있다.

"환경이라고? 나에게 영향을 미치는 환경을 스스로 만든다."

성공하는 사람은 항상 그렇다. 희생을 앞세우는 이 죄는 매우 쉬운 듯해서 언제나 그것에 속기 쉽다. 당신이 알고 있는 사람들이 왜 일에 성공하지 못하는가? 왜 그들은 팔 수 없는가? 왜 그들은 성적이 좋지 못한가? 다른 사람은 성공의 사다리를 올라가고 있는데 왜 그들은 밑에서만 우물쭈물하고 있는가? 이런 것을 분석할 때 그들은 모두 이 죄를 저지른 것이다. 둘째 죄는 좋지 못한 죄이다. 당신도 이 교과서를 공부함에 따라 이와 같은 죄를 피하는 데에 성공한 사람이 어떠한 보상을 받을 수 있는지를 알게 될 것이다.

▨ 셋째 죄―당신 자신의 잠재 능력에 무의식적으로 경멸을 보임으로써 스스로 능력을 업신여기는 것

예외 없이 이 세상 모든 실패자는 자기는 맞지 않는다고 생각하고, 경주에서는 맨 꼴찌가 될 것으로 생각하고, 인생의 좋은 것이나 훌륭한 것은 자기 손이 미치는 곳에는 없다고 생각하는 사람이다.

흔히 들을 수 있듯이 '익히 안다는 것은 경멸을 낳는' 것이다. 자기 두뇌의 힘에 대해서도 마찬가지이다. 날마다 수많은 사람들이 독창적이고 창조적이며 가치 있는 아이디어를 생각하지만, 그것이 자기가 고안했다는 이유만으로 그 아이디어를 경멸하고 있는 것이다. 이 죄를 짓기는 아주 쉽다. 사실 우리는 지능에 대하여 너무나 커다란 잘못을 저지르고 있다. 다른 사람의 지능은 무턱대고 믿으면서 자기 지능은 너무 낮게 평가하는 것이 바로 그것이다.

넷째 죄—생활하는 모든 단계를 공포가 지배하도록 버려 두는 것

다른 사람을 두려워하기, 무언가 해보기를 두려워하기, 경제적인 재난을 두려워하기, 자기를 두려워하기——이러한 것이 이 치명적이고 심리적인 죄를 저지르는 사람에게 공통된 공포의 예이다. 자신감보다는 공포가 이 세상을 지배하고 있다. 온갖 실패의 배후에는 공포가 있는 법이다.

다섯째 죄—마음의 작용을 관리하고 지배하기——목표 달성을 위한 마음의 준비를 잘하지 못하는 것

2류 또는 3류의 인물은 그 대부분이 대개 이것을 갖고 있다. 그들은 활동하기 위한 참다운 목적을 갖고 있지 않다. 그들은 목표를 세워서 생각하는 대신에 마음으로 적당히 희망적으로 생각할 따름이다.

자기가 무엇을 하려고 하는지를 종이에 분명히 기록하는 노고를 서슴치 않는 사람은 불과 몇 사람에 지나지 않는다. 이 몇 사람만이 살아가는 의견을 갖고 있는 것이다. 대부분은 뒤범벅이어서 자기는 지금 어디에 있는지도 모른다. 더군다나 어디에 가려고 하는지도 모르고 있다. 그들은 지도도 없이 인생의 여로를 방황하고 있는 것이다. 그 결과 당신의 강력한 도구—두뇌—도 최고의 출력을 내지 못하고 만다.

여섯째 죄—당신 자신이 스스로를 너무 업신 여기기 때문에 남을 지배하는 마법의 비결을 배우지 못하고 있는 것

성공에는 다른 사람을 움직이는 능력이 필요하다. 그러나 이 능력은 당신 자신의 일만을 생각하는 데에 열중해 가지고는 익힐 수 없다.

오늘날의 복잡한 사회에서는 큰 일을 이룩하려면 사람들을 설득하여 당신의 사고 방식에 따르게 하는 능력이 있어야 한다. 그러나 거의 모든 사람은 이 죄를 범하고 있다. 거의 모든 사람은 '남을 위해 나는 무엇을 할 수 있는가?'라고 묻는 대신에 '그것은 나에게 좋은 일이 될 수 있는가?'라고 묻고 있는 것이다. 성공한 사람들을 얻으려면 먼저 주어야 한다는 것을 잘 알고 있는 사람들이다.

일곱째 죄—정신은 원하는 대로 작용한다는 사실을 믿지 않는다— —철저히 믿지 않는 것

당신은 성공할 수 있다. 당신은 돈을 더욱 벌 수 있다. 좀더 남에게 영향을 미칠 수 있다. 참다운 마음의 평화를 달성할 수 있다는 사실을 믿지 않는 것은 이 죄를 범하고 있는 것이 된다.

당신들은 수 없이 "신념은 산도 움직인다"는 철학적인 말을

들었을 것이다. 그러나 당신이 알고 있는 대부분의 사람들은
이 위대한 지혜를 경멸하고 있을 것이다. 그들은 신념 같은 것
은 쓸모가 없는 것으로 생각하고 있다. 그러나 성공한 사람들
은 자기 생각을 지배한다. 그들은 사고가 그들을 지배하도록
내버려두지 않는다.

출발할 때는 바로 지금이다!

나는 여기서 당신이 다음과 같이 말할 수 있기를 희망한다.
'나는 위를 보고 밖을 향하여 걷고 싶다. 나는 좀더 행복하
기를 원한다. 나는 좀더 생활을 즐기고 싶다. 나는 성공하고
싶다.'라고. 만일 당신이 이렇게 공약할 마음이 있다면 나는
당신이 출발할 때는 바로 지금이라고 권하고 싶다.

당신은 얼마나 살 수 있는가?

다음에 서술하는 것은 내가 작은 그룹에서 강의를 할 때 곧
잘하는 게임이다. 먼저 상냥해 보이는 한 사람을 선출하여 그
사람에게 이렇게 말한다.

"이제부터 당신에게 질문을 하나 할 터이니까 3초 이내에 대
답해 주십시오. 좋습니까?"(왜 3초로 한정했느냐 하면, 보통
사람들이 생각하는 것은 그 정도의 시간이 걸리기 때문이다).

그리고 나서 나는 이렇게 말을 잇는다.

"이웃에 있는 병원에서 조금 전에 아기가 한 사람 태어났습
니다. 자, 내가 셋을 세는 동안에 그 아기가 대체로 얼마나 살

것으로 보는지 날수로 대답하십시오.”

이에 대하여 내가 가장 많이 받게 되는 대답은,

“그런 일은 생각해 본 적이 없습니다만 대체로 10만 일 정도로 생각합니다.”라는 것이다.

대개의 사람들이 생명 자체에 대하여 얼마나 관심을 두지 않은지를 알아보기 위해 나는 이 예를 사용하고 있다. 바른 대답은 대체로 2만 5500일이다. 그러나 대개의 사람들은——오랜 세월 전자계산기를 사용해 온 엔지니어까지도——보통은 10만 일이라고 대답한다(누군가 10만 일 전에 태어났다고 한다면 그 사람은 죠지워싱턴이 대통령으로 선출된 80년이나 전에 태어난 것이 된다!).

자연 법칙은 엄격하다. 생명이라는 것은 이른바 가장 융통성이 없는 ‘필수품’이다. 그것은 평균 겨우 2만 5500일밖에 되지 않는다.

인생은 움츠리고 살기에는 너무 짧다

생명이라는 것을 이런 식으로 생각해 본다면 디즈레일리가 “인생은 움츠리고 살기에는 너무 짧다”고 말했을 때에 그가 무엇을 말하려고 했는지를 당신도 알 수 있을 것이다.

오늘——그리고 나날이——대체로 5500명의 미국인이 죽어가고 있다. 일년을 통산한다면 우리 나라의 전 사망자 수는 애틀랜타 시 인구의 약 두 배나 될 것이다. 죽음 그 자체는 슬퍼할 것이 못 된다. 이것은 우리 누구에게나 일어나야 할 신의 섭리이므로. 죽음은 태어나는 것과 마찬가지로 자연의 한 법칙이다. 슬퍼할 것은 오늘 죽은 5500명의 대부분이 그 여로를 참으로 즐기질 못했다는 사실이다.

이들 대부분은 그들의 소중한 순간을 커다란 스케일로 사는 대신에 그저 연명하기에 급급하고 기탄없이 이야기하기를 두려워하며 남의 비평을 두려워하는 소심한 사람처럼 행동하며 살아 온 것이다. 그들의 대부분도 예전에는 꿈을 갖고 있었으나 그 꿈이 시드는 것을 바라보면서 죽어 갔다.

이들의 가운데에는 적어도 다수는 심리적으로 태어나지 않았던 것과 마찬가지이다.

당신 마음을 기동기로 삼아 다음 사고 방식을 잘 기억해 두라

(1) 행복, 사랑, 돈, 마음의 평화——따위 모든 좋은 것 중 80%는, 20% 또는 그 이하의 사람들이 차지하고 있다.

(2) 다섯 개의 공기놀이돌 가운데 넷을 가지고 있는 다섯 사람 중의 한 사람은 지능, 교육, 운, 또는 기회 등 어느

것을 따져 보아도 특별히 좋은 것을 가지고 있다고는 할 수 없다. 그 사람은 자기의 정신력을 지배함으로써 남보다 뛰어난 것이다.

(3) 평범한 사람의 대다수는 일곱 가지 치명적인 마음의 죄를 저지르고 있다. 그것은 다음과 같다.

　⊙ 자기 인생을 다른 사람이 지배하도록 내맡겨 두는 것.

　⊙ 자기 실패를 운 탓으로 돌리고 마는 것.

　⊙ 자기 잠재 능력을 너무 낮게 평가하는 것.

　⊙ 공포를 극복하기는 커녕 공포에 사로잡히게 되는 것.

　⊙ 뚜렷한 목표 설정을 게을리하는 것.

　⊙ 다른 사람을 설득하는 방법을 익히지 못한 것.

　⊙ 승리를 생각하지 않고 패배를 생각하는 것.

(4) 생명에 배당된 시간은 짧다. 지금 곧 삶에 대한 스타트를 끊어야 한다.

산이 앞에 가로막힌다 해도
나는 단념하지 않으리라.
나는 계속 도전하리라.
내가 산을 올라서,
길을 발견하고,
터널을 뚫고 통과해야지.
아니면, 산 위에 머물러
산을 변화시켜
나의 황금으로 화하게 하리라 !

심리적 노예에서 벗어나기

사물은
생각한 대로
나타 난다. 질 것으로
생각하고 있는 축구팀에 승리를
가져다 주는 것은 기적
밖에는 없는
것이다.

제2장

심리적 노예에서 벗어나기

약 백여 년 전까지만 해도 미국에는 많은 노예가 있었다. 인간이 실제로 다른 인간한테 소유되고 있었던 것이다. 그들을 사기도 하고 팔기도 하며, 여러 면에서 가축처럼 다루어지고 있었다.

심리적으로 노예라는 것——다시 말해서 다른 사람에게 심리적으로 소유되고 완전히 지배되는 모양——은 죽음과 똑같다.

그러나 당신에겐 더욱 좋지 못한 노예 상태가 지금도 남아 있다. 나는 그것을 심리적 노예라고 부른다. 그것은 자기 정신을 누군가 다른 사람의 뜻에 맡겨 두고 있다는 뜻의 노예 상태를 말한다. 그것은 싫어하면서도 마지못해 그 일을 하고 있다든지, 좋아하지도 않는 곳에 살고 있다든지, 가고 싶지 않은

곳에 간다든지, 자기 의사와는 다른 일을 한다든지, 그 밖에
온갖 방법으로 다른 사람의 의사에 자기를 내맡기고 있는 사람
들에게서 볼 수 있는 노예 상태이다. 좋은 생활을 즐기며, 항
상 전진하고, 가고 싶은 곳에 가는 사람은 심리적으로 자유다.
이 장에선 어떻게 하면 당신의 주위에 둘러쳐 놓은 심리적인
감옥에서 벗어날 수 있느냐 하는 것을 제시할 생각이다. 다음
의 여섯 가지 심리적인 노예 상태를 어떻게 극복하는지 잘 새
겨 두기 바란다.

① '다른 사람들은 나를 어떻게 생각하고 있을까?'라는 노
예 상태

② '나는 틀림없이 잘 되지 않을 것이다.'라는 노예 상태

③ '이제는 너무 늦었다.'는 노예 상태

④ '나는 안전의 희생자입니다.'라는 노예 상태

⑤ '과거의 실수입니다.'라는 노예 상태

⑥ '나는 환경의 포로가 되어 있다.'는 노예 상태

'다른 사람은 나를 어떻게 생각하고 있을까?' 라는 노예 상태

사람을 가장 노예로 만드는 말은 아마 다음 말일 것이다──
'다른 사람들은 어떻게 생각할까?'

'다른 사람들은 어떻게 생각할까?'는 심리적인 노예의 가장
보편적인──그리고 파괴적인──형태이다. 거기에는 '이웃
집에서 나를 게으른 사람으로 생각할까 봐 주에 한 번은 잔디
를 손질하기로 하고 있습니다'를 비롯하여 '다른 사람들한테

내 주장만 한다는 말을 들을까 봐 회의에서는 아무 말도 하지 않기로 하고 있습니다'라든가, '그런 것을 입고 가면 모두 웃지 않을까?'에 이르기까지 가지가지가 있다.

'다른 사람들이……'라는 노예 상태는 강력하다. '다른 사람들이……'라는 노예 상태는 이 세상에 어째서 저렇게 비슷한 것이 많은가를 설명하는 것과 같다. 어째서 저렇게 많은 여성이 다른 여성과 같은 모양으로 머리를 세트하고 있는가? 왜 대부분의 세일즈맨이 똑같은 방법으로 판매하고 있는가? 왜 사람들은 싫증을 내며, 불행하고 불만족스런 생활 방식을 하고 있는가?를 해명하는 데에 도움이 된다.

'다른 사람들은……'이라는 노예 상태는 당신의 상상력과 개성을 말살하는 것이다. 그것은 당신이 즐거움을 누리고, 가고 싶은 곳으로 가고, 하고 싶은 일을 하는 능력을 파괴한다.

부적당한 사람들의 충고를 듣지 말라!

많은 사람들은 '다른 사람들이 어떻게 생각하는가?'라는 생각의 노예가 되어 있을 뿐 아니라 다른 부적당한 사람들의 충고를 듣는 바보스런 과오를 저지르고 있다.

충고는 어떤 경우에나 또 어떠한 것이라도 자유이다. 당신의 이웃, 친척, 동료 등 당신이 알고 있는 대부분의 사람들은 열심히 당신에게 충고하려 할 것이다. 당신은 아마 한 다스나 되는 무급(無給)'콘설턴트'를 지원하는 독지가를 당신의 자기 관리스탭으로서 거느리고 있을 것이다. 이러한 콘설턴트들은 당신이 부탁하지 않았는데도 어린이를 기르는 일에서 건강관리나 투자에 이르기까지 모든 일을 충고하려고 한다.

심리적으로 충분히 자라지 못한 사람들은 이러한 스스로 택한 콘설턴트의 충고에 따르려고 하지만, 사실은 충고하는 사람들도 자기가 하는 말에 대하여 깊이 알지 못하는 게 보통이다. 그러나 사람들은 자기 판단을 믿지 못하고, 그렇다고 유능하고 경험이 많은 사람들의 충고를 찾지도 않고 2류에 속하는 사람들 권고를 듣고 거기에 따르고 있다. 그런 충고가 잘못되어 있다는 것은 말할 나위도 없다.

자기와 가까이 있다고 해서 그런 사람들의 충고를 받아들이는 것은 훌륭한 새 롤스로이스(자동차 이름)를 손질하려고 뒷골목의 작은 수리 공장으로 끌고 가는 것과 같다. 뒷골목 조언자에게 손질을 부탁하기에는 당신은 너무 중요한 존재가 아닐까? 당신이 자기 관리 작업을 도와 주는 콘설턴트를 선정하려면 적어도 일류에게 가야 한다. 그리고 변호사라든지 회계사와 같은 유급 콘설턴트에게 가는 경우라도 마지막 확인은 당신 자신이 하는 것이다.

나는 이것을 이제까지 움직일 수 없는 원칙으로 삼아 왔다. 나는 저명한 사람들——경험으로 여러 가지 일을 알고 있는 사람들——의 설명이나 충고를 찾았다. 그리고 그 밖의 비평가는 모두 무시하기로 하고 있다. 그런 사람들은 더 이상 중요하지 않기 때문이다.

처음에는 나도 다른 사람 말에 솔깃했다. 나는 모든 사람을 기쁘게 하려고 생각했지만, 마침내 나는 교훈을 얻었다. 그것은 비평가들 말에 주의를 기울이기 앞서 그 비평가의 자리를 재본다는 것이다.

요즈음 어느 경영의 대가가 나에게 리더가 되는 데 필요한 조건에 대해 자기 생각을 이야기해 준 일이 있다.

"어느 사람이나 우리는 평범하도록 힘써야 한다고 한다. 그러나 평범한 사람은 아무 것도 될 수 없으며 아무 것도 할 수 없다. 지도자란 그 말뜻을 따지면 그룹 사람과 다르다는 말이다. '평범'하다는 것과 지도자라는 것은 함께 설 수는 없다. 어딘가 뛰어난 특질이 있어야 한다. 평범하다는 것과 지도자라는 것이 함께 설 수 있다고 생각하는 것은 분명히 어리석다. 어떤 뜻으로는 우리가 해야 할 일은 우리 자신을 다른 사람과 같게 하는 것이 아니라 다른 사람한테서 우리 자신을 구별할 수 있도록 힘쓰는 것이라고 할 수 있겠다."

이런 노예 상태에서 벗어나기 위한 네 가지 방법

다음에 드는 것은 '다른 사람들'이라는 노예 상태에서 벗어나기 위한 네 가지 방법이다.

(1) '다른 사람들'은 지도자가 아니라 따르는 사람이다. 만일 당신이 이웃 사람을 백만 분의 일쯤 닮아서 행복할 수 있다면, 그들을 닮는 게 좋다. 그렇지 않다면 스스로 갈 길을 가야 한다. 그리고 그들은 그들 길을 가게 하면 된다. 당신이 하는 일이 다른 사람들의 육체나 정신에 해를 끼치지 않는다면 당신은 생각하는 대로 행동하면 되는 것이다.

(2) 누군가가 당신을 미워하게 될 때까지는 당신은 아직 대단한 인물이 아니다. 크게 자랄수록 비판자가 나오기 마련이며, 고십거리도 된다. '다른 사람들'이 하는 비판은 당신이 부러움의 대상이라는 말이다.

(3) '다른 사람들'을 그다지 의식하지 않는 사람을 친구로

삼아야 한다. 이것은 다른 사람들이 어떻게 생각할까하
는 당신의 공포심을 없애는 데에 도움이 될 것이다. '내
길을 간다'는 사람들과 어울려야 한다.

(4) '다른 사람들'은 더이상 짊어질 수 없을 만큼 스스로 문
제를 가지고 있다는 사실을 잘 기억해 두어야 한다('다
른 사람들' 눈을 두려워하는 부부는 만일 '다른 사람들'
이 하는 싸움을 본다면 자기들 싸움이 얼마나 헛된 것인
가를 알 수 있으리라).

'나는 틀림없이 잘 되지 않을 것이다'라는 노예 상태

이것은 또 다른 흔히 볼 수 있는 심리적인 노예 상태이다. 이
런 따위의 노예 상태에 빠져 있는 사람들은 끊임없이 이렇게
생각하고 있으며——'찬스가 없었다', '나는 실패할지도 모
른다', '좋은 직장은 얻지 못할 것이다', '돈을 벌 수 없을 것
이다', '온 세상이 나를 반대하고 있다', '상사는 나를 별로 생
각해 주지 않는다'——이런 투로 언제까지나 뇌까리고 있다.

이런 실의에 찬 노예들은 모두 다 다음과 같은 사고 방식을
갖고 있다. '자기는 운이 없다고 생각한다. 자기를 과소 평가
한다. 자기를 올바르게 보지 못한다.'

사물은 생각한 대로 나타난다

국제적으로 이름나 있는 심리학자 월터 C 레클레스 박사는
몇 년 전, 같은 슬럼가 출신인 두 소년이 왜 근본적으로 인생이

다른 쪽으로 흘러가는 경우가 많은지 그 원인을 밝히려고 애쓴 적이 있다. 한 사람은 훌륭한 외과 의사나 성공한 비즈니스맨이 되는데 다른 한 사람은 쫓기는 범죄자가 된다는 것을……

이 조사를 하려고 레클레스 박사는 범죄 지대 가운데 유명한 오하이오 주 콜룸부스 시에 있는 두 국민 학교 6학년생 소년들 중에서 두 그룹을 뽑았다.

하나는 교사나 부모 또는 친구에게서 '문제를 일으킬 낌새가 있다'고 보이는 그룹과 또 하나는 '문제를 일으키지 않는다'는 그룹이었다.

5년 동안 지난 다음에 두 그룹은 미리 짐작했던 대로 되었다. '좋은' 쪽 소년들은 문제를 일으키지 않았지만, 잠재적으로 '나쁜' 쪽 소년들은 문제를 일으켰던 것이다(그 가운데 39% 이상이 평균 세 차례나 소년 보호소 신세를 지고 있었다).

다음에 쓰는 것은 이 조사에서 나타난 가장 중요한 특색이다——'나쁜' 쪽 소년 그룹은 문제를 일으킬 것이라는 사실을 미리 짐작하고 있었다는 것이다. 이 범주에 들어가는 본보기 소년들은 자기가 법률과 부딪칠 것으로 믿고 있었다. 친구들도 문제를 일으킬 것으로 짐작하고 있었다. 학교를 졸업할 수 있을지 어떨지조차 의심하고 있었다. 자기 가족이 나쁘다고 믿고 있었다. 그러나 '좋은' 쪽 범주에 들어 있는 소년들은 이와 전혀 다른 사고 방식을 가졌다. 이 그룹 어린이들은 문제 같은 것은 일으키지 않을 줄로 믿었다. 학교에서 좋은 성적을 올릴 것으로 믿었다. 가족이 자기 일을 염려해 주리라 믿었다.

레클레스 박사 말을 빌리면,

"우리는 운이 나쁘다는 생각을 가지고 있는 슬럼가 소년들은 가장 범죄를 저지르기 쉽다고 결론짓지 않을 수 없었다."고

한다. 이 주의 깊게 실시한 조사는 '사물은 생각한 대로 나타
난다'는 말을 대변하고 있었다. 이 발견을 다른 분야에도 적용
할 수 있을 것이다. 예를 들면——

추하다고 생각하는 소녀는 미워지게 되며, 아름답다고 생각
하는 소녀는 아름다워진다.

어차피 실패할 거라는 마음가짐으로 시작한 젊은 변호사는
시원치 않게 되지만, 잘 될 것으로 생각하고 있는 그의 동료는
대개 그렇게 되는 것이다.

"질 것으로 생각하고 있는 축구팀에 승리를 가져다 주는 것
은 기적 밖에는 없는 것이다."

"나는 끊을 수 없을 것이다."고 말하면서 담배를 끊으려고
하는 끽연가는 결코 담배를 끊을 수 없다.

이런 노예 상태의 치료법

'나는 틀림없이 잘 되지 않을 것이다.' 라는 노예라도 스스
로 자신을 치료할 수는 있는데 그렇게 하려면 사고 방식을 바
꿀 필요가 있다.

법칙은 명확하다——'자기가 생각하는 대로 된다'는 것
이다.

다음에 드는 것은 '나는 틀림없이 잘 되지 않을 것이다.' 라
는 노예 고삐를 끊는 방법이다.

자기 자신과 적극으로 대화를 나눌 것.

당신은 거의 날마다 100 분 간을 누군가 다른 사람과 이야기
하는데에 쓰고 있다. 만일 당신이 보통 빠르기로 이야기한다면

당신은 그 동안에 1 만 어에서 2 만 어를 말하게 된다. 이 안에 놀라운 사실이 숨어 있다. 2 만 어 가운데 1 만 어는 자기 자신에게 '이야기하고 있는' 말의 작은 조각들이라는 사실이다.

이야기란 언어로 된 생각이다.

말이란 언어로 표현된 생각이다. 그러나 당신 생각——다시 말해 두뇌라는 공장의 산물——의 대부분은 결코 다른 누군가에게 이야기하는 것이 아니다. 당신은 그것을 스스로에게 이야기하고 있다. 당신이 지닌 대부분의 생각은 오로지 당신 스스로에게 돌아가고 있다. 중요한 것은 '내'가 '나에게' 이야기하고 있다는 점이다. 가장 중요한 것은 이웃 책상의 동료라든지 고객 또는 상사가 당신을 보고 말하고 있는 게 아니라는 점이다. 참으로 중요한 것은 당신 안에 있는 '내'가 당신 안에 있는 '나에게' 말하고 있다는 것이다.

여기에 요점이 있다. 당신이 스스로에게 이야기할 때는 밝고 적극적인 말을 써야 한다. 할 수 없는 이유를 찾을 게 아니라 할 수 있는 이유를 생각해야 한다.

개인 문제를 비평할 때 에머슨이 쓴 다음의 열쇠를 잘 기억해 두어야 한다.

"그는 그 생각이 자기 생각이라는 이유로 거기에 주의를 기울이지도 않고, 자기의 생각을 버리고 만다."

이것은 당신 스스로 자기 생각을 조건 없이 비웃는 버릇을 만들어 낸다는 것을 다른 말로 표현한 것이다.

'나는 실패하고 있는 것이 아니라 성공하고 있다'고 생각할 것

나는 성공하겠다고 생각할 때 당신 마음은 이상하게 성공하기 위한 해결법을 찾아내기 시작하는 것이다.

▨ '나는 패배자다'라고 생각 말고, '나는 승리자다'라고 생각할 것

이것은 캐시어스 클레이 식의 철학을 조금 익혀야 한다. 클레이는 오랫 동안 적어도 자기 스스로 믿을 수 있을 때까지 '나는 가장 위대하다'는 말을 스스로에게 들려 주었다. 마찬가지로 당신이 참으로 믿게 만들어야 할 사람은 바로 당신이다. 당신이 스스로 그렇게 믿을 수 있다면 다른 사람들은 스스로 당신을 위대하다고 믿게 되는 것이다.

'이미 너무 늦었다'는 노예 상태

이 노예 상태의 예를 들면, 다음과 같은 모양으로 나타난다.

'나는 전에 기회가 있었지만 그것을 살리지 못하고 말았습니다. 이젠 .어쩔 수 없습니다. 이 곤경을 어떻게 벗어나려고 힘을 쓰고 있습니다만…….'

내가 알고 있는 마흔 살 난 한 독신 남자가 자기 문제를 이렇게 말한 적이 있다.

"나는 결혼을 무척 하고 싶습니다만, 그러기엔 나이가 너무 든 것 같습니다."(그가 원하는 신부는 스물 일곱 살이었다).

나는 그에게 그 까닭을 물어 보았다. 그의 얘기는 흔히 들을 수 있는 것이었다. ──'잘 적응할 수 없을 것이다'라는 공포, '빨리 죽지 않을까?'하는 공포, '정력이 부족하지는 않을까?'하는 공포, '신부의 친구들이 이상한 눈으로 보지 않을까?'하는 공포, '태어나는 어린이에게 아버지가 아니라 할아버지로 보이지 않을까?'하는 공포들이 그것이었다.

이 남자는 그것을 이런 식으로 결론지었다.

"어쨌든, 나이가 너무 많은 것 같습니다."

이에 대해 나는 "그렇습니까? 당신 스스로 나이가 너무 들었다고 생각한다면 그럴 겁니다."하고 말할 수밖에 없었다. 내가 주의 깊게 조사해 보니 이 남자는 20대 중반부터 이미 '나이를 너무 먹었다'는 병에 걸려 있었음을 알았다. 이 남자가 심리적인 노예 상태에서 벗어날 수 있었던 것은 오로지 치밀한 지도 때문이었다.

이런 노예에는 여러 모양이 있다

'이미 너무 늦다.'형의 심리적인 노예 상태는 이 밖에도 여러 가지 자리에 따라 나타난다. 바로 지난 달에도 나는 어느 기사(技師)와 오랜 동안 면담을 했다.

"저는 12년쯤 전에 큰 기회가 있었습니다." 그는 이렇게 말했다.

"저는 어느 사람이 보스턴에 설립한 엘렉트로닉스회사의 공동 경영자를 찾는 〈월스트리트저널〉 광고에 응모한 적이 있습니다. 저는 충분한 돈을 가지고 있었으며, 그 아이디어는 저에게 직감으로 느끼게 하는 무엇이 있었습니다. 그러나 저는 끝내 거기에 들어가지 못했습니다."

"어째서입니까?"하고 나는 물었다.

"바로 그 때 나는 매우 좋은 대우를 받고 있었습니다. 그리고 나는 덤불 속에 있는 두 마리 새 때문에 손에 잡은 한 마리 새를 놓치고 싶지는 않았습니다. 나중에 안 일이지만, 만일 내가 그 일에 손을 댔더라면 지금쯤은 억만 장자가 되었을 것입니다. 그러나 이젠 너무 늦었다는 것을 알게 되었지요. 그런 기회는 두 번 다시 찾아 오지 않을 것입니다. 그뿐 아니라 나는 지금 회사에 너무 오래 있었습니다. 14년 뒤에는 정년이 됩니다."

이 남자는 자기가 다시 출발하기에는 나이가 너무 들어 버렸다고 스스로 믿고 있었다. 그는 앞으로 14년 동안이나 이 노예 상태에 몸을 맡기고 견디고 있을 것이다.

'이젠 너무 늦다'는 노예에는 놀라울 만큼 많은 사람들이 몰려 있다. 이제 와서 대학에 가기에는 나이가 너무 들었다고 생각하고 있는 스물 여섯 살 먹은 청년, 재혼하기에는 나이가 너무 들었다고 생각하고 있는 마흔 두 살 먹은 미망인, 싫은 학교를 그만두고 스스로 행복할 수 있을 것 같은 학교에서 가르치기 위해 옮겨 가기엔 나이가 너무 들었다고 생각하고 있는 쉰 먹은 교수, 10년 전에 주식을 사 두었더라면 좋았을 걸 하고 후회하면서도 이제부터 투자하기에는 너무 늦었다고 믿고 있는 사람들——따위가 바로 그런 사람들이다.

나이의 노예 상태를 깨뜨리는 방법은 다음 두 가지가 있다.

나이의 노예 상태는 그것을 무시하고 정력적으로 살아가는 그룹을 잘 조사해 봄으로써 깨뜨릴 수 있다.

그리고 죽는 날까지 살기로 결의하는 것이다.

나는 안전히 사는 노예이다

이러한 노예 상태는 아주 넓다. 많은 사람들은 안전을 지키려고 열성이지만, 안전이 지켜지면 우리가 누리는 심리적인 자유는 적어진다.

스스로 기회를 잡아라 !

텔레비전과 영화 스타로 이름난 스티브 맥퀸의 극적인 성공은 심리적인 노예 상태를 어떻게 하면 극복할 수 있는지 그 방법을 잘 나타내고 있다. 스티브는 이른바 문제 아동 가운데 한 사람이었다. 그는 자기 아버지를 모른다. 열 네 살이 되던 해에 맥퀸은 소년원에 들어가야 할 만큼 문제아였다. 해병대를 제대한 뒤에 그는 뉴욕으로 가서 직업이라면 무엇이나 얻어서 일했다. 어느 날 한 친구가 그를 붙잡고 억지로 연기를 시켜 보았다. 그리고 비교적 빨리 그는 성공자가 되었다.

스티브 맥퀸이 왜 이처럼 성공자가 될 수 있었느냐고 물었을 때, 그를 발견한 산포드 마이스나는 이렇게 대답했다.

"……그것은 그가 원래 가지고 있던 개성 탓이라고 나는 생각합니다. 그는 자연스럽게 행동하려고 항상 힘쓰고 있었습니다."

스티브는 성공하기 위해 지켜야 할 세 가지 원칙을 다음과 같이 말하고 있다.

- 첫째 원칙─자연스럽게 행동하라 ── 애써 개성을 발휘하라. 다른 사람 스타일을 닮으려고 해서는 안 된다.
- 둘째 원칙─당신의 전문분야를 연구하고 꾸준히 자기 개선에 힘써라.
- 셋째 원칙─적극적인 마음가짐과 자기를 시험해 보는 용기를 가져라. 바꾸어 말하면, 스스로 기회를 잡아야 한다.

'스스로 기회를 잡아라'는 말에 주의해야 한다. 만일 당신은 소망이 절대 안전이라고 한다면 다음에 당신을 위해 몇 가지 충고를 해 두자. 어딘가 공공 시설——정신 병원이라든지 교도소에 가서 살아야 한다. 거기에 있으면 의지할 집도, 하루 세 끼 밥도, 입는 옷도, 담배 값도 보장받고 있다. 육체나 정신 면에서 아무런 걱정없이 살아갈 수 있을 것이다.

지배된 상상력

심리적으로 안전히 사는 노예가 되어 있는 사람들한테는 공통적으로 다음과 같은 것들이 나타나 있다. 그들은 지배된 상상력이 부족하다. 그들은 상상력의 채널을 자기에게 좋지 않은 뉴스만을 흘려 보내는 텔레비전 방송국으로 바꾸어 버린다. 그들은 곧 괴물을 만들어 내고 만다. 만일 당신이 그러기를 바란다면 한 시간도 못 되어 당신에게 일어날 수 있는 나쁜 일을 몇 천 가지라도 만들어 낼 수 있을 것이다. 그런 반면에 뚜렷한 목표가 있는 사람은 지배된 상상력을 가지고 있다. 이런 사람들은 자기에게 일어날 좋은 일만 마음에 그린다. 그들은 자기가 행복을 누리는 모습, 돈을 번 모습, 남의 존경을 받고 있는 모습, 참으로 값어치 있는 모든 것을 손에 넣고 있는 모습을 마음에 그린다.

어린이들이 명랑해지는 것을 주의 깊게 본 일이 있는가? 어린이들은 무엇보다도 놀라움에서 활기를 얻는다. 어린이들은 놀라운 것을 무척 좋아한다. 그러나 우리가 안전을 위해 정성을 다하는 경우에 하는 일이란 놀라움을 없애버리고 마는 것이다. 우리는 위험한 일을 피하려고 한다. 그 결과 놀라운 일도 없어지고 만다. 이래서는 인생이 권태로울 게 마땅하다. 인간이란 원래 싸우도록 되어 있으니까.

위험 속에 살기를 추구하라!

'안전히 사는 노예' 문제를 벗어나기 위한 해결책은——위험 속에 살기를 좋아하는 길 밖에는 없다. 많은 사람들은 육체적인 짜릿한 쾌감을 좋아한다. 그래서 일부러 많은 돈을 내고 제트코스터를 타고 짜릿한 두려움을 맛보는 것이다. 지금 우리는 이것을 정신적인 쾌감에도 적용하는 것이다. 훌륭한 세일즈맨은 경쟁을 오히려 환영한다.

훌륭한 엔지니어는 풀기 어려운 문제와 맞서기를 좋아한다. 이름난 정치가는 언제나 빈손이 되는 것을 사양치 않는다. 성공을 노리는 젊은 부부는 다음 달 청구서를 두려워하지 않는다. 훌륭한 학생은 갑작스런 시험을 좋아한다. 훌륭한 강사는 가끔 설득하기 힘든 벅찬 청중을 상대하기 좋아한다. 나 스스로 강연 경험을 두고 보더라도 나는 마땅히 이미 얼마만큼 내 이야기에 공감을 느끼는 청중에게 이야기하는 쪽을 좋아하지만 가장 큰 쾌감과 성공은 내 이야기를 들으려고 하지 않는 대중을 설득하는 데서 얻는 때가 많다.

어려움을 사랑하는 방법을 배워야 한다. 잘못된 것을 사랑하는 방법을 배워야 한다. 미지를 사랑하는 방법을 배워야 한다.

나는 과거에 저지른 실수의 노예이다

수많은 심리적 노예는 어디선가 실패했다는 이유로 다시 해 보기를 두려워한다. 마음의 지배에 관심을 가지고 있는 모든 사람이 배워야할 것은 실수를 저지른 데 대한 철학을 익히는 것이다.

한 친구는 그것을 나에게 이런 식으로 설명해 주었다.

"자네도 알고 있듯이 내가 플로리다에 있을 무렵에는 자주 경마장에 갔지. 나는 샬리한테 10달러를 걸어요. 10대 1의 도박이지. 만일 샬리가 이기면 내가 이기고──나는 400달러를 벌거든. 그러나 만일 샬리가 지더라도 나는 역시 이기거든. 나는 승산이 없는 곳에는 거는 게 아니라는 400달러 어치의 교훈을 얻게 되니까."

이것은 훌륭한 철학이 아닐까? 우리는 누구나 교육이 오늘날 성공을 위해서 꼭 필요한 것임을 알고 있다. 만일 우리가 손실을 귀중한 교육으로 여긴다면 그것은 결코 손실이 아니다. 그것은 투자가 되는 것이다.

그다지 오랜 일은 아닌데, 나는 독립하여 사업을 시작했지만 실패로 끝난 사람과 이야기를 나눈 적이 있다. 그가 나한테 이야기해 준 바에 따르면, 자기는 실패한 것이 아니라 다만 이제부터는 독립하여 사업하는 것으로 인생을 소비해서는 안 된다는 것을 배웠을 따름이라고 했다. 지금 그는 다른 일을 하며 잘 살고 있다. 대개의 사람들은 사업에 실패하면 이와는 정반대의 사고 방식을 갖는다. 심리적인 무덤에 묻혀서 두 번 다시 그와 같은 일을 해서는 안 될 증거라도 되는냥 생각한다.

토머스 에디슨이 맨 처음 전구를 만들 때까지는 일만 번이나 실험을 거듭했다고 한다. 그러나 에디슨에 따르면,

"그러한 일들은 실패가 아니었다. 나는 다만 잘 되지 않은 9999번째 방법을 찾아냈을 뿐이었다."는 것이다.

실패를 기뻐하십시오

'실패'를 실패로 생각하지 말아야 한다. 만일 당신이 실패를 인정할 만큼 지성이 있다면, 그것은 실패가 아니라 교육인 것이다. 그러므로 당신은 교육을 좋아하므로 실패했을 때는 정색을 하고 기뻐해도 된다. 실패하더라도 낙담하지 않는 사람은 행복한 사람이다. 실패한 것을 기뻐하는 사람은 행복한 사람이다.

승패는 마음 가짐 하나에 달려 있다.

만일 당신이 직장을 잃었다면 그것으로 되지 않았는가? 당신과 맞지 않은 곳에 매달려 있을 필요는 없다. 학교 시험에 실패했다고? 사랑하는 사람에게 버림을 받았다고? 주식으로 손해를 보았다고? 레이스에서 졌다고? 선거에서 낙선되었다고? ——이러한 '불운'은 모두 우리가 그것을 불운하다고 생각할 때만 불운하다.

만일 당신이 그것을 올바르게 판단하기만 한다면 실패는 결코 나쁜 것이 아니다.

금세기 초에 〈맨체스터가디언〉지 기고가였던 윌리엄 보리소는 이렇게 말한다.

"인생에서 가장 중요한 것은 돈벌이를 늘리는 것이 아니다. 바보라도 그것은 할 수 있다. 진실로 중요한 것은 실패에서 이익을 끌어내는 것이다."

내가 배운 교훈

주식 투자에서 내가 배운 가장 귀중한 교훈을 이야기해 보

자. 몇 년 전의 일인데 사기꾼 한 사람이 나를 찾아 와서 틀림없이 몇 주일 사이에 값이 네 배나 뛸 거라는 주식에 대해 이야기를 늘어놓았다. 값은 한 주에 4달러 75센트였다.

그래서 나는 나 스스로의 판단보다도 그의 판단을 믿는다는 얼간이짓으로 "그럼 100주를 사지."하고 말했다. 그는 그대로 했다. 하지만 그 날부터 그 주는 떨어지기 시작했다. 그리고 산지 2년 뒤에 그 주를 팔아 버리기로 했다. 4·75달러나 하던 주가 단 16달러밖에 나가지 않았다. 지금에 와서는 나에게 이보다 큰 교훈이 없다. 그것은 나에게 다음과 같은 것을 가르쳐 주었다.

🌑 너무 달콤한 말을 하는 사람은 조심할 것.
🌑 사기 전에 회사를 주의깊게 확인할 것.
🌑 너무 크게 떨어지기 시작하면 곧 팔아 버릴 것.

오늘날 많은 사람들이 비슷한 경험을 갖고 있을 것이다. 그러나 이같은 경험을 한 번 하면 많은 사람들은 놀란 나머지 투자에는 일체 손을 대지 않게 된다. 그러나 나는 다행스럽게 실패를 실패로서 보지 않고, 그것을 훌륭한 교육의 일부로 생각했다. 그것은 나에게 많은 것을 가르쳐 주었다. 그리고 나는 그 사건이 있었던 것을 대단히 기뻐하고 있다.

'나는 환경의 포로가 되어 있다'는 노예 상태

환경에는 그 사람을 둘러싼 모든 것이 들어 있다. 당신의 환경은 아마 당신이 생각하는 이상으로 당신의 태도, 견해, 인생에 대한 사고 방식을 만들어 냈을 것이다.

많은 사람들에게는 환경이 심리적인 감금의 한 형식——창
조성을 빼앗기고, 욕망을 죽이고, 개성을 비뚤어지게 만드는
요소로 보일 것이다.

왜 이혼할 수 없는가?

B부인의 사례는 이런 형태의 심리적인 노예 상태를 잘 나타
내고 있다. 스물 여섯 살로 아주 매력적이고 지적이며, 야심가
이기도 한 B부인은 요즘에 나한테 이런 문제를 호소해 왔다.

"슈워쯔 선생님" 하고 그녀는 흥분해서 말했다.

"저는 결혼해서 귀여운 세 아이가 있습니다. 큰 아이는 다섯
살이고 막내아이는 두 살입니다. 그렇지만 저는 남편을 사랑하
지 않습니다. 남편은 저를 사랑한다고 말합니다만, 저는 남편
이 사랑해 준다고는 생각하지 않습니다. 저는 그를 체면을 두
려워하고 있는 비겁자로 밖에 생각하지 않습니다."

그녀는 잠시 숨을 돌렸다. 그리고 당장이라도 울음을 터뜨릴
것 같은 그녀에게 이렇게 말했다.

"자, 이야기를 계속 하시지요. 남김없이 이야기해 버리십시
오."

"저는 좋은 직업을 가지고 있습니다. 그리고 그 일을 좋아합
니다. 그러나 이혼은 생각하지도 않습니다(여기서 그녀는 가벼
운 미소를 띄우며) 그를 죽일 수도 없습니다. ——법이 있거든
요. 자살하려고 생각한 적도 있습니다. 하지만 그럴 수도 없었
습니다. 아이들을 생각하니 도저히 그럴 수 없었습니다. 더구
나 저는 아직 젊고 살아 있는 게 즐겁습니다."

B부인의 이야기가 나아감에 따라 이것은 어린이들, 아내, 남

편, 한 사람 한 사람의 가족, 그들의 친구나 함께 일하고 있는 사람들——과 같은 모든 관계자에게 좋지 못한 결혼 생활의 슬픈 사례 가운데 하나임을 나는 분명히 알게 되었다.

나는 문제를 철저히 규명했다. 그녀의 변명을 하나하나 들어 보았는데, 그것은 한 마디로 집약하면, 이 두 사람은 성격이 맞지 않는다는 말을 여러 각도에서 되풀이하고 있는 것이었다. 마지막에 나는 B부인에게 이렇게 물었다.

"당신은 조금 전에 이혼은 생각도 하지 않는다고 말씀하셨는데 그것은 어째서입니까?"

이 말은 정곡을 찌른 듯했다. 그녀의 종교는 그녀와 같은 처지아래서는 이혼을 금하지 않았으며, 이혼할 이유가 충분히 되는데도 그녀는 그것을 정면으로 다루려고는 하지 않았다. 마침내 그녀는 그것을 이렇게 설명했다.

"잘 아시겠습니다만 슈워쯔 선생님, 남편과 저는 둘 다 시골 출신입니다. 우리 양가는 서로 알고 지내긴 했지만 그다지 절친하지는 않았습니다. 저는 실패를 인정해서 부모님을 슬프게 하고 싶지는 않습니다. 저희들이 다툰 것을 알면 부모님은 몹시 실망할 겁니다. 부모님을 대할 면목이 없습니다. 그래서 저는 될 수 있는 대로 참아 왔던 것입니다."

나는 거기서 그녀의 심리적인 노예 상태의 참다운 이유를 알 수 있었다. 다행히 나는 그녀의 부모님이 바라는 것은 그녀가 될 수 있는 대로 행복하게 되는 것 뿐이라는 사실을 그녀에게 이해시킬 수 있었다. 그들은 그녀의 이혼을 알면 실망은 하겠지만 그녀를 나쁘다고는 생각하지 않으리라 본다.

"당신 부모님 같은 분은" 하고 나는 덧붙였다.

"젊은 사람이 생각하는 것보다도 훨씬 이해가 많으며 훨씬 사려가 깊습니다. 당신은 남편의 노예가 아닙니다. 그리고 또 부모님의 마음에 따른 노예가 되어서도 안 됩니다."

그리고 나서 6개월 뒤에 나는 또 B부인을 만났다. 그녀는 활기가 넘치는 것처럼 보였다.

"슈워쯔 선생님" 하고 그녀가 말했다.

"그 일이 어떻게 되었는지 알려 드려야겠는데요. 남편이 어떻게 말했을 것 같으세요? 그이는 이렇게 말했습니다. '처음으로 잘못을 저지른 것은 그것을 바로 잡으려고 하지 않는 것보다는 나쁘지 않아요.'라고요."

B부인이 그녀의 심리적인 감옥에서 벗어난 것을 나는 분명히 알 수 있었다.

환경의 노예에 대한 치료법

나는 자기 직관력이나 좋은 판단에 따르기보다는 아버지라든지 어른들의 뒤를 따르는 젊은이를 많이 알고 있다. 이런 경우엔 심리적인 함정에 빠지는 케이스가 매우 많은 법이다. 그리고 이런 케이스는 그들이 하려던 것을 한 경우보다도 부모의 불만을 사는 때가 많다.

부모가 다닌 대학이라고 해서 그 대학에 다니고 있는 젊은이, 실은 다른 곳에서 살고 싶으나 어쩔 수 없이 태어난 고장에 주저앉아 있는 사람들, 다른 장소가 좋은데도 거기에 갈 수 없는 사람들——이러한 사람들은 모두 환경 노예의 본보기이다.

환경의 노예를 치료하는 올바른 방법은 오직 하나뿐이다. 그것은 환경에 지배당하지 않고 오히려 당신이 그 환경을 지배하겠다고 굳게 결심을 하는 길이다.

다음과 같은 심리적 망령을 묻어버리려면
어떻게 해야 좋은가?

날마다 많은 사람들이 심리적인 자살을 하고 있다. 이러한 사람들은 우리가 보통 양심이라고 일컫는 것 중 일부를 매장하고 있다. 이러한 사람들은 그들 마음을 죽이는 데에 두 가지 무기를 쓰고 있다. 첫째 무기는 실'의이며, 둘째 무기는 죄의식이다.

실의와 죄의식

실의는 당신이 훈련이나 교육 또는 경력이 충분치 않은 일을 할 때 일어난다. 실의 콤플렉스는 당신의 친구, 상사, 부하, 당신의 주위에 있는 사람들이 인정하지 않을 거라고 생각하는 일을 할 때 일어난다. '나는 2류다. 나는 할 수 없다.', '누구누구는 나보다 위이다.', '나는 그 준비가 안 되었다.', '나는 바보짓만 한다.'고 생각하는 것——이러한 것들이 우리가 실의 콤플렉스를 살인 도구로 써서 심리적인 자살을 하는, 흔히 볼 수 있는 방법의 예이다.

그럼 죄의식이란 무엇일까? 죄의식은 당신이 나쁘다고 본능적으로 알고 있는 것을 할 때 일어난다. 죄의식 콤플렉스는 정신에 영향을 미친다. 거짓말을 한다, 속인다, 훔친다, 사기친다, 위조한다, 숨긴다——이러한 것들이 죄의식 콤플렉스로 심리적인 살인을 하는 방법이다.

죄의식 콤플렉스와 실의 콤플렉스는 같은 효과를 나타낸다.

둘 다 우리들의 행동을 가로막고 우리들 자신을 파괴하며, 고민거리를 만들어 내고 무엇을 하든 두려워하게 만들고 만다.

죄의식과 실의라는 이 두 콤플렉스는 암이 생물의 조직에 대하여 그렇듯이 심리 조직에 파괴적인 영향을 끼친다. 우리는 스스로 잘못하고 있는 것을 알면서도 책임질 수 없는 일을 할 수 없다. 또 실의에 빠졌다는 느낌이 있는 한 우리의 중심인 정신력을 발휘할 수도 없다. 당신은 실의 콤플렉스를 숨길 수 없으며 죄의식 콤플렉스도 숨길 수 없는 것이다. 둘 다 본질적으로 같은 형태로 나타난다. ──다른 사람 눈을 똑바로 볼 수 없는 것은 그 한 예이다. 또 하나는 연약하고 떨리는 듯한 신경질적인 소리를 내는 것이다. 육체는 언제나 마음이 생각하고 있는 것을 나타내는 것이다.

이들 두 가지 살인 도구는 서로 손을 잡고 오늘날 의약품 판매액의 대부분을 이루는 원인이 되고 있다. 실의, 죄의식, 열등감──이러한 것은 모두 육체를 극도로 억누르기 때문에 두통이나 요통 또는 소화불량, 그 밖에 변비나 여러 가지 신체 질환을 불러일으키게 된다. 예를 들면, 텔레비전의 광고를 보면 변비를 치료하는 데는 어떤 종류의 약을 복용하라고 권한다. 그것으로 변비는 다소 나을지 모르겠으나 대체 맨 먼저 그와 같은 병을 일으킨 것은 무엇이었을까? 그것은 실의라든지 죄의식과 같은 두 가지 살인 도구 중 어느 하나 때문에 일어난 욕구 불만의 결과이기도 하다.

이들 두 살인 도구를 없애는 것이 당신에게 자아를 강화하고 폭을 넓히는데 결정적으로 중요한 것이다. 어떻게 하면 그렇게 할 수 있을지 생각해 보자.

흔히 볼 수 있는 심리적인 망령

망령들은 인간 행동의 모든 단계에 나타난다. 예를 들면, 다음에 어디에서나 볼 수 있는 몇 가지 망령을 들어보는데 그것을 숨기려고 하는 당사자에게는 그것이 얼마나 많은 번민이나 욕구 불만의 원인이 되는지 모른다.

① 남편이나 아내가 알콜 중독자이다.
② 남편이나 아내에게 다른 애인이 있다.
③ 가족의 한 사람, 남편이나 아버지가 전과자라든지 교도소에 들어가 있다.
④ 아직 10대인 딸이 결혼도 하지 않고 임신했다.
⑤ 어린이가 명문 학교 입학 시험에 떨어졌다.
⑥ 이제까지 일하던 직장에서 해고되었다.
⑦ 가족 중 한 사람이 정신병으로 입원하고 있다.
⑧ 어린이가 소행이 좋지 못하여 퇴학 처분을 당했다.

여기에 든 리스트는 흔히 볼 수 있는 심리적 망령의 몇몇에 지나지 않는다. 심리적 망령이란 그것을 돌이키면 부끄럽거나 불쾌감을 느끼게 하는 지난 날의 무엇이다. 그것은 당신 친구나 동료들에게는 절대로 알리고 싶지 않은 것들이다.

우리들의 사회는 어느 일은 '좋은' 일이며, 어느 일은 '나쁜' 일이라고 우리에게 가르치고 있다. 우리는 스스로의 결점 때문에 고민한다. 우리는 사회가 정한 규범에 위배되는 짓을 할 경우는 고민한다. 물론 우리는 아무도 완전하다고는 할 수 없다. 우리는 만일 다른 사람들이 그 망령을 안다면 경멸하지

는 않을까 하고 두려워한다. 그래서 우리는 그 망령을 마음의
벽장에 가두어 두고 아무도 찾아 내지 못하도록 숨겨 두려고
갖가지 극단적인 짓을 한다.

다음에 서술하는 것은 그와 같은 망령이 나타날 때 그것을
다루기 위한 세 가지 방법이다.

첫째, 그것을 숨기려고 하지 말라

이렇게 말했다고 해서 조금도,

"제 남편은 교도소에 들어갔습니다."

"제 아내는 알콜 중독자입니다."

"저는 횡령죄로 일자리를 잃었습니다."라고 떠벌리면서 다니
라는 말은 아니다. 내가 말하려는 것은 당신을 실의케 하는 것
을 숨기려고 무언가 극단적인 짓을 하면 결과가 좋지 않을 정
도로 정신이 파괴되어 버리게 된다는 말이다.

애틀랜타 시에서 모든 사람의 존경을 받던 어느 은행가가 알
맞은 보기가 될 것이다. BW씨는 만성알콜중독으로 15년쯤 전
에 커다란 은행의 둘째가는 지위에서 쫓겨났다. 그러나 BW씨
는 이성을 되찾고 자기 정신을 지배하여 술을 마시고 싶다는
유혹에서 완전히 벗어났다. BW씨는 이제 다른 은행의 최고 간
부가 되었다.

그는 자기 과거──그의 심리적 망령──를 비밀로 해 두
려고 애쓰고 있을까? 정반대이다. 그는 자기 생애를 드러내
놓고 알콜 중독의 해로움을 대중 앞에서 강연하는 것을 나는
여러 차례 들었다. 누구나가 그의 과거를 알고 있기 때문에 그
를 흉보는 사람은 한 사람도 없다.

▨둘째, 당신의 망령은 언덕 위 모래처럼 어디서나 볼 수 있는 것임을 기억해 두라

우리는 누구나가 자기는 특별한 인간이고 자기 문제는 흔히 있는 것이 아니라는 죄의식을 느끼고 있다. 그러나 실제로는 당신이 마음 속 깊이 가두어 두고 있는 망령은 어디에나 있는 것이다. 그 망령을 가지고 당신에게 심술궂은 농담을 할 권리가 있는 사람은 아무도 없다. 왜냐하면 그 망령이 같은 비율로 자기에게 되돌아갈 가능성이 있기 때문이다.

한 재산 모은 다음, 명예욕 때문에 200 년이나 거슬러 올라가 가문의 족보를 찾아내려던 어떤 부인이 있었다. 그녀는 지위라는 것에 집념이 대단해서 만일 자기 가족이 명문 출신이 분명하면 그 사회적 지위도 크게 오를 것이라고 생각했던 것이다.

그래서 그녀는 자기 선조가 누구였던가를 밝히기 위하여 그 방면의 전문가에게 부탁했다. 그러나 그 전문가가 찾아낸 것은 그녀의 증조부가 강도 살인죄로 전기 의자에서 죽었다는 사실이었다. 전문가는 이 미묘한 문제를 놓고 그 재벌 부인과 상의했다.

보태어 말하지만 그 부인은 매우 '정직한' 여성이어서 결코 거짓말을 하는 사람이 아니었다. 그녀는 가계에 '진실'이 실리기를 바랐다. 그래서 전문가는 다음과 같은 방법을 생각해냈다. 증조부가 전기 의자에서 죽었다고 쓰는 대신에 이렇게 썼던 것이다. "증조부 죤즈는 이 나라의 어느 커다란 공공 기관에서 전기를 응용한 의자에 앉아 있는 사이에 사망했다."

우리는 누구나가 좋은 평판을 얻고 싶어한다. 우리는 누구나가 왕이라든지, 여왕이라든지, 대통령이라든지, 장관 혹은 자선가 따위 가문 출신이기를 바란다. 그러나 이것은 힘든 일이다.

여기서 조금 재미있는 것을 해 보자. 다음 질문에 대답하기 바란다. "당신은 몇 사람의 친척이 있습니까?" 하나의 가정을 해 보자. 한 세대를 25년으로 가정하는 것이다.

그러면 25년 전에는 당신에게 부모가 두 사람 있게 된다. 50년까지 거슬러 올라가면 당신은 여섯 사람의 선조——부모와 네 사람의 조부모가 있다. 75년까지 거슬러 올라가면 열 여섯 사람의 선조가 있다. 그리고 100년까지 거슬러 올라가면 어떨까? 서른 두 사람의 조상이 있게 된다. 다시 말하면, 25년을 거슬러 올라갈 때마다 조상의 숫자가 배로 느는 것이다.

만일 1725년부터 당신의 모든 조상을 모은다면 그 수는 500명 가까이 되고 중간크기의 회의실이라면 만원이 되어 버릴 것이다. 하지만 이번에는 어떤 일이 일어나는지 살펴보기로 하자. 처음으로 이민이 미국에 상륙한 때까지 거슬러 올라가면 당신에겐 8000명 이상의 조상이 있다는 것을 알게 될 것이다. 이 곱셈을 1492년에 콜롬부스가 미국을 발견한 때까지 계속한다면 놀라지 말라, 당신은 자그마치 25만 명, 즉 1백만 명의 4분의 1이나 되는 조상을 모시게 된다.

이 정도에서 그만두자. 그렇지 않으면 당신의 조상이 너무 많아서 도저히 다룰 수 없게 될 터이니까. 1300년까지 거슬러 올라가면 그 수는 대체로 4천만 명이나 된다. 서기 1000년경 노르만 인이 영국을 정복한 시대까지 거슬러 올라가면 당신은 자그마치 10억의 조상을 가지게 되고 오늘날의 세계인구 3분의 1에 해당할 만큼이 되는 것이다.

두뇌 체조라고도 할 만한 이 짧은 게임은 우리에게 두 가지 사실을 가르쳐 준다. 넓고 오랜 기간을 관찰하면 당신의 가계에는 부자가 있는가 하면 훌륭한 군인도 있고, 지적인 정치가, 탐험가, 과학자, 교수와 같은 높은 분이 많이 있다는 것은 틀림없다. 그러나 이와 마찬가지로 어떤 사람이라도 옛날을 더듬어 올라가면 살인범, 반역자, 비겁자, 사기꾼과 같은 변변치 못한 조상도 발견할 수 있다.

아마 당신이 이같은 사실을 알게 되는 것을 좋아하지 않을지도 모르지만, 이것은 인생 그 자체라고 할 만큼 진실한 것이다. 당신은 지구 위 모든 사람과 친척——문자대로 친척 관계가 있는 것이다. 우리들 한 사람 한 사람, 다시 말해서 부유한 사람이나 가난한 사람도, 현명한 사람이나 어리석은 사람도, 핸섬한 사람이나 추한 사람도, 모두 같은 씨앗에서 나왔다는 사실을 생각하면 부끄러움이라든지 실의라든지 죄의식은 모두 사라져 버리지 않을까?

그럼 우리들의 철학적 탈선으로부터 이야기를 되돌리자. 우리가 생활하고 있는 거리로 내려가 보자. 어느 집을 두고 보아도 차이가 없다. 거기에 살고 있는 가족은 그 나름의 망령을 가지고 있다. 예를 들면, 우리가 열심히 숨기려고 하는 망령의 하나는 '부부 문제'이다. 당신은 부부 사이에 가끔 다툴 것이다. 그리고 무슨 수를 써서라도 그것을 숨겨 두려고 한다. 그것을 들키지 않기 위해 어물쩍한 태도를 취하려고 한다. 자기에게만 있는 못된 것이라고 생각한다.

그러나 나는 이런 뉴스를 당신에게 알리려고 한다. 최근에는 부부 문제가 크게 나빠져서 우리들의 3분의 1에 이르는 가정은 마침내 이혼으로 치닫고 있다. 그리고 적어도 다른 3분의 1은 이혼을 고려 중에 있고 나머지 3분의 1의 커플도 올바로 말하면 결코 순수하게 행복한 상태로 살고 있지는 않다.

다시 한 번 되풀이하지만 다른 사람들도 그들 자신의 망령을 가지고 있으며, 실은 당신의 망령 같은 것은 생각할 시간이 없다는 것을 기억해 두어야 한다. 당신의 문제, 당신의 망령은 결코 당신만의 것은 아니다.

셋째, 당신의 기억 은행에 좋지 못한 생각을 쌓아 두지 마라

여러 면에서 당신 두뇌는 은행과 비교할 수 있다. 당신은 은행에 예금을 하거나 그것을 찾기도 한다. 당신 두뇌에도 이와 같은 예입과 인출 작업이 이루어지고 있다. 생각을 예입하고 또한 인출하는 것이다.

그런데 우리가 심리적인 자살을 하는 경우는 우리 기억 은행에서 소극적인 생각을 끌어내어 이것을 우리의 마음 주머니에 넣어 둘 때이다. 그렇게 하면 우리가 일을 여러 모로 생각하고 있을 때 적극적인 생각 대신에 소극적인 생각을 하게 된다. 그리고 그 결과는 우리를 심리적인 자살로 이끈다.

우리는 누구나 다 기억 은행을 가지고 있다. 게다가 그것은 엄청나게 큰 것이다. 그것은 이제까지 당신에게 일어난 모든 일을 그 기억 저장실에 쌓아 둘 만큼 크다. 여러 해 전, 아예 잊어버렸을 것이라고 생각했던 일이 완전히 어른이 되고 나서 갑자기 떠오르는 때도 있을 것이다. 이것은 지나간 모든 사건이 아직도 당신의 기억 속에 살아 있음을 보여 주는 것이다.

우리는 오늘날 컴퓨터에 관한 여러 가지 사실을 읽는다. 그러나 한 다스나 되는 컴퓨터도 인간의 두뇌만큼 많은 정보를 저장해 둘 수는 없다. 당신은 참으로 특이한 은행을 가지고 있는 것이다.

여기서 당신이 유념해 두기 바라는 점이 하나 있다. 그것은 이 기억 은행의 열쇠를 가지고 있는 것은 오직 당신 뿐이라는 사실이다. 당신만이 무엇을 기억할 것인가를 결정할 수 있다. 그리고 당신은 그 기억은행에서 무엇을 인출할 것인지를 아무 때나 결정할 수 있다는 뜻은 아니지만, 그 기억을 어떻게 해석할 것인가 하는 완전한 지배권이 있다. 인간이 지닌 마음의 특성 때문에 당신은 기억을 적극적으로든 소극적으로든 해석할 수가 있다.

동일한 기억이 어떤 사람은 동요시키고 어느 사람은 즐겁게 한다. 그것은 누구든지 자기 나름의 방법으로 생각해 내는 것을 선택하기 때문이다.

요점은 무엇일까? 기억을 적극적인 방향에서 상기하는 쪽을 선택해야 한다. 지더라도 웃는 것을 배워야 한다. 그것을 교훈으로 삼아 상기하는 것을 배워야 한다. 결코 그것을 소극적으로 보지 말아야 한다. "모든 것은 다 좋은 쪽으로 작용한다."는 유명한 인용구를 '모든 것은 좋은 쪽으로 상기할 수 있다'고 확대 해석하는 것이다.

넷째, 옳은 일을 할 때는 나쁜 일이 있을 수 없다

그다지 오래 된 일은 아니지만 나는 '사람을 고용하는 법'에 대하여 쓴 책 목록을 조사한 적이 있다. 자기를 위해 일해 줄 사람들을 잘 뽑으려면 어떻게 하면 좋은가에 대해 쓴 책이 무려 350권이 넘었다.

그러면 다음 질문을 해 보자 사람을 그 직위에서 해고하는 방법에 관하여 서술한 책이 얼마나 있을까? 남의 목을 자르는 방법에 대하여 씌어 있는 책이 얼마나 있을까?

내가 알고 있기는 많은 회사 간부가 죄의식을 경험하는 것은 바로 이 점이다. 많은 회사 간부나 경영에 종사하는 사람들이 사람을 해고시키는 일 때문에 여러 가지로 고민하는 것을 나는 이 눈으로 보아 왔다. 물론 이런 종류의 결정에 부딪치지 않고 생애를 끝내는 사람도 얼마든지 있다. 그러나 이런 일을 하지 않고 비즈니스계나 전문 분야에서 계속 윗자리에 앉아 있기는 누구에게나 힘든 일이다. 예를 들면, 주마다 10만 명이나 되는 사람들이 일자리에서 마지못해 해고되고 있다. 그리고 이들 가운데는 미숙련공에서 관리직에 이르기까지 모든 사람들이 들어 있다.

최근에 어느 회사 간부가 나한테 이렇게 말했다.

"만일 내가 저 부인을 해고해야 한다면 나는 애처롭게 생각할 것입니다. 그녀는 예순 살이나 먹었고 다른 직장을 찾을 수도 없습니다. 그녀가 함께 일하고 있는 사람들과 잘 지내지 못하는 것은 사실이지만 나로서는 그녀의 곤경을 모른 체 할 수는 없거든요."

우리는 다른 길을 선택할 수가 없음을 알 수 있다. 그녀를 다른 부에 돌릴 수도 없다. 잘 모르는 일을 시킬 수도 없다. 유일하고 실제적인 결론은 해고시키는 것이다. 그러나 그 간부는 그 짓을 할 수 없다고 주장하고 있다.

이 때 대답할 수 있어야 할 한가지 질문은 '회사의 번영 쪽이 특정한 개인의 행복보다도 더 중요할까?'라는 것이다. 만일 이 대답이 '예'라면 당신은 주저할 틈이 없을 것이다. 그리고 또 우리는 비능률적인 사람에게 일을 시키고 있으면 다른 사람들에게 아무 쓸 데 없는 폐를 끼친다는 것, 그리고 누군가 다른 사람이 일할 찬스를 빼앗는다는 사실도 잘 기억해 두어야 한다. 이것이 '옳은 일을 할 때는 나쁜 일이 있을 리 없다'는 뜻이다.

　전쟁 중 많은 미국인은 개인적 또는 비개인적인 온갖 파괴 수단을 써서 적을 죽일 필요가 있었다. 적을 죽인 사람이 그 일로 죄악감을 가져야 한다고 생각하는 것은 물론 바보스런 일이다. 목적은 전쟁에 이기는 것이었다. 전쟁에 이기는 것은 옳은 일이었다. 그래서 전쟁에 이기기 위해 이런 임무를 다한 것은 나쁜 일이 아니었던 것이다.

　나는 이제까지 수술을 즐기는 외과 의사가 있다는 말을 들은 적이 없는 것 같다. 어느 외과 의사라도 젊은 여성이나 젊은 남자의 다리를 끊는 것을 좋아할 사람은 없을 것이다. 그러나 그는 그 때문에 죄의식을 갖거나 나쁜 일을 했다는 생각에서 잠을 못 이룰까?

　답은 물론 '아니오'이다. 그는 신체의 다른 나머지 부분을 살린다는 오직 하나의 이유로 다리를 끊었던 것이다. 다리가 하나 있는 것보다는 둘 있는 편이 좋은 것은 정한 이치지만, 두 다리를 가지고 죽어가는 것보다는 한 다리로 건강하게 살아가는 쪽이 훨씬 좋은 것도 당연하다.

　옳은 일을 하기 위해서는 많은 심리적인 용기를 필요로 할 경우가 가끔 있다. 인생에서 우유 부단하는 대부분은(그리고 우유 부단이라는 것이 애당초 심리적인 자살에 커다란 원인이 되지만) '옳은 일을 할 때는 나쁜 일이 있을 리 없다'는 사고 방식을 이해할 수 없다는 데로 돌아갈 수 있다.

사람과의 관계에 있어서 선(善)을 지키는 것은 인간의 의무이다. 만일 그대가 타인에 대하여 선으로 대하지 못한다면 그대는 악(惡)인 것이다. 또 나의 악으로 말미암아 그 사람에게도 악이 눈뜨게 될 것이다.

당신 마음에 해방을 선언하라

오늘 자유스럽다고 말할 수 있는 사람은 자유를 스스로 선택한 사람 뿐이다. 왜 그런 사람과 어울리지 못하는가? 당장 다음을 실천하라.

(1) '다른 사람들'이라는 노예 상태를 극복하라. '다른 사람들'은 추종자이지 지도자는 아니라는 사실을 기억해야 한다. 당신의 이름이 평가될 때까지는 아무런 뜻도 없는 것이다.

(2) 당신의 능력, 지성, 의견을 존중하라. 자기의 훌륭한 이미지를 만들라.

(3) 나는 나이가 너무 많다고 생각하지 말라. 나이란 주로 마음의 상태이다.

(4) 위험 속에 사는 것을 좋아하도록 하라. 내일 무엇이 일어날지 모른다는 사실을 즐길 수 있어야 한다.

(5) 실패는 교육의 일부로 생각하라. 승리는 마음가짐임을 잘 기억해 두어야 한다.

(6) 다음의 심리적 망령을 묻어 버리라.

……그것을 더 이상 숨기지 말라.

……당신의 망령은 바닷가 모래처럼 어디에나 있는 것임을
기억해야 한다.

……당신의 기억 은행에 나쁜 생각을 쌓지 말아야 한다.

……옳은 일을 할 때는 나쁜 일이 있을 리가 없다는 것을
명심해야 한다.

제3장

정신력 활용으로 도움얻기

당신의
주변에 있는 사람들에게
그들이 필요한 존재라고 생각하게 하라.
사람들에게 당신을 돕도록,
당신에게 호의를 보여 주도록 청하라.
그것은 그들을 쓸모 있는 존재로
생각하게 하는
훌륭한 방법이다.

제3장

정신력 활용으로 도움 얻기

자, 이쯤에서 성공을 바라는 사람이라면 누구나가 내놓는 고전적인 질문을 직접 다루어 보자.

"밀어야 하나, 끌어야 하나?"

"머리의 힘이냐, 설득력이냐?"

"내가 하는 일인가?" 그렇지 않으면 "내가 알고 있는 사람인가?"

"능력 뿐인가?" 그렇지 않으면 "판매하는 힘인가?"

간단히 줄인다면, 여기서 문제가 되고 있는 것은 휴먼 터치이다. 이러한 휴먼 터치는 이른바 불꽃이다. ——그것이 사람들로 하여금 기꺼이 당신을 위해 일하게 하는 인간 설득의 원자로이다.

이 가르침을 배우는 가장 좋은 방법은 로케트가 솟아오르는 모양을 잘 보아 두는 것이다. 로케트는 어떻게 해서 발사대를 솟아올라 궤도에 진입할까? 로케트는 문자대로 밀어올리는 것이다.

자, 당신은 끌어올려지든지 밀어올려지는 경우가 있을까? 당신에게 손을 뻗쳐서 로프를 던지고 그리고 나서 당신을 끌어올려 줄 사람이 있을까? 그렇지 않으면 당신은 위까지 밀어올려야 할까? 만일 그렇다면 누가 당신을 밀어올려 줄까?

그러면 끄는 것은 로케트에 어떤 효과를 미칠까? 틀림없이 미치겠으나 그것은 로케트가 아주 높은 곳으로 올라간 뒤 뿐이다. 이와 같은 일을 비즈니스계에서도 말할 수 있다. 끄는 힘은 미는 힘이 사라진 뒤에 일어나는 것이다.

당신이 밀어올려질 수 있으려면 당신을 지지하도록, 당신을 위해 일하도록, 당신을 위해 헌신하도록, 당신에게 호의를 보이도록, 당신을 돕도록, 당신한테서 사도록, 당신을 위해 팔도록, 사람들을 당신편으로 만드는 당신의 능력에 따라서 정해지는 것이다. 밀어올린다는 것은 그러한 것이다. 그럼 어떻게 하면 그렇게 될 수 있을까?

●지능지수와 호감지수

두 사람의 인물	지능지수	호감지수
프 레 트	125	100
빌	100	125

이와 같은 경우 빌은 프레트를 훨씬 앞설 가능성이 있다. 현대에는 호감 지수가 지능 지수보다도 훨씬 쓸모있기 때문이다. 물론 높은 지능 지수와 높은 호감 지수를 둘 다 가지고 있다면

그것은 더할 나위 없다.

그러나 당신을 얼마만큼 알고 있다는 점(예를 들면, 당신이 이 책을 읽고 있다는 사실)으로 보아도 당신은 당신이 원하는 데까지 갈 수 있는 타고난 지성을 갖추고 있음이 분명하다. 머리가 좋지 못하다는 것은 결코 당신의 구실이 될 수 없을 것이다.

당신을 밀어올려 주도록 사람들을 자기 편으로 만드는 능력은 당신이 바라는 커다란 성공을 달성하기 위해서는 필요 불가결한 조건이다. 죤슨 대통령은 이 사실을 오래 전부터 알고 있었다.

설득력을 익히는 데에 도움이 되도록 그는 사람들에게 사기를 불러일으키는 자기를 위한 열 가지 규칙을 마련하고 있었던 것이다. 그것을 주의 깊게 배워야 한다.

사람들에게 사기를 불러일으키기 위한 죤슨의 열 가지 규칙

(1) 남의 이름을 기억하는데에 숙달하라. 이것이 서툴다는 것은 별로 관심이 없다는 사실을 보여 줄 우려가 있다.

(2) 함께 있어도 아무런 고통을 주지 않는 편안한 사람이 되라. 헌 모자라든지 헌 구두와 같은 인물로.

(3) 어떠한 일에도 마음이 흔들리지 않는 느긋하고 편안한 성질을 익히라.

(4) 너무 뽐내는 인물이 되어선 안 된다. 무엇이나 알고 있다는 인상을 받지 않도록 하라.

(5) 사람들이 당신과 사귀기를 잘했다고 생각할 수 있는 남의 흥미를 끄는 특질을 익히라.

(6) 당신의 개성에서 '덜렁대는' 요소를 뽑아내라. 비록 그것이 무의식적인 것이라 하더라도.

(7) 전에 가졌거나 또는 지금 가지고 있는 모든 오해를 없애 도록 힘쓰라. 당신의 고충을 없애 버리라.

(8) 진심으로 그렇게 할 수 있을 때까지 사람들을 좋아하도 록 힘쓰라.

(9) 성공한 사람에게는 축하의 말을, 슬퍼하거나 실망하고 있는 사람에게는 위로의 말을 할 기회를 놓치지 않도록 하라.

(10) 남에게 정신적인 힘이 되어 주십시오. 그렇게 하면 그 들도 진심으로 당신을 좋아하게 될 것이다.

곱셈을 배우라

큰 것을 얻기 위해서는 다른 사람들을 통하여 당신의 능력을 키울 수 있어야 한다. 왜냐하면 리더인 당신을 다른 사람들이

  당신의 생각이나 명령을 받아들이고,
  그것을 실행할 수 있게 해야 한다는 뜻이다.

나는 이제까지 심리적인 속임수 기술이 끊임없이 이용되는 것을 보아 왔다. 내가 속임수 기술이라고 하는 것은 이런 것이다. 사람들에게 명령을 한다. 그들은 그것을 받아들이는 체한다. 그러나 그것을 실천하려고는 전혀 생각하지 않는 것이다.

아이젠하워가 모은 인기의 비밀

아이젠하워는 현대에 가장 인기있는 대통령 중의 한 사람이었다. 그리고 왜 그가 그렇게 인기가 있고 그렇게 유력했던가를 가장 잘 설명하고 있는 슬로건은 간단한 "위 라이크 아이크(우리는 아이크를 좋아한다)"라는 말이었다.

한 해군 사관이 어느 때 나에게 아주 중요한 것을 말해 준 일이 있다.

"만일 당신이 부하의 존경을 받고 당신의 명령에 따르게 하기 위해서 금테를 붙여야 한다면 당신은 금테를 붙일 자격이 없습니다."하고 그는 말했던 것이다.

"만일 당신이 권위를 나타내기 위해 소매에 금표장을 붙여야 한다면 당신은 그것을 붙일 자격이 없습니다."

만일 이것이 군대에서 진리라고 한다면 금테 같은 것이 없는 비즈니스 세계에서는 그것이 더욱 진리가 아닐까?

황금의 터치를 익히는 다섯 가지 규칙

리더십이라는 것은 금테 문제도 아니며 권위의 상징이라든지 지위 문제도 아니다. 지도자가 가진 지위만이 유능한 지도자를 만드는 것은 아니다. 지도자를 만드는 것은 황금의 터치——사람을 다루는 능력이다. 이와 같은 황금의 터치를 가지고 있는 사람은 놀랄 만큼 드물다. 그러나 다음 다섯 가지 규칙을 익힌다면 반드시 어렵지 만은 않다. 그것을 익혀야 한다. 그렇게 하면 당신의 정신력을 마스터하는 데에 큰 힘이 될 것이다.

① 인간미를 보이라——그것이 가장 이익이 되는 것이다.

② 주어라——더구나 그것을 기대하지 않을 때에.
③ 당신이 영향을 미치려고 생각하는 사람들에게 그들 자신
   이 중요하다고 생각하게 하라.
④ 그들의 수준까지 자기를 낮추어 사람들과 어울리라.
⑤ 비밀을 지키라.

인간미를 보이라——그것이 가장 큰 이익이 된다

　최근에 나는 교외에서 병원을 하고 있는 절친한 의사 친구와
이야기를 나눈 적이 있다. 나는 그에게 왜 인기있는 의사만이
턱없이 번창하는지 설명해 주지 않겠느냐고 부탁했다.
　그는 웃음을 띄우며 잠시 생각에 잠기더니 이렇게 말했다.
　"나는 그것을 이렇게 생각하네. 병원을 넓히려면 사람들에게
주의를 기울이지 않으면 안 되는 걸세. 그의 병이나 그가 지닌
문제가 이 세상에서 가장 중요한 것인 양 한 사람 한 사람을 다
루어야 하네. 새 환자가 찾아와서 '친지한테서 선생님이 이 부
근에서 가장 훌륭한 의사 선생님이라고 소개를 받았습니다.'
라는 말을 들으면 나도 마음 속으로는 기쁘거든. 나는 내가 훌
륭한 의사라고는 생각하지만 내가 편도선염이라든지 작은 마마
라든지 그 밖에 흔히 있는 병을 이 마을에 있는 많은 다른 의사
보다 더 잘 치료할 수 있다고는 생각하지 않거든."
　"그리고 그 뿐 아니라"하며 의사는 말을 이었다.
　"아무에게나 이야기할 것은 못 되지만 사실상 초보자는 의사
의 우열을 알 수 없어요. 의학상 능력이란 매우 판단이 어려운
것이지요. 내 생각으로는 내가 큰 병원을 가질 수 있었던 것은

내가 사람들을 좋아했기 때문이에요. 예를 들면, 나는 육체적으로는 그런 일이 없는데도 어딘가 좋지 않다고 생각하고 있는 사람을 결코 소홀히 다루지 않는 것을 원칙으로 삼고 있지요. 그런 사람도 문제를 걸머지고 있으니까 나는 정성껏 이야기를 들어 주고 도와 주곤 해요. 이 직업은 의학상의 지식도 중요하지만 사람들에 대한 배려가 있어야 하니까요."

왜 인간적인 태도가 중요한가?

인간적인, 나는 당신을 좋아한다는 태도는 다른 직업에서도 중요하다. 어느 의류 체인의 담당 중역이 작은 가게와 경쟁하는데 대한 자기 의견을 다음과 같이 말해 주었다.

"작은 가게는 값으로는 우리와 도저히 겨루지 못합니다. 어쨌든 우리는 직접 대량으로 사들이고 따라서 대폭적인 할인을 하니까요. 그리고 우리는 구색이 다양하다는 점에서도 그들보다 앞섭니다. 손님은 작은 가게의 몇 배나 되는 상품 중에서 마음대로 고를 수 있습니다. 그리고 설비, 조명, 에어콘디셔닝, 그 밖에 쾌적함과 같은 점에서도 그들을 앞서고 있습니다. 그러나 작은 가게가 만일 그것을 이용한다면 참값을 발휘할 분야가 오직 하나 있습니다."

"그게 무엇입니까?" 하고 내가 물었다.

"한 마디로 말하면 휴먼 터치입니다." 하고 그는 대답했다.

"작은 가게는 손님을 잘 알 수 있습니다. 가게 안에서 정겨운 친절을 베풀 수 있습니다. 그것이 그들의 불리함을 보충하고도 남습니다. 우리는 우리 가게의 한 사람 한 사람에게 따뜻한 개성을 가지게 하려고 많은 시간과 비용을 들이고 있습

니다. 만일 당신도 그것을 가지지 못했다면 지금처럼 성공을
하시지 못하셨을 겁니다."

생각해 보라. '나는 당신이 좋습니다'는 태도는 현대 소매업
에서도 중요한 것이다.

사람들은 당신의 재산이라든지 지위라든지 급료 같은 것
보다도 당신의 인간적인 바탕에 더욱 많은 관심을 갖는 것
이다. 나는 몇 년 전에 내가 청중에게 소개하였던 어느 이름난
강사에게서 이 사실을 통감하게 되었다.

어느 강사의 자기 소개

소개하기에 앞서서 그 강사는 나를 곁으로 부르더니 이렇게
말했다.

"부탁이 있습니다만 저를 소개하여 주실 때에는 저의 학력이
나 직업관계 그밖에 시시한 것은 모두 말아 주십시오. 저는 처
음부터 청중과 격의 없는 분위기가 될 것을 바라고 있습니다.
여기에 카드가 있습니다. 거기에는 당신이 청중에게 소개해 주
었으면 하는 것만 적었습니다."

그 카드에 씌어 있던 것은 다음과 같다.

(1) 오늘 강연을 할 분으로는 블런드, 블루네트, 빨간 머리
  등 다섯 사람의 예쁜 아가씨가 계십니다. 그리고 선생은
  여러분들에게서 아가씨들을 보호하기 위해 소중히 간수
  하고 계십니다.

(2) 제2차대전 중에는 태평양전선에 참가하여 공군의 지상
  근무원으로 하늘만 보고 살았습니다.

(3) 골프에 손도 대지 않습니다만 주일마다 세 번은 역기를

듭니다. 선생의 목표는 세계에서 가장 강한 사람이 되는 것입니다.

(4) 선생은 어느 병원의 베드에서 생애 최대의 거래를 하셨습니다. ——아니 간호사와 결혼했다는 뜻이 아닙니다. 신축 병원용으로 6000개의 알루미늄 샷슈를 판 것입니다.

(5) 선생의 마음에 드는 표어는 다음과 같습니다.

"밤엔 일찍 자고 아침엔 일찍 일어난다. 악마처럼 일하고, 그리고 광고를 한다"

강연이 끝난 뒤에 이 강사는 자기 경험으로 보아 도락(道樂) 쪽이 회사의 직함이라든지 학위보다도 훨씬 사람들의 관심을 끈다는 사실을 나에게 말해 주었다. 사람들은 상대방의 개인적인 일, 인간적인 것이 알고 싶은 것이다. 상대방이 재빨리 그리고 완전하게 인정할 수 있기 위해서는 인간적이어야 한다.

사람들은 차갑고 형식적인 '딱딱한' 사실에는 관심을 두지 않는다. 그들은 당신도 인간임을 알고 싶어하는 것이다.

사람들을 인간적으로 다루는 것이 올바르게 다루는 방법이다.

인정에 약함을 두려워하지 말라 —— 그것은 모습을 바꾼 힘이다

딱딱하고 냉혹하며 쇠붙이와 같은 눈을 가진 사람들은 위로 향상할 수가 없다. 린든 존슨 대통령은 어느 인터뷰에서 이렇게 말했다.

"나이 어린 어린이들을 거느리고 비탄에 빠져 있는 미망인을 보고도 울지 않는 사람이 있다면, 그 사람은 사회 생활을 할 수 없는 사람이라고 해도 좋다."

물론 세상에는 빈정거리는 사람이 있다. 그런 사람은 이 말을 산전 수전 다 겪은 정치가나 선거에 이기기 위해 이런 말을 하는 거라고 할지도 모른다. 그러나 빈정거리는 사람들이란 질투심 많은 불평가에 지나지 않는다. 지나가는 개라도 성실치 못한 것은 알아낼 수 있으니까. 동정을 받으려고 일부러 꾸민 사람을 구별하는 것이 어렵다고 하는 말은 맞지 않는다고 생각한다. 위대한 사람들은 인정에 약한 것을 두려워하지 않는다. 그들은 울기를 두려워하지 않는다. 그리고 인정에 약한 것, 인간끼리 사랑과 관심의 감정을 가지는 것은 힘의 원천이기도 하다.

애정이 문명에 미친 영향

유명한 인류학자인 로렌 아이슬레 박사는 애정이 문명에 미친 영향을 다음과 같이 말하고 있다.

거만한 싸움은 강자의 것이고, 동정이나 애정은 약자의 표시라고 말할지도 모른다. 그러나 이와 같은 사고 방식이 널리 퍼져 있을지라도 실제는 인간이 자기 종족에게 다정한 생물이 아니었다면 지금쯤은 벌써 아프리카 초원을 헤매는 야수들의 먹이가 되어 버렸을 것이다.

'정에 빠져서는 안 된다'는 충고는 당신이 받는 최악의 충고라고 해도 좋을 것이다. 동정심이 많은 것, 남을 위하는 것이야말로 당신 영혼이 당신과 함께 일할 기회가 되는 것이다.

'정에 약한 것을 두려워하지 말라'는 말을 잘 기억해 두어야 한다.

'나는 그것을 인간적 방법으로 하고 있는가?' 라고 물으라

다음에 드는 것은 당신을 더욱 인간적으로 만들기 위해, 그리고 그렇게 함으로써 더욱 평판이 좋고 더욱 영향력이 있는 사람으로 만들기 위한 몇 가지 연습 문제이다.

당신이 하는 모든 일을 인간적인 것으로 만들려면

▓ 편지를 쓰는 경우

마치 당신이 그 사람과 마주 앉아 이야기하고 있는 투로 써야 한다. 흔히 있는 설교조는 피해야 한다. 상대방을 인간으로 대하고 있음을 알 수 있게 쉬운 말로 써야 한다. 예를 들면, 이런 식으로 쓰는 것이다.

'전번의 이야기는 참으로 즐거웠어요. 나는 당신이 하신 말씀에 대하여 여러 모로 생각해 보았습니다. 특히 ……에 관한 의견에 대하여……', '알리고 싶은 좋은 소식이 있습니다.'

▓ 악   수

상대방과 만난 것을 진심으로 기뻐하는 것처럼 손을 잡아야 한다. 따뜻하고 단단히 잡아야 한다. 열의를 담아 잡아야 한다.

'나는 많은 사람과 악수를 너무해서 이것은 그저 예의이니까
……'라는 인상을 주어서는 안 된다.

▨ 부하에게 주의를 주는 경우

당신은 인간미가 있는 사람이다——나도 예전에는 같은 문
제에 부딪친 일이 있다는 것을 상대방에게 알려야 한다. 나는
상대방의 성공에 관심을 가지고 있다는 점을 상대방에게 알려
야 한다.

"죤군, 믿어 주게. 내가 이런 작은 일을 자네에게 말하는 것
은 자네가 빨리 승진하길 바라기 때문이야."

▨ 이야기할 사람을 소개하는 경우

그 사람이 무언가 '인간미가 있다는 것'——예를 들면, 그
의 가족이라든지 취미라든지 아이디어 등, 그가 커다란 프라이
드를 가지고 있는 것을 찾아 내어 말하는 것이다. 이전의 직업
이나 현재의 직업 같은 것엔 너무 중언 부언하지 않는 게 좋다.

▨ 웃 음

웃을 때는 분명히 웃어야 한다. 마음이 내키지 않는 웃음은
찡그린 얼굴처럼 좋지 않은 것이다.

호의에도 인간성을 갖게 하십시오

몇 주일 전 나는 수술을 한 뒤 2주일 정도 입원하고 있는 어
느 회사 중역인 친구를 방문한 적이 있다. 그와 만나고 있는 동
안에 나는 방안에 많은 꽃다발이 있는 것을 보았다.

"카드를 보낸다든지 꽃을 보내는 것은 이제 당연한 일이 되었네. 나도 그렇게 하니까 잘 알고 있지. 나는 어느 중역이 비서에게 이렇게 말하고 있는 것을 살아 있듯이 상상할 수 있거든. '빌존스에게 꽃을 보내요. 틀림없이 피어드면 병원에 입원하고 있는 걸로 알고 있는데 잘 조사해서 보내요. 10 달러짜리──아니, 20 달러짜리 꽃을 보내는 게 낫겠지. 그는 우리의 고객이니까.'

내가 가장 큰 인상을 받은 선물은 그 사람이 나에게 무척 마음을 써서 보낸 것을 알 수 있었던 한 짤막한 편지였네."

"나는 이렇게 결심했지."하고 그는 다시 말을 이었다.

"내가 퇴원하면 병을 앓고 있는 친구들이 있다면 개인적인 편지를 보내려고 생각하네. 물론 앞으로 카드라든지 선물을 보내지 않는다는 뜻은 아니지만, 가장 중요한 것은 짤막한 개인적인 편지거든. 나는 그들이 흔해빠진 친구는 아니라는 사실을 그들에게 알릴 셈이야."

＊교훈──인간성을 주어 개인화한다. 그렇게 하면 그 효과는 열 배나 커지는 것이다.

남에게 '나는 필요한 존재라고 느끼게 하는' 기술을 쓰려면

다음의 기본적인 진리를 기억해 두어야 한다──사람들은

필요한 존재가 되고 싶어한다는 점을. 그들은 도와 주려 하고 있다. 그들은 당신이 하는 가운데 한 직분을 맡고 싶어한다. 이 욕망을 만족시키고, 그 보답으로 상찬과 존경과 충성과 협력을 얻기 바라는 것이다.

숙달된 야영의 리더는 각자에게 무언가 일정한 책임을 나누도록 한다. 능숙한 배우는 남을 무대로 끌어넣는다. 최근에 나는 연극 배우가 크게 성공한 나이트클럽의 쇼를 본 적이 있다. 그가 아주 잘했다는 뜻은 아니다(나도 함께 있던 사람들도 그것을 판정할 능력은 없었다). 그 배우가 보고 있던 모두에게 노래를 시키고, 손을 흔들게 하면서 무언가를 시켰기 때문이었다.

남에게 중요한 역할을 맡기는 전술

바로 얼마 전에도 어떤 청년이 '사람들로 하여금 당신을 돕게 한다'는 원칙을 어떻게 쓸모 있게 썼느냐를 나에게 이야기해 준 일이 있다.

"저는 회사에서 어떻게든 빨리 승진하려고 했습니다."하고 그는 말했다.

"저는 일하면서 대학에 다니고 있었습니다만 회사에선 완전히 무시당하고 있었습니다. 어느 날 저는 제 부를 담당하고 있는 부사장을 만나 대학의 나머지 과정의 계획을 도와 달라고 부탁해 보기로 결심했습니다. 저는 학교를 졸업하더라도 계속해서 공부할 의향이 있다는 것, 그러기 위해선 될 수 있는 대로 준비를 해 두고 싶다고 설명했습니다. 이야기하면서 저는 부사장의 표정을 보았습니다. 그는 대단히 좋은 인상을 받은 것 같았습니다. 그는 종업원을 위해 이제까지 여러 가지 일을 해 왔지만 이런 일은 처음이라고 했습니다. 그는 참으로 흥미로워했습니다. 그는 저에게 3개월 뒤에 얼마나 진척이 되었는지 보고하라고 당부했습니다. 그 결과 저는 하나의 특별 연구 대상이 되었던 것입니다. 저는 그를 제 계획에 끌어들임으로써 그를 제 편으로 만든 것입니다."

나는 '남에게도 한 직분을 맡기는 방법'을 여러 상황에 써보라고 가끔 권장해 왔다. 이것은 확실히 효과가 있다. 훌륭한 세일즈맨은 다루기 어려운 고객에게 팔 때 흔히 이 방법을 쓴다.

당신은 특별 연구 대상인 것이다──당신을 원조하고, 지도하고, 발전시켜 주는 사람으로 상대방에게 직분을 맡기는 것이다. 이것은 '유도(誘導)의 법칙'이다. 사람은 업신여김을 당하면 냉담해진다. 그리고 일부러 업신여김을 당한 것을 알면 이번에는 반대파가 될 것이다.

비즈니스 사회는 정신 긴장이 매우 심각해서 중요한 일을 하는 사람일수록 이쪽 생각을 인정시키기가 힘든 것이다. 그러나 어느 커다란 광고대리회사에서 새 상품을 담당하고 있는 친구 죠윌슨은 좋은 방법을 알고 있었다. 죠는 새로운 고객에게 팔 때 쓰는 상품 설명을 준비하는 계원이다. 실은 그 활동을 담당하는 사람이 문제였다. 남의 말은 좀처럼 들어 주지 않는 라디오나 텔레비전 전문가이거나 어떤 경우에도 자기의 주관을 가지고 있는 신문 전문가든지 조사의 전문가였다.

그러나 죠는 마찰을 막는 방법을 알고 있었다. 상품 설명을 만드는 과정에서 다른 간부들에게 부탁하여 그들에게 그것을 보게 한 것이다. 그리고 나서 그는 그들의 조언 몇 가지를 거기에 삽입했다. 이렇게 해서 상품 설명이 완성될 때에는 모든 사람이 그 작업에 참가한 것이 된다. 죠는 그들을 협력자 중 한 사람으로 생각했던 것이다. 그 결과 그들은 그것을 사랑하고 그 때문에 죠를 지지하게 되었다.

만일 당신이 다른 사람한테서 무언가를——그 사람의 찬성이나 주문이나 승낙 혹은 승인을——얻으려고 생각한다면 될 수록 빨리 그에게도 한 직분을 맡겨라.

어느 세일즈맨의 작전

어느 숙련된 세일즈맨이 금전 등록기 주문을 두 배로 늘렸다는 세일즈매니저들 사이에 구전돼 오는 옛이야기가 있다. 이 사람은 새로운 고객을 찾아가면 자기 소개를 한 다음에 이렇게 말했다고 한다.

"브라운씨, 제가 오늘 찾아 온 것은 기계를 팔기 위해서가 아닙니다. 저는 당신의 충고를 듣기 위해 왔습니다. 저는 이 기계가 아직 익숙하지 않아서 어떻게 하면 이것을 팔 수 있는지 혹시 아시면 가르쳐 주시지 않을까 해서……."

이렇게 말하면 거의 대부분 그 작전에 넘어가서 열심히 그 상품 설명을 생각해 준다. 그 다음에 이 세일즈맨은 이렇게 말한다.

"이 상품 설명대로라면 댁에서도 하나 필요하지 않겠습니까?"

이렇게 해서 상대방에게 한 직분을 맡김으로써 많은 세일즈가 이루어졌던 것이다.

당신이 동료, 고객, 어린이, 남편이라든지 아내——당신과 밀접한 관계가 있는 누구이든 당신이 그들을 필요로 하고 있다고 생각하게 만드는 것을 당신의 신조로 삼아야 한다.

해서는 안 될 두 가지 점

그 때 해서는 안 될 두 가지 점이 있다.
(1) 거만한 태도는 금물이라는 것을 반드시 알아야 한다. 더구나 어려운 일을 당신을 위해 해 달라고 부탁하는 것은 좋지 않다.
(2) 진심으로 감사하는 것을 게을리해서는 안 된다. 사람들은 당신이 참으로 감사하다고 느낄 때에만 당신을 도우려고 하며 계속 도우려고 생각한다.

다른 사람의 수준까지 자기를 낮추어 사귀라

예전에 남부의 작은 마을을 방문했을 때 나는 우연히 어느 젊은 정치가의 정치 연설을 들은 적이 있다. 그 때가 무더운 팔월이었으므로 청중도 그다지 열심히 듣는다고는 할 수 없었다. 후보자는 시간의 대부분을 국제 무역이라든지 호혜주의(互惠主義)와 같은 문제에 쏟고 있었다.

마침내 이야기는 끝이 났다. 예의바르기는 했으나 별로 열렬한 박수는 받지 못하는 걸 보고 나는 같은 전주에 기대섰던 중년 남자에게 이렇게 물어 보았다.

"저 연설을 어떻게 생각합니까?"

확실히 말수가 적어 보이는 그 무골 호인인듯한 사나이는 이렇게 대답했다.

"무슨 소린지 알 수 없는데요. 저는 알기 쉽게 이야기하지 못하는 사람은 이로운 말을 할 수 없는 걸로 보니까요."

나는 언제나 '알기 쉽게 이야기하지 못하는 사람은 이로운 말을 할 수 없다'는 이 말을 회상하면서 내가 이제까지 배운 중에서 가장 훌륭한 교훈이었다고 생각하고 있다.

알기 쉬운 말

알기 쉬운 말만큼 사람들의 주의를 끄는 것은 없다. 광고 대리점이 커다란 스폰서한테 상품 설명을 하는 자리에 가 본 사람이라면 누구나 이 사실을 깨달을 것이다. 지성을 갖춘 비즈니스맨이 하는 상품 설명은 어느 것이나 간단하다.

"간단하다는 것은 위대한 것이다"라고 에머슨도 말하고 있다.

자주 인간의 평균 지능에 대하여 설명을 듣게 된다. 그리고 열 세 살부터 열 두 살의 정신 상태가 적용된다지만 내 신념으로는 일곱 살 어린이에게도 충분히 이해할 수 있을 정도로 간단하게 하는 쪽이 좋은 것으로 알고 있다. 나는 내 아들에게 무언가 설명하다가 이 사실을 배웠다. 아들은 나에게 이런 질문을 해 온다.

"이익이란 무어야?"

"아빠, 능률이란 무어야?"

이에 대하여 나는 설명한다. 그리고 그가 완전히 이해했다고 생각될 때까지 설명을 계속한다. 그 때 이 점을 배운 것이다. 그가 이해할 수 있는 정의라면 대학의 상급생은 더욱 잘 이해할 것이다.

고백을 하자면 나는 우주에 대해서라면 과학적인 리포트보다도 월트디즈니의 영화나 고급 만화에서 더 많은 것을 배워왔다. 월트디즈니의 스튜디오는 무척 복잡한 것을 쉽게 만들어 버리는 힘을 가지고 있었다. 물론 이런 말을 하는 사람도 있을 것이다.

"내가 하는 일은 이야기하는 것이고, 그것을 이해하는 것은 그들이다."

하지만 이걸 보기 바란다——이 나라에서 최고의 지식인으로 알려진 사람들까지도 이해할 수 없는 말을 듣게 되면 낮잠을 자는 것이라는 사실을.

주의를 끌 책임은 당신에게 있다

만일 당신이 하는 말을 어린이에게 이해시킬 수 없다면 당신의 대화 기술 어딘가에 잘못이 있는 것이다. 당신에게 기울이는 주의가 바로 당신이 하는 말을 얼마나 잘 이해하고 있는지 그 비율을 나타내는 것이다. 설명을 간단히 하면 이해가 빠르게 된다. 따라서 간단히 하면 할수록 주의가 늘어난다. 그리고 만일 당신이 다른 사람들에게 영향을 미치려고 한다면 주의야말로 반드시 필요한 것이다.

나는 구릉 지대(丘陵地帶)에 사는 친구들이 있다. 그리고 내가 그들에게 가장 감탄하는 것은 그들은 말을 아주 쓸모 있게 쓴다는 것이다. 그들이 하는 말은 거의 짧지만, 그것을 효과적으로 써서 보충하고 있다. 이른바 교육받은 사람들이 난처한 것은 낡아빠진 25 센트짜리 집게를 가지고도 할 수 있고——그리고 더 잘할 수 있는 경우에 너무나 많은 말을 늘어놓는다는 것이다.

이해되는 것은 듣거나 쓴 것 가운데 극히 작은 단편 뿐이다. 그것은 사람들이 귀머거리이기 때문도 아니며 교육을 받지 못한 탓도 아니다. 그런 것은 결코 아니다. 나는 지능 지수가 130 이나 되는 회사 간부가 강연하는 동안에 잠자고 있는 것을 보았다. 그런가 하면 지능 지수가 90 이하인 사람이 진지하게 정신을 차리고 있는 것도 본 적이 있다.

주의를 끌어 들일 책임은 오로지 당신에게 달려 있다.

만일 남이 이해하지 못하는 경우가 있다고 해서 그들을 바보로 생각해선 안 된다. 당신은 그들이 이해할 수 있을 만큼 간단히 말하지 못했다는 것을 솔직히 반성해 볼 필요가 있다.

이 세상에서 당신이 싸워야 할 대화의 최대 다툼은 다음 말로 줄일 수 있다——'주의를 끈다'는 말이 그것이다. 그러기 위해서는 치열한 경쟁이 있다. 그리고 주의라는 것은 가장 손쉽게 이해할 수 있는 곳에 돌려지는 것이다. 주의는 복잡한 것을 싫어한다.

인상적이고 그리고 무엇보다도 이해하기 쉬운 단어를 써야 한다. 뚜렷하게 마음 속에 그림을 만들어 주는 말을 써야 한다. 둔한 말이나 너무 큰 말이나 난잡한 말을 쓰면, 당신과 이야기하고 있는 사람들 마음 속에 그릇된 이미지를 만들게 된다. 예를 들면, 다음 이미지 가운데 어느 하나이다.

● 저 사람은 거드름을 피우는 사람이다——자만가다.
● 저 사람은 자기가 하는 말을 알지 못하는 사람이다.
● 나는 저 사람에게는 흥미가 없다.

❀ 저 사람은 따분한 사람이다.

　주의를 아주 쉽게 잃어버리는 것이다. 당신이 그 누구와 이
야기할 때, 당신은 몇 천만이라는 기억을 쌓아 두고 있는 사람
과 이야기하고 있다는 사실을 잊지 말아야 한다. 그는 당신이
말하는 것을 잘 이해하려고 하기보다는 이러한 기억 중 하나
또는 몇몇을 되살리려고 하는 것이다. 이야기를 많이 해 본 사
람이라면 주의란 얼마나 쉽게 사라져 버리는 것인가를 알고 있
을 것이다.

　이 경우 중요한 것은, 세상 사람은 자기가 이해하지 못하는
것은 무엇이든 조금도 주의를 기울이려고 하지 않는다는 사실
이다.

　그것을 기억해 두기 위해서는 이렇게 하면 된다.──송아지
가 먹을 수 있는 곳에 언제나 꼴을 두어야 한다.

　당신이 이야기할 때 상대방의 몸은 붙잡고 있을지 모르지만,
반드시 상대방의 마음은 붙잡고 있지 않다는 것을 잊지 말아야
한다. 탁자를 사이에 두고 마주보고 앉았지만 몸은 그 방에 둔
채로 마음은 유럽으로, 일본으로, 자기 집으로, 그 밖에 어느
곳이나 마음내키는 대로 갈 수 있다. 이것이 주의를 끌어 두는
것이 중요하다는 이유이다.

당신이 하는 말을 바르게 하기 위해서는 보기를 들라

　몇 년 전에 네브라스카 주의 링컨 시에서 나는 목사 두 사람
이 2, 3개월 사이를 두고 '내세(來世)──그것은 얼마나 긴
가?'라는 주제로 설교하는 것을 들은 일이 있다. 두 경우가

다 그 목적은 내세는 길고 긴 시간이며, 그것을 위해서는 지금부터 준비해 두는 게 중요하다는 것을 사람들에게 이해시키는 것이 목적이었다.

처음 목사는 일어서서,

"내세는 영원히 계속되는 것입니다. 여러분, 그것은 영구한 것입니다."하고 힘을 주어 설명했다. 그러나 그가,

"내세는 영원히 계속되는 것입니다."

하고 몇 번이나 되풀이 했음에도 청중은 그다지 감명을 받은 것처럼 보이지 않았다.

둘째 번 설교는 청중 사이에 많은 관심을 불러일으켰다. 두 번째 목사는 내세가 얼마나 긴가를 생생하게 예를 들어 보이면서 이야기를 진행하고 있었다. 그가 이야기하는 방법은 예를 들면 이런 식이었다.

"북극에 세워진 폭 10 마일, 높이 100 마일의 철탑을 상상하여 주십시오. 한 해에 한 번 작은 새가 그 조그마한 주둥이를 갈기 위해 이 탑에 날아옵니다. 아시겠습니까? 이 철탑을 작은 새가 주둥이로 갈아서 다 달아버렸다고 하더라도 내세에는 그것이 한 순간에 지나지 않는 것입니다."

이 목사가 인용한 예는 내세라는 것을 다만 '영원히'라고 말한 것보다는 훨씬 더 길게 느끼게 했다.

여기서 중요한 것은 말의 개념을 사람들이 이해할 수 있는 것으로 바꾸어서 얘기해야 한다는 것이다. 이해시킨다는 것은 모든 것 중에서 가장 큰 능력이다.

좋은 말이란 조심성 있게 하는 것이고 좋은 이야기란 조심성 있게 잘 생각한 후에 하는 것이다. —아라비아 속담—

예수도 비유를 썼다

영향력이 있는 사람의 이야기를 듣는 경우에는 그들이 자기
가 전하려고 하는 요점을 설명하기 위해 얼마나 많은 보기를
드는가에 주의를 해야 한다. 역사상 가장 영향력이 있었던 사
람——예수는 사람들을 이해시키려고 자기 생각을 설명하는
데에 곧잘 비유를 썼다. 그는 다만 '이렇게 하십시오. 저렇게
하십시오'라고는 결코 하지 않았다. 이것을 하거나 저것을 하
는 것이 왜 가장 좋은가를 보기를 들어 설명했다.

사람이란 이야기 잘하는 사람——보기를 들어 보여줄 줄 아
는 사람에게만 주의를 기울이는 것이다.

비밀은 비밀로 해 두라

어느 작은 마을에 훌륭한 병원을 세운 의사가 있었다. 그러
나 그는 전문가가 갖출 중요한 자격 하나를 빠뜨리고 있었다—
—환자의 병을 아무에게나 털어놓았던 것이다. 이것은 좋지 못
한 일이었다. 많은 사람들은 다른 사람이 아프다면 어디가 아
픈지를 기어코 알려고 하면서도 거꾸로 자기 병은 입에 오르내
리게 하고 싶지 않은 것이다.

비밀을 지키는 가치

비밀을 요하는 것은 비밀로 해 두어야 한다. 이를 위해서는
약간의 농간이 필요하다. 비밀을 털어 놓고 싶은 자연스런 충

동이 있는 법이다. 당신도 날마다 이런 대화를 들을 것이다.

"지금 막 들은 거야——아무에게도 말하지 마——실은 이러이러하대."

비밀을 지킬 수 있는 것은 한정된 몇몇 사람 뿐이다.

비밀에는 몇 가지 뒷면의 의미가 있다. 그 하나는 다른 사람에게 비밀을 털어 놓을 때는 아주 신중하게 해야 한다는 것이다. 비밀이 지켜질 것이 확실하지 않으면 남에게 비밀을 털어 놓아서는 안 된다. 그러나 이와 버금가게 중요한 것은 비밀을 지키는 능력은——그것은 바로 능력인데——다른 사람에게 영향력을 갖기 위한 기본적인 수단의 하나라는 점이다. 비밀을 지키는 능력을 익히면 당신은 두 가지에서 승리를 얻게 된다.

첫째, 당신은 친구를 얻는다. 그들이 당신에게 한 말이 당신에게만 머물러 있고, 다른 어느 곳에도 누설되지 않는다는 것을 알면 다른 사람은 당신을 깊이 신뢰하게 될 것이다.

둘째, 당신은 과거보다도 훨씬 많은 여러 가지 일을 알게 된다. 당신은 지금 어떤 일이 일어나고 있는지를 알고 있으니까 더욱 좋은 계획을 짤 수 있을 것이다.

그러나 만일에 지금 당신이 무언가 비밀 정보를 알고 있고, 절친한 친구가 그 정보를 알고 싶어 했다고 하자. 그런 경우 당신은 어떻게 하면 좋을까? 이렇게 해야 한다. 이런 식으로 말하는 것이다.

"나는 당신이 재크에게 관심을 두고 있는 줄은 압니다. 그러나 나한테 그 정보를 제공해 준 사람이 그것을 비밀로 해 두라고 말을 해 놓아서……."

그는 당신의 성실을 인정하고, 그 이상 강요하지 않을 것

이다. 그는 당신이 비밀은 비밀로 해 두는 특성을 지녔음을 알
게 될 것이다.

사람들은 비밀로 해 둔다는 규칙을 다른 방법으로 깨는 경우
가 있다. 그들은 비밀 정보를 직접 말하지는 않지만 너무나도
많은 단서를 주기 때문에 대여섯 마디를 듣고 나면 미국의 국
가를 알 수 있듯이 그 이상 말하지 않더라도 알아 버린다. 이것
은 정보를 직접 누설하는 것 못지않게 좋지 않다.

당신에게는 비밀을 지키는 능력에 따라 충실이 안겨진다.

어느 대학 학장이 관리상의 기술을 이렇게 말하고 있다.

"얼마나 많은 사람들이 여러 가지 문제를 일으키고 있는지를
알면 당신은 틀림없이 놀랄 것이다. 그들은 그러한 문제를 나
한테 가져오므로 나는 거기에 손을 빌려 줍니다. 그들은 나에
게 이야기하는 것을 두려워하지 않습니다. 왜냐하면 그들은 거
기서 이야기한 것은 이 곳 이외에는 누설되지 않는다는 것을
알고 있으니까요."

사람들과 이야기할 때는 파상 효과를 기억하라

당신이 허리를 펴고 누군가와——그 사람을 우선 A씨라 해
두자——남의 관심을 끌만한 짤막한 고섭을 이야기했다 치자.
몇 분 동안이나 몇 시간 안에는 당신이 지껄인 것 중 일부 또는
전부는 A씨로부터 B씨 그리고 C씨에게, D씨에게 전해질 것
이다. B씨는 그것을 E와 F와 G에게 알린다. G는 H와 I와 J에
게 말한다. 그리고 D는 K와 L과 M에게 말한다. 말이 기하급
수적으로 퍼지는 것이다. 잔잔한 호수 가운데 물결처럼 뉴스는

멀리멀리 재빨리 퍼져 간다.

지도자들은 이 사실을 잘 알고 있다. 다음은 어느 중규모의 회사 사장이 나에게 설명해 준 말이다.

"내 직접적인 스탭을 빼놓고는 아침마다 나를 만나는 것은 세 사람이나 네 사람이다. 그러나 오후 한 시쯤에는 사실상 회사의 모든 사람이 우리가 토론한 요점을 다 알고 있다. 커피 시간에 지금 있는 일의 뉴스가 퍼지기 시작하고, 점심 시간에는 빠짐없이 전해지고 만다. 나는 이 점을 배웠다. 내가 한 사람에게 이야기하는 것은 200 명 이상의 사람과 이야기하는 것과 같다. 누구나가 탐방 기자이거든요."

남에게 이야기하는 경우의 규칙

그러나 거의 모든 사람이 탐방 기자라는 사실은 조금도 당신이 냉담하고 입이 무거운 '노코멘트'쟁이가 되어야 한다는 것을 뜻하는 말은 아니다. 만일 그렇다면 당신이 리더가 될 찬스는 없어지고 말 것이다. 리더란 남에게 이야기하는 것이 기대되고 있기 때문에. 내가 이렇게 말하는 목적은 무엇이나 이야기하지 말라는 것은 아니다. 그런 게 아니고, 그 목적은 만일 이야기하려면 입에서 입으로 전하고 싶은 것을 이야기하라는 말이다. 누군가 당신에게 이야기해 오면 이 직접적인 회화를 뛰어 넘어 다음에 일어날 회화를 미리 생각하라는 뜻이다. 다음의 규칙을 실행하라.

● 되풀이해서 듣고 싶은 것을 말하라.
● 남에게 도움이 되고 적극적이고 남을 명랑하게 하는 뉴스를 전하라.

그리고 나서 당신이 말하는 것은 여러 가지 형태로 되풀이 되어 남에게 전해지는 것임을 잘 기억해 두어야 한다. 만일 당신이 무언가 부정적인 말을 하면 그것이 다섯 차례를 되풀이 하여 전해진 다음에는 한결 더 부정적인 이야기로 되어 있을 것이다. 그리고 그 반대도 또한 진실이다.

요령있게 이야기해야 한다. 당신의 이야기에서 남도 이야기 해 주기 바라는 것을 말해야 한다. 그리고 당신이 그것을 말하기 전에 '나는 이것을 100 명에게 이야기할까 ? '라고 자기에게 물어볼 일이다.

황금의 터치를 빨리 익혀라 !

다음을 실행해야 한다.
(1) 호감 지수를 익히기로 결심하라.
(2) 당신이 하는 모든 일에 인간미를 나타내라. 차갑고 무자 비하며 타산적이어선 안 된다.

(3) 얻기 위해서는 주라. 먼저 줄 것, 그리고 받는 것은 되어 가는 대로 맡겨 두라.

(4) 당신의 주변에 있는 사람들에게 그들이 필요한 존재라고 생각하게 하라. 사람들에게 당신을 돕도록, 당신에게 호의를 보여 주도록 청하라. 그것은 그들을 쓸모 있는 존재로 생각하게 하는 훌륭한 방법이다.

(5) 당신이 영향을 미치고 싶은 사람들과 같은 수준으로 당신을 낮추라. 그들의 수준에서 이야기해야 한다. 당신이 영향을 미치려고 하는 사람들과 마음을 통하게 하라.

(6) 비밀은 비밀로 해 두라. 당신의 주변에 있는 사람들이 비밀을 당신에게 털어놓을 수 있는 사람이 되라. 그러면 당신은 그들의 존경을 받을 수 있을 것이다.

제4장

고민을 없애고
활기를 되찾으려면

성공한 사람은
자기가 한 일에는 관심이 없고,
이제부터 하려고 하는 일에만 관심을
두는 사람이다. 사람은 무릇
앞을 봐야 한다. 지난 일은 끝난 것이다.
뒤만 되돌아보지 말고
앞을 바라보아야
한다.

고민을 없애고 활기를 되찾으려면

내가 이제까지 5년 동안 계속해 온 심리 실험을 이야기해 보자. 그 결과는 아마 당신을 깜짝 놀라게 할 것이다. 그것은 거의 믿기 어려운 일이기 때문이다. 그러나 그것은 진실일 뿐더러 출세를 하고 마음의 평화를 얻으려는 사람들에게는 대단히 중요한 것이다.

그 실험이란 다음과 같은 것이다. ──나는(사적인 회합이나 그룹 토의 등을 할 때) 수많은 사람들에게 그들이 괴로워하고 있는 것을 완전히 비밀로 해줄 테니까 나한테 이야기해줄 수 없겠느냐고 부탁한 것이다. 현재까지는 나는 2500명이 넘는 사람들이 안고 있는 고민을 표로 작성하고 있다.

사람들은 어떤 일에 고민하지 않는가 ?

그런데 이 연구의 가장 놀라운 결과는 사람들이 어떤 일에 고민하지 않느냐 하는 점이다. 다음과 같은 사실이 있다. ── ─나는 고민의 하나로서 '원자핵공격의 위협'을 들고 있는 사람은 한 사람도 본 일이 없다. 이들 2500 명 모두가 고민 때문에 잠을 못 이룬다고 고백하고 있다. 그러나 이들 수많은 사람 가운데 누구 한 사람 원자폭탄 때문에 걱정이 되어 잠을 이루지 못한 사람은 없었다.

하지만 논리상으로 보면 만일 우리에게 고민이 있다고 한다면 원자폭탄은 우리가 만든 고민 리스트 중 상위에 기록되어야할 것이다. 어쨌든 현재까지 지구상의 전 인류를 12 회나 죽일수 있을 만큼 원자폭탄이 저장된 것으로 추정되고 있으며, 더욱이 날마다 생산이 늘어나고 있다 ! 하지만 사람들이 고민을 들 때에는 방사능으로 타죽게 될 위험은 그것을 입에 오르내릴 만큼 중요하지는 않다고 생각하고 있다. 우리는 두려워하는 것에서 우리를 지키기 위해 해 마다 몇 조(兆)라는 돈을 쏟아넣고있다.

그리고 또 고민이라는 것의 진상을 바로 보는데 도움이 되는 다른 발견이 있다. 주된 고민의 원인으로써 '자동차 사고로 상처를 입거나 죽는 것'을 든 사람도 이러한 사람들 중에서 극소수에 지나지 않았다. 그러나 만일 무언가 고민을 찾는다고 한다면 이것이야말로 그 첫째에 들어야 하는 게 아닐까? 금년만도 4 만 명의 미국 사람이 자동차에 치어 죽거나 300 만 명 이상이 부상 당했다. 그러나 우리는 그것을 두고 고민할까? 아니다. 자동차 사고를 당한 뒤에 살아 남은 사람들 대부분도 그다지 안전벨트를 매려고 하는 모습을 찾아보기 어렵다.

육체적인 공포와 정신적인 공포

고민의 문제에 좀더 바르게 초점을 맞추어 보자. 나는 스물 네 살에 몸무게 190 파운드, 키는 5 피트 10 인치로 대단히 건강하고 힘이 세며, 군대에선 낙하산병으로 근무했고, 스카이 다이빙을 취미로 삼고 있는 어떤 사람을 생각하고 있다. 그는 한 주먹으로 당신의 목뼈도 부러뜨릴 수 있을 것이다. 보통 사람이 네 사람쯤 달려들어도 그를 꺾을 수 없을지도 모른다.

그는 육체적인 공포를 느끼고 있을까? 아니다. 그 사람에겐 그런 게 없다. 정신적인 공포는? 그렇다. 거기에 이르면 이야기는 달라진다. 그가 내 제자였을 때 나는 그에게 200 명 정도의 다른 학생 앞에 서서 5 분 동안의 구두 보고를 하는 과제를 준 일이 있다. 그가 이야기할 예정으로 되어 있는 전날이 되자 그는 나에게 찾아 와서 이야기하는 게 두려워서 견딜 수가 없다고 울상이 되어 말했다. 그 공포가 너무나 컸기 때문에 나는 그의 경우에만 특별히 예외를 만들어 그를 용서해 준 적이 있다.

이것은 놀라운 일이 아닐까? 2 만 피이트 상공의 비행기에서 점프하는 것을 조금도 두려워하지 않는 사람이 무기도 갖지 않은 학생 그룹 앞에서 5 분 동안 서 있기가 죽기보다 더 무섭다는 것이다.

끊임없이 지옥을 만들어 내는 자가 거기에 떨어지기를 두려워하는 법이다. —류씨 · 말로리—

우리 마음이 우리 성장을 어떻게 해치는가?

요점을 말하면 이렇게 된다. 우리는 육체적인 위험이 아니라 정신적인 위험을 괴로워한다는 것이다. 우리 고민은 오로지 마음이지 육체가 아니다.

우리는 사람이나, 학교 성적이나, 일이나, 이웃 사람들을 고민한다. 우리는 사춘기에 있는 자식이나, 그들이 하는 일을 고민한다. 우리는 승진이나, 지위나, 명성을 고민한다. 우리는 사지 않는 고객, 지불하지 않은 채무자를 놓고 고민한다. 우리는 마음의 문제 때문에 괴로워하는 것이다.

고민의 수학

그리고 사태를 더욱 나쁘게 하는 것으로 고민이 고민을 낳는 경우가 있다. 다음 보기로서 고민의 수학을 알아 보자.

짐브라운은 서른 다섯 살 된 세일즈맨으로 학교에 다니는 두 자녀가 있다. 짐은 검소한 집에 살고, 일은 상당히 잘하고 있었지만, 항상 무언가에 쫓기고 있다. 그 까닭을 생각해 보자. 생각해 보기 전에 분명히 고민의 위치를 정하기 위해서는 내가 고민의 수학이라고 부르는 것을 이해하지 않으면 안 된다. 그 것은 다음과 같이 작용한다.

이틀 전에 짐은 고객과 재미없는 일이 있었다. 짐은 고민을 예방하거나 고치는 방법을 알지 못했기 때문에 두려움은 마침내 뿌리를 뻗기 시작했다. '나는 이 고객을 놓치지 않을까?' 짐이 이 고민을 이리저리 걱정함에 따라 그의 마음은 둘째의

보다 큰 고민을 낳고 있었다. '우리 세일즈매니저는 내가 이
거래에서 실패한 데 대하여 어떻게 생각할까?' 이 고민은 다
시 셋째 고민을 낳았다. '이 고객을 누군가 다른 세일즈맨이
담당하지 않을까?'

고민은 짐의 생각을 완전히 점령하고 말았다. '그 고객은 다
른 사람에게 배당될까?'가 또다른 고민을 낳게 되었다. '보스
는 다음 세일즈 회합에서 나를 나무랄까?' 그리고 이것이 모
든 것 중에서 가장 큰 고민을 낳았다. '나는 해고되지 않을
까?'

이렇게 되면 고민의 수학은 완전하게 작용을 계속하게 된다.
'나는 어떻게 하면 지금과 같은 수입이 있는 다른 일자리를 구
할 수 있을까?', '나는 그만두지 않으면 안 될까?', '내가 해
고 되면 가족은 어떻게 살아 갈까?', '어린아이는 어떤 학교
에 가게 될까?', '나는 빈주먹으로 처음부터 다시 해야만 될
까?' 이런 식으로 단 하나의 고민이 나중에는 백 가지 고민으
로 늘어나고 말았다.

의심은 기학급수적으로 늘어 가는 것이다. 짐은 자기가 완전
히 못 쓰게 되어 버렸다고 생각하기 시작한다. 그는 회사 동료
들이 자기를 어떻게 보고 있는가를 생각하고 쥐구멍이라도 있
으면 들어가고 싶을 정도이다. 그는 아내나 자식이나 자기 자
신 때문에 고민한다.

고민을 대하는 두 가지 요점

이것으로 우리는 두 가지 요점을 익히게 된다. 첫째는 고민
이 본질적으로 정신병이지 육체병은 아니라는 것. 그리고 둘째

는 고민이 고민을 낳는다는 것이다. 그러나 지금 문제가 되는 것은 '대체 고민을 어떻게 처리할 수는 없을까?'와 '그것을 고치는 방법이 있을까?'이다. 틀림없이 고민을 지배할 수는 있지만 거기에는 신중한 행동이 필요하다. 다음에 드는 것은 고민의 다섯 가지 치료법이다. 그것을 활용하는 것이다. 그렇게 함으로써 얼마나 신속히 고민을 제거할 수 있는가를 보아야 한다.

고민 요법 그 첫째 —— 언제나 분주하라

어느 7월 오후, 나는 아주 오래 되었지만 청결하게 꾸며 놓은 노드캐롤라이나 주 리저어트호텔 로비에 앉아 있었다. 그 날 아침 있었던 실업인 모임 앞에서 강연을 마친 뒤였다. 그 집회에 참석한 중역 한 사람이 내가 거기서 말한 아이디어에 대한 의견을 나에게 이야기하고 있었다.

어느 공장에서 가졌던 실험

"나는 틀림없이 고민을 극복하는 방법——특히 '항상 분주하라!'는 당신의 의견에 찬성합니다."하고 그는 말했다.

"몇 년 전에 나는 회사에서 직원들 사기를 어떻게 하면 높일 것인가 하는 문제를 안고 있었습니다. 종업원들은 자기들 일을 좋아 하는 것 같지 않았습니다. 가끔 나는 아침에 그들이 공장에 들어가는 것을 지켜 본 일이 있었습니다만, 그들은 비참하고, 불만스럽고, 마치 고문실에라도 들어가는 것처럼 보였습니다. 집에 돌아갈 때에도 행복스러운 것 같질 않았습니다. 그런 나머지 우리 회사의 생산성은 너무나 낮아서 사고율이 높고 결근이 많았습니다."

"그것을 당신은 어떻게 해결하셨습니까?"하고 나는 물었다 (나는 그가 그것을 틀림없이 해결했을 거라고 믿고 있었다. 왜냐하면 이 중역은 노드캐롤라이나에서도 가장 능률적인 공장의 하나를 가지고 있었기 때문에).

"그렇습니다. 나는 그 대답을 가장 특이한 방법으로 발견하였습니다."하고 그는 설명했다.

"4년 전에 나는 일본으로 비즈니스 여행을 하였습니다. 일이 끝난 뒤 홍콩에 가서 그 곳 직물 공장을 둘러보려고 생각했던 것입니다."

"나는 당신이 이곳 공장보다도 몇 십 년이나 뒤진 직물 공장을 보셨으리라 짐작합니다만……."하고 나는 입을 다물었다.

"그렇기도 하고 그렇지 않기도 합니다."하고 내 친구는 대답했다.

"현대화와 자동화란 점에서는 틀림없이 그들이 뒤져 있었습니다. 그러나 내가 고민하고 있던 종업원의 사기면에서는 그들이 훨씬 앞서 있었습니다. 어느 날 아침 한 영국인 중역을 따라 홍콩을 두루 안내받았습니다. 이 공장을 시찰하는 동안에 나는 아주 묘한 점을 깨달았습니다. 종업원들은 에어컨도 없고 조명도 어둡고 떠들썩한 소음 속에서——우리 기준에서 보면 비참한 조건에서 일하고 있었습니다. 그렇지만 그들은 대단히 행복한 듯이 보였고 최선의 노력을 하고 있다는 사실을 알았습니다. 그들은 웃고 노래하면서 일하고 있었습니다."

"나는 또 그 밖의 일도 알게 되었습니다."하고 그는 말을 이었다.

"몇 분마다 노동자가 작업대를 떠나 통로를 달려가는 것이었습니다. 그리고 2, 3분 뒤에 그는 뛰어서 되돌아왔습니다.

나는 이것이 이상해서 안내인에게 물어 보았습니다. '이 사람들은 어디에 무엇하러 저렇게 달려가는 것입니까 ?'라고. 안내인은 이렇게 설명해 주었습니다. '아아, 여기서는 종업원이 변소에 갈 필요가 있을 때엔 오갈 때 뛰어 다녀야 하는 규칙이 있습니다. 보셔서 아시겠습니다만 만일 모두를 분주하게 해 두면 노동 문제로 난처해지는 일이 훨씬 줄어들 것입니다.' 나는 이 말을 재미있게 생각하면서도 깜짝 놀랐습니다. 이 노드캐롤라이나의 공장에서 만일 변소에 다녀 오는 길에 종업원들을 뛰어 다니게 한다면 어떤 일이 빚어질지 생각해 보았습니다. 그러나 차츰 그 안에 들어 있는 원리를 나도 알게 되었습니다. 사람은 분주하면 분주할수록 왜 자기가 하는 일이 싫은지를 생각할 시간이 적어지는 것입니다. 그래서 나는 과연 ! 하고 깨달은 것입니다. 나는 어디가 잘못되어 있는지를 알았습니다. 여러 해 동안 나는 종업원들이 일하기 쉽도록 힘써 왔습니다. 나는 그들을 위해 참으로 많은 자유로운 시간을 마련해 왔습니다. 그러나 이것은 사기에 좋은 효과를 나타내기는 커녕 오히려 의도와 달라 졌던 것입니다. 그래서 나는 본국에 돌아가서 적극적인 방법으로 생산성을 올리기로 결심했습니다. 그렇긴 해도 나는 종업원들을 무리하게 다루려고는 하지 않았습니다. 그러나 나는 게으른 사람이 없도록 배려했습니다. 그 결과 우리 종업원들은 그들의 일에 보다 많은 만족을 찾아 냈을 뿐 아니라 보다 일을 잘하게 되었습니다. 내가 배운 규칙은 사람들을 분주하게 만들어 두면 욕구 불만에 빠지는 일도 없다는 것입니다."

그리고 나서 그는 웃으면서 이렇게 말했다.

"나는 특별히 변소에 다니는 길에 뛰어 다니라고는 하지 않았습니다만, 그들은 현재 일에 대단한 관심을 가지게 되었으므로 심리적으로는 변소에 다니는 길을 서두르게 되었습니다."

나는 이 '변소에 뛰어 다니게 함으로써 사기를 높인다'는 기술을 가끔 생각해 보았다. 나는 이 사고방식을 여러 가지 상황에 적용할 수 있다고 생각하였다.

어느 영업소의 보기

2, 3개월 전 일인데 애틀랜타 시 영업소를 맡고 있는 어느 영업 소장이 자기가 안고 있는 문제를 나에게 질문해 온 일이 있었다. 그는 사기가 나쁘고, 그 결과 이직률이 높아서 판매액이 떨어지고 있다는 흔히 볼 수 있는 모양의 영업소를 맡고 있었다. 그는 이렇게 말했다.

"이 영업소에는 단 16명의, 더구나 그 대부분이 사무관계 종업원만 있을 따름입니다. 그런데 주마다 그 중 4명에서 6명이 개인적으로 나를 만나기를 요청해 오는 것이었습니다. 그 사람들을 만나보면 '좀더 돈이 필요하다'든지 '담당 상사가 불공평하다'든지 '전근시켜 줄 수 없는가?' 같은 이야기들을 늘어놓았습니다.

그러나 나는 원래 관대한 성질이기 때문에 급료도 가장 많이 지불하고 있으며, 휴가도 한 해에 2주일 외에 12일의 유급 휴가를 주고 있습니다. 의사한테 간다든지 사용(私用)으로 나가는 시간을 허가해 주는 이외에 말입니다. 나는 엄격한 취업 규칙 같은 것은 만들지 않았습니다. 나는 좋은 상사가 되려고 힘쓰고 있습니다. 그런데 성과가 어째서 오르지 않을까요? 왜 그들은 언제나 불평을 하거나 원망하거나 소란을 피울까요?"

이런 문제를 받아 놓고 나는 며칠 동안 그 문제를 연구하여 보았다. 그리고 그 주말에 하나의 보고서를 완성했다. 나는 이렇게 설명한 것이다.

"근본적인 문제는 당신이 부하를 조금도 바쁘게 해 주지 않은 데에 있습니다. 그들은 해야 할 일을 충분히 받지 못하고 있습니다. 이것이 항상 불만만을 털어놓게 되고 생산성이 오르지 않는 까닭입니다."

이 말이 심리적으로 그의 아픈 곳을 찌른 것을 곧 알 수 있었다.

"그게, 어떤 것일까요?"하고 그 소장은 말했다.

"우리는 여기서 막대한 작업량을 처리하여 왔습니다. 게다가 나는 이 일을 부탁했을 때 설명한 것처럼 노예 감독은 아닙니다. 착취 공장을 세우려고는 생각하지 않습니다."(그가 하는 말에 귀를 기울이고 나서 나는 그의 방법을 좋지 못하다고 말하는 것은 아님을 입증하는 데에 몇 분 동안 걸렸다. 내가 여러 차례 설명했듯이 논쟁으로는 남의 사고 방식을 바꿀 수 없는 것이다).

마침내 나는 내 관찰을 뒷받침하는 몇 가지 예를 들 기회를 얻었다. 나는 얼마나 종업원들이 작업에 싫증을 내고 있는가? 그리고 그 결과 얼마나 많은 종업원이 지각하고 있는가? 그들이 얼마나 건성으로 일하고 있는가? 그리고 그 때문에 얼마나 마음의 공포라든지 질투를 불러일으키고 있는가를 보여 주었다. 그 때가 마침 3시 25분이었기에 나는 소장에게 지금이 몇 시냐고 물었다.

"왜요? 꼭 3시 25분입니다만……"

하고 그는 대답했다.

"당신 뒤에 있는 전화를 잠시 보십시오."라고 나는 말하였다. 그는 뒤돌아보았다.

"무슨 일이 있습니까? 여기서는 시외 전화가 걸리지 않습니다."하고 그는 설명하였다.

"그렇습니다."하고 나는 말하였다. 어린이가 학교에서 돌아올 시간이 되자 부인들이 모두 전화에 매달렸다. 그리고 누군가 전화를 한없이 쓰고 있다고 제각기 화를 내고 있었던 것이다.

나는 말을 이었다.

"나는 어린이에게 전화를 거는 게 좋지 않다는 말은 아닙니다. 그러나 많은 사람들이 너무 오랜 시간 전화를 건다는 것은 당신의 부하가 할 일이 없기 때문에 무척 권태로워 하고 있다는 나의 논점을 더욱 증명하는 게 아닐까요?"

드디어 내 주장이 통하게 되었다.

"과연 당신이 말씀하시는 뜻을 알았습니다. 그럼 나는 어떻게 하면 될까요?"

"실제 문제로서는"하고 나는 대답했다.

"당신에게는 둘 중 어느 하나를 선택할 수 있을 뿐입니다. 그 첫째는 당신 부하 몇 사람을 해고하는 것입니다. ——예를 들면, 16명에서 12명으로 감원하는 겁니다. 또는 둘째 방법으로써 이들에게 좀더 많은 일을 찾아 주는 것입니다."

내가 짐작했듯이 이 소장은 둘째 방법을 택했다.

"내가 이 정도의 일밖에 시키지 못한 것은, 내 부하는 일이 너무 많다고 생각했기 때문입니다. 그리고 그들에게 너무 가혹한 일은 시키고 싶지 않았기 때문입니다."

"그런데 이것이야말로 명안이 아닙니까?"라고 나는 대답했다.

"당신은 돈을 한 푼도 들이지 않고 생산성을 두 배로 올릴 수 있습니다. 그리고 당신 부하도 또한 그로 인해 보다 행복하게 되는 것입니다."

그 소장은 서서히 박차를 가하고 있었다. 그는 업무량을 늘렸다. 그 완성도 서두르지 않으면 안 된다고 전에 없이 몰아치기 시작했다. 주에 두 번 또는 세 번이나 회의를 열었다. 부하에게 잔업도 요청했다. 그 결과는 어땠을까?

"부하들은 불평을 하러 내 방에 오지 않게 되었습니다. 이제 그들은 하찮은 문제가 아니라 꼭 필요한 업무때문에 나를 만나러 오게 되었습니다.

엄한 일은 사람을 행복하게 만든다

엄한 일은 사람을 행복하게 만드는 것이다! 그리고 이 위대한 치료법은 어떤 일에서나 어떤 정황에서나 효과를 나타낼 것이다. 더 많은 배당액, 더 많은 방문을 시키는 영업 부장——바꾸어 말하면, 신속한 페이스를 설정하는 영업 부장은 세일즈맨을 '좋을 대로 시키고 있는' 영업 부장에 견주어 더 행복한, 더 생산성이 높은 세일즈맨을 거느리게 된다.

사기를 높이려고 생각하는 사관은 대원들을 분주하게 만드는 것이다. 예를 들면, 대원 중에 홈시크병이 퍼지는 것을 막는 가장 좋은 방법은 대원들이 고민할 틈도 없을 만큼 분주하게 만드는 것이다.

교수들에게 논문을 쓰거나 연구를 적극적으로 권하고 있는 대학의 학부장 밑에선, 교수들을 편안하게 다루고 있는 학부장의 경우보다도 훨씬 많은 사람들이 만족스럽게 활동하고 있다. 한가롭게 해두면 그들은 고십을 퍼뜨린다. 그 결과로서 불만을 낳게 된다.

일이나 잔심부름이나 계획으로 어린이들을 바쁘게 만들고 있는 부모는 어린이들을 되는 대로 버려 두는 부모보다도 어린이 문제로 고민하는 일이 훨씬 적다.

여기에 보편적인 원칙이 있다. 그것은 '엄한 일은 사람을 행복하게 만든다'는 것이다. 사람들에게 더 많은——더 적은 것이 아니라——일을 줌으로써 고민을 치료하고 불만을 치료할 수 있다.

이것으로 알 수 있을 것이다. 바쁜 때에는 결코 고민 같은 것은 일어나는 게 아니다. 어쨌든 그것을 해 보아야 한다. 만일 이 다음 당신이 욕구 불만을 느끼거나 초조하게 느낄 때에는 바빠야 한다. 일한다는 것은 훌륭한 정신 요법이다.

고민 요법 그 둘째——
심리적인 완전주의자가 되지 마라

나는 지금 서해안에서 알게 된 어느 교수를 생각하고 있다. 이 사람은 내가 이제까지 알게 된 사람 가운데 가장 훌륭한 지식인 중 한 사람이다. 여러 가지 지력 테스트로 보아 그는 조금만 더 노력하면 기록을 깰 수 있었다. 그의 정신은 특히 분석적이다. 그는 특이한 집중력을 갖고 있다. 하루에 20시간이나 일하면서도 다음날에는 일찍 일을 시작할 수 있는 능력이 있다.

그러나 오늘날 이 사람은 어떻게 되었을까? 거의 무명 대학의 무명 조교수에 지나지 않았다. 왜 그럴까? 그에게 지력이 없었기 때문은 아니다. 그런 까닭은 전혀 없다. 그가 성공하지 못했던 것은 어떻게든 완전하지 않으면 안 된다는 마음 가짐을 극복할 수 없었기 때문이다. 그의 심리 과정은 이런 식으로 작용한다. 그가 경제의 어느 단계에 대하여 논문을 쓰려 한다고 가정하자. 그는 그 논문을 쓰기 시작할 때까지 다섯, 열, 스물, 서른 가지의 방법을 써 본다.

그러나 그가 보기엔 어느 방법이나 어딘가 마음에 들지 않는 곳이 있다. 그는 계속 완전한 방법을 추구하고 있다. 그러나 그는 그것을 도저히 찾아낼 수가 없다. 사실상 완전한 방법 같은 것은 있을 수 없는 법이니까?

한편 거의 같은 무렵에 학교를 나왔으나 그처럼 큰 정신 능력이 없던 동료들 쪽은 벌써 훨씬 전에 세상에서 인정받고 있는 점, 업적, 수입 따위에서 그를 능가하고 있다. 그리고 아마 더욱 중요한 것은 그들이 훨씬 많은 마음의 평화를 유지하고 있으리라는 점이다. 왜냐 하면 그들은 무언가를 하려고 생각하는(고민) 대신에 이미 무언가를 하고 있다.

여기에서 문제가 되는 것은 완전주의라는 것이다.

심리적 완전주의 환자들

다음에 내가 해 보고 싶은 실험이 있다. 꼭 1주일 동안 사람들이 무언가 하는 일을 미룬 데 대한 구실을 검토해 보는 것

이다. 그것은 이런 것일 게다. ──

"새로운 직물이 도착할 때까지 친구들 의견을 들을 수 없었습니다."

"나에겐 좋은 일자리를 얻을 만큼 충분한 경험이 없었습니다."

"현재는 주식을 사기에 적당한 때가 아닙니다. ── 시황(市況)이 평범한 상태로 복구될 때까지 기다리는 편이 낫다고 생각했습니다."

"월요일까지 연기하는 편이 낫다고 생각합니다."

이렇게 계속 보아 간다면 당신은 상습적으로 일을 미루는 사람 ── 항상 무언가 하는 일을 미루는 구실만 찾아 내는 사람을 발견할 것이다. 그리고 만일 당신이 이러한 사람들의 심리과정을 잘 검토해 보면 예외없이 고민이 많은 사람임을 알 수 있을 것이다. 그리고 그들은 모르고 있지만 그들이 고민하는 원인은 내가 '심리적 완전주의'라고 부르는 특별한 병을 앓고 있는 데에 있는 것이다. 이것은 괴로운 병임과 동시에 그렇지 않으면 유능했어야 할 사람들이 아무 것도 되지 못하고, 아무 것도 하지 못하고, 인생에 좌절하여 평범의 수렁에 빠져들어 갔는지를 설명하는 것이다.

심리적 완전주의는 또 지능면에서는 별로 뛰어나지도 않은 사람들이 생활 수준 면에서는 자기보다 훨씬 지능이 뛰어난 같은 시대의 사람보다도 통찰력이 있는가도 설명하고 있다.

완전주의와 행동주의

당신이 회사 간부로서 어떤 일을 완전주의자와 행동주의자에게 똑같이 배당했다고 가정하자.

아마 당신은 다음과 같은 사실을 발견할 것이다. 완전주의자는 그 계획을 실행할 열 댓 가지 방법을 생각해 낼 것이다. 그리고 그 어느 것이나 가능성이 있을 것이다. 그러나 완전주의자는 그 가운데 어느 것이 최선의 것인지를 결정하지 못한다. 1주일이 지나서 당신이 그에게 보고서를 요구하면 아직 아무 것도 해 놓지 못했을 것이다.

한편 행동주의자는 그 일을 하는 방법은 오직 하나밖에 생각하지 못한다. 그는 머릿속으로 생각하는 점에서는 완전주의자만큼 지력은 없지만, 당신이 행동주의자에게 플랜을 요구하면 그는 틀림없이 하나는 내놓을 것이다.

바꾸어 말하면, '어느 일을 행한 10%는 아무것도 하지 않은 100%보다는 훨씬 낫다'는 뜻이다. 그것을 믿거나 안 믿는 것은 마음대로이지만 완전주의자가 되기보다는 타협주의자가 되는 쪽이 훨씬 낫다. 완전주의자는 아무 것도 하지 못하지만 타협주의자는 약간의 진보는 있게 마련이다.

기억해 두어야 할 요점

완전주의자는 해결할 수 없는 문제로 고민하면서 세상을 산다. 그 결과는 욕구 불만이며 실망이고, 번민이며, 그리고 기껏해야 평범한 업적 밖에 올릴 수 없다.

다음 요점을 잘 기억해 두어야 한다.

(1) 컨디션이 완전해질 때까지 기다려서는 안 된다. 완전하게 되는 일은 결코 있을 수 없다. 의사 결정을 하기 위한 모든 정보가 갖추어질 때까지 기다리려 한다면 아마 영

구히 기다리지 않으면 안 될 것이다.

(2) 무언가를 하라. 무언가를 한다는 것은 어떤 경우에나 아무 것도 하지 않는 경우보다는 훨씬 낫다.

(3) 자기 자신에게 관대하라. 완전하려고 하지 않는 것이다. 그 대신에 행복하려고 하는 것이다.

고민 요법 그 셋째──심리적으로 사는 곳을 바꾸라, 과거에서 미래로 옮기라

먼저 다음 문장을 읽기 전에 몇 분 동안 생각하기 바란다. 그 것이 마음에 새겨질 때까지 익히기 바란다.

사람이란 두 가지 심리적인 시간대 중 하나에서만 살 수 있는 것이다. 과거에 사느냐 미래에 사느냐이다. 그리고 당신이 그 가운데 어느 쪽을 선택하느냐는 당신의 개성, 당신의 생활, 당신의 행복 등 모든 면에 영향을 준다.

심리면에서는 순수한 현재라는 것이 있을 수 없다. 왜냐 하면 시간이라는 것은 꾸준히 움직이기 때문이다.

과거에 사는 부인

나는 지금 마흔 다섯 살 정도의 독신 부인을 생각하고 있다. 내가 처음에 이브라는 그 부인을 만난 것은 10년쯤 전의 일이다. 그녀는 임시직 타이피스트로 내가 고용하였다. 그녀를 잘 알지는 못했지만 나는 그녀가 과거에 사는 사람들 가운데 한 사람이라는 것을 곧 알 수 있었다. 그녀는 자기 과거만을 이야기하고 장래 계획은 아무 것도 이야기하지 않았다.

나는 그녀가 지갑에서 열 여덟 살인지 열 아홉 살 때 찍은 자기 사진을 꺼내어 보여 주었을 때 일을 생생하게 기억하고 있다. 이 사진을 시초로 하여 그녀는 자기의 훌륭한 과거를 회상하였다.

"이 사진은 잘 나오지 않았지요?"라고 그녀는 물었다.

10년 전, 그녀의 유일하고 뚜렷한 관심은 '먹고 살 수 있을 만큼 돈을 버는 것'이 고작이었다. 미래도 없고, 더 훌륭한 생활에 대한 욕망도 없으며, 전망도 없었다. 존재하기 위한 본능적인 동물의 충동뿐이었다.

그것이 10년 전 일이었다. 마침 지난 달 우연히 그녀를 만났는데 처음에는 도저히 알아 볼 수가 없었다.

나는 그녀와 단 5분 정도 밖에 이야기를 나누지 못했으나 그러나 그 짧은 시간에 그녀는 이미 열 여덟 살 때 바로 그 사진을 또 끄집어냈던 것이다. 그 자리에 있는 것은 벌써 희미해진 과거에만 살며 인생을 낭비하고 있는 부인의 모습이었다.

'여기에 내가 한 일이 있다'라는 말과 '여기에 내가 하려는 일이 있다'고 말하는 것, 또는 '여기가 내가 있던 곳입니다'라는 것과 '내가 가려고 하는 곳입니다'라고 말하는 것과는 커다란 차이가 있다는 것을 알아야 한다.

사람들은 두 그룹으로 나뉜다. ──과거에 사는 그룹과 미래에 사는 그룹이다.

사람은 무엇으로서 판단되는가?

당신은 사람들이 이야기할 때에 사용하는 시제(時制)로써 그 사람에 대한 여러 가지 사실을 알 수 있다. "나는 이것을 했다."든지 "나는 저것을 한 일이 있다."와 같은 과거형으로 언제나 이야기하는 사람——자기가 한 또는 한 일이 있는 과거를 회상하려는 사람——은 성공을 지향하고 있는 사람이 아니다. 그들은 단순히 과거에 대한 역사가일 따름이다.

성공한 사람은 자기가 한 일에는 관심이 없고, 이제부터 하려고 하는 일에만 관심을 두는 사람이다. 당신은 그 사람이 얼마나 많은 시간을 과거보다도 미래에 대한 이야기에 사용하고 있는가를 관찰함으로써 그 사람이 지도자인지 아닌지를 재빨리 분별할 수 있을 것이다. 지도자란 그것이 미래에 대한 가교로써 도움이 되지 않는 한, 과거는 좀처럼 이야기하려 하지 않는 사람이다.

보기를 하나 들어 보자.

얼마 전 일인데 쉰 살쯤 되는 사람이 일자리를 찾는 데 도움을 받으러 나를 만나러 온 일이 있다. 자리를 권하고 나서 나는 어떻게 하면 그에게 도움이 될 수 있는지 말해 달라고 했다. 그와 이야기하고 있는 동안에 이 사나이가 틀림없는 협잡꾼이라는 것을 알아챘다. 이 사람에게는 조금도 내용이 없다는 것을 곧 알 수 있었다.

한 시간 정도의 회화 가운데에서 적어도 55분 동안을 자기는 어디에 있었다든지, 전후에는 군대의 방출품 처리로써 30만 달러를 번 이야기라든지, 옛날에 자기가 경영하던 회사에 대해서라든지, 팜 스프링에 가지고 있던 집에 대한 이야기를 듣는 데 소비하였던 것이다. 나는 무언가 옛 '위인'의 막연하고 아무렇게나 긁어 모은 역사를 들은 것 같았다.

그러나 이 한 시간 동안 대화하는 동안에 그는, '그래서 슈워즈 선생님, 나는 이런 일을 하려고 합니다.'라는 말은 단 한 번도 하지 않았던 것이다.

그는 자기가 바라고 있는 것을 설명할 수도 없었다.

"내가 어떤 데로 가면 좋은지 선생님이라면 알 수 있을 줄로 믿었기 때문에……."라는 것이 어떤 일을 바라고 있다는 그의 마음을 비친 말의 전부였다.

어느 정신 병원에나 자기는 텍사스에 10만 에이커의 목장과 몇몇 유정(油井)을 가지고 있다고 떠벌리는 미친 사람이 있기 마련이지만, 그러나 알고 보면 일개 소작인에 지나지 않는 사람도 있는 법이다. 이러한 사람들은 불행한 사람들이다. 그러나 우리 일상 생활에서도 과거에 매여 살고 있는 많은 사람들을 찾아볼 수 있다.

미래 지향형 인간일 것

고용주가 취직 희망자한테서 이제까지 어떤 경험을 쌓아 왔는가를 알려고 하는 것은 당연한 일이다. 그러나 그보다도 더 중요한 것은 그 사람이 무엇을 하려고 하는지, 그리고 어디로 가려 하는지를 알아야 하지 않을까?

다음에 서술하는 것은 고민을 낮게 하고 더 나은 생활을 위한 네 가지 실제적인 아이디어이다.

(1) 취직을 위한 면접을 할 때에는 과거와 미래 사이에 있는 틈을 반드시 메꾸어 둘 일이다. 당신이 바라는 일을 얻기 위해서는 '나는 이제까지 어떻게 해 왔는가?'보다도 '나는 이제부터 어떻게 하려고 생각하는가?' 쪽이 훨씬 중요하다.

(2) 일상 업무를 볼 때에는 '우리는 언제나 그것을 이렇게 해 왔는데' 하는 과거의 일을 증거로 삼으려는 유혹에 빠지지 말아야 한다. 미래 지향형의 사람이어야 한다.

(3) 과거에서 배우는 것은 좋지만 과거에 살아서는 안 된다. 과거를 생각하는 것을 그만둔다면 당신은 많은 고민의 원인을 제거할 수 있을 것이다.

(4) 모든 분야에서 성공 지향형인 사람은 미래 속에, 그리고 미래를 향하여 살고 있다는 사실을 잘 기억해 두어야 한다. 당신도 그들처럼 되어야 한다. 우수한 야구 선수는 지난 시즌에 홈런을 몇 개 쳤느냐 같은 것은 구태여 생각하려 들지 않는다.

　다음 시즌에 더 좋은 기록을 세우기 위해 노력하는 것이다. 과거의 영광에 살려고는 하지 않는다.

이전의 고용주를 잘 말하라

　다음에 드는 것은 새로운 일자리를 얻기로 결심했을 때에 이용하는 특별한 원칙이다. 그것은 이전의 고용주를 잘 평하라는 것이다.

　몇 년 동안에 걸쳐 수많은 간부를 채용한 경험이 있는 중역이 최근에 나한테 이런 말을 해 준 일이 있다.

　"아시다시피 취직을 위한 면접을 할 때 그 사람이 분별있는 사람인지 어떤지를 아는 가장 정확한 방법은 그 사람이 그만두고 나온 직장을 어떻게 말하느냐입니다. 나를 찾아와서 전 고용주가 자기를 왜 쫓아 냈는지, 트러블에 휘말릴 어떤 부정이 있었는지를 번거롭게 말하는 사람은 나로서는 일고의 가치도 없습니다.

조직에서는 때로는 불공정한 대우를 받는 일이 없다고는 할 수 없지만, 현명한 사람은 자기가 받은 불쾌한 대우를 결코 지껄이고 다녀서는 안 됩니다. 그보다는 그런 일은 모두 잊어버리고 나는 당신을 위해 무엇을 할 수 있느냐에 화제를 집중하는 것입니다."

당신이 이제까지 지내온 고용주에 대하여 좋은 말만을 하라는 이 원칙은 다른 상황에도 적용할 수 있다. 내 친구가 어느 여성과 결혼하려고 한 일이 있다. 모든 일이 잘 되어 가다가 그만 수포로 돌아가고 말았다. 어째서였을까? 친구 말을 빌리면 그것은 다음과 같았다.

"그녀는 전 남편을 비겁한 사람이고, 응큼하며, 게으름뱅이라며 비난만 퍼부었습니다. 이것은 내 마음에 상처를 주었습니다. 나는 누구나 그토록 나쁜 사람일 수는 없다고 생각했습니다. 나는 또한 만일 그녀와 결혼을 하면 나도 같은 운명에 빠질 것으로 생각했습니다. 그래서 나는 그만두었습니다."

*교훈──비록 아무리 심한 사람이 있다 하더라도 이제까지의 관계를 말할 때
　　는 좋은 점을 말하는 것이다.

나는 어느 회사 간부를 알고 있다. 나이는 마흔 세 살이며, 그의 회사에 최근 큰 변동이 있어서 실직한 사람이다. 일자리를 잃고 나서 그는 여기저기 다니면서 그가 얼마나 부당하게 다루어졌는가를 나팔불며 다녔다. 그것은 아주 심한 것이었다. 그의 이야기를 들으면 회사가 마치 완전히 그에게 매달려 있었는데도 그는 질이 나쁜 사람들 때문에 쫓겨나고 말았다는 인상

을 받는다.

물론 오늘날의 회사에서 볼 수 있는 상황에는 묘한 일이 없는 것도 아니다. 그것은 틀림없는 사실이다. 그러나 이 사람의 말은 너무나도 부정적이었다. 대화하는 동안에 나는 그에게 아마 추방될 만한 까닭이 있었으리라 확신하게 되었다. 그는 완전히 과거의 사람이었다. 이야기하는 것은 언제나 심한 부정적인 과거의 일 뿐이었다.

지금까지도 그는 일자리가 없지만 아마 언제까지고 구할 것 같지 않다. 나는 본의 아니게 일자리를 떠난 서른 다섯 살에서 예순 다섯 살에 이르는 사람들을 수없이 알고 있다. 그들이 각기 어떻게 반응하는가에 따라서 여러 가지 점을 알 수 있다. 어떤 사람은 '무슨 일이나 모두 좋은 쪽으로 작용한다'는 태도로 미래에 얼굴을 돌린다. 그리고 이같은 경우에는 거의 예외없이 일은 가장 좋은 쪽으로 이루어지는 것이다. 그러나 한편 이 경우라도 해고된 데 대하여 큰 쇼크를 받고, 그 사실을 미래의 고용주 앞에서 말하는 사람은 다시 취직하기가 대단히 어려운 것도 사실이다.

앞 일에 정력을 집중하고 지난 일을 잊어라!

지난 일을 돌이켜 보고 괴로워하는 것은 예를 들면 이런 것이다. '내가 조금만 더 주의를 해서 사고가 일어나지 않았더라면 좋았을 걸. 나는 어쩌자고 저런 일을 저질렀을까?' 부숴진 차를 다시 고쳐 놓을 수 있다면 더없이 좋겠지만 그것은 불가능한 일이다. 다 끝난 일을 가지고 걱정해 보았자 돌이킬 수는 없다.

부인들이 '나는 왜 존에게 그토록 심하게 굴었을까?'하면서 후회해 보았자 쓸데 없는 일이다. 과거는 과거이며 죽었으므로 되돌아오지 않는다. 괴롭기만한 세상은 조금도 바뀔 리가 없다. 상식에 비추어 보아 지난 일을 돌이켜 보는 경우는 확실한 것을 알 수 있지만 앞을 보는 경우는 꼭 분명하다고는 할 수 없다.

역사를 되돌아보고 어디가 잘못되었는가를 아는데는 천재가 필요치 않다. 그리고 주식 시장을 돌이켜 보고 어느 주를 언제 사야 했고, 어느 주를 언제 팔아야 했는가를 아는데도 천재가 필요할 까닭이 없다. 이런 식으로 일이 끝난 뒤의 지혜는 완전하다 할 수 있을 것이다. 그러나 앞을 보는 경우는 그렇게 될 수가 없으며 완전함이 반드시 중요한 것은 아니다. 이 점이 중요하다. 오늘날에는 평균적인 보통주에 투자해 두는 쪽이 전연 투자하지 않는 것보다도 훨씬 현명하다. 이러한 것은 만일 당신이 그럴 생각만 있다면 스스로 실험할 수 있는 좋은 예이다.

다 된 일을 걱정하기 보다는 다른 일을 시작하십시오

고민의 대부분은 우리가 해 버린 일의 재평가에서 비롯된다. 해 버린 일을 원상으로 돌이킬 방법은 없는 것이다. 어느 농부가 봄에 농장에다 옥수수를 짓기로 했다 하자. 그러나 한여름이 지나고 나서 그는 헛일을 했다고 생각하여 목화를 심을 걸 그랬다고 후회한다. 이제 와서 변경하기엔 너무나도 늦은 것이다. 듣거나 읽은 중에서 가장 슬픈 말은 '이렇게 했더라면 좋았다'는 말이다. 이 경우 잘못되어 있는 것은 무엇을 했더라

면 좋았을지도 몰랐다는 걱정이다. 어떤 말이나 어떤 고민도
다 되어 버린 일은 결코 환원시킬 수 없다.

그러므로 오히려 이렇게 물어야 한다. ——"나는 옳은 일을
했을까?"라고. 해 버린 일은 받아들이고 다른 일을 시작하는
쪽이 훨씬 영리하다.

고민 요법 그 넷째 —— 행동을 일으키라

당신이 이제까지 수없이 본 잡지 만화를 보라. 둘 다 욕구 불
만에 빠져 있는 남편과 아내가 그려져 있다. 재털이에는 꽁초
가 가득 담겨 있고, 그 얼굴에는 두렵고 초조한 표정이 그려져
있다. 그리고 타이틀에는 이런 글이 씌어 있다.

'청구서를 보내 왔어요?'

자, 사람들은 이러한 고민에 어떻게 대처하는가를 분석해 보
자. 수입보다도 청구서쪽이 많다. 대체 우리는 그 가운데에서
무엇을 뒤로 미룰 수 있을까?

고민과 욕구 불만이 일어난다.

"이달에는 병원 청구서를 지불하지 말고 치과 의사에게 지불
하기로 하자."

"이것으로 절약할 곳은 모두 절약했다. 더 이상 어떻게 할
방법이 없다."

만일 지출을 억제하기 위한 노력으로 수입을 늘리는 방법을
생각하는 데에 기울였다면 이 가족은 이런 트러블은 빚어지지
않았을 것이다.

여기에 어떤 종류의 고민에도 항상 효과가 있는 하나의 치료

법이 있다. —— 그것은 행동하는 것이다.

고민이란 심리적인 병으로서 그것은 행동이 일어나면 사라진다.

간단히 말하면 그 공식은 고민하지 말라는 것이다. 그 대신에 행동해야 한다.

당신이 행동으로서 치료할 수 있는 정신적인 공포의 몇 가지를 다음에 살펴보자.

나는 일자리를 잃을지도 모른다는 고민

이 고민은 여러 가지 형태로 나타난다. "나는 승진을 시켜주지 않습니다.", "상사가 나를 좋아 하지 않습니다.", "모두가 나를 수상쩍게 봅니다."

☙ 해결법 —— 이런 종류의 고민에는 두 가지 방법으로써 대처해야 한다. 첫째는 열중하는 것이다. 당신의 일을 보다 잘하는 쪽으로 정신을 집중한다. 둘째는 적극적인 행동으로 고민을 대치한다. 의심이 마음을 스칠 때에는 아무 때나 마음의 채널을 재빨리 전환하는 것이다. 적극적이고 건설적인 일을 아주 분주하게 하고 있으면 소극적인 의심은 정신적인 영양물이 없어지므로 죽어 없어지게 된다.

'병이 날지도 모른다'는 고민

이것은 많은 사람들이 갖고 있는 가장 어리석은 고민이다. "어쩐지 답답하다.", "나는 알지 못하지만 무언가 일어날 것 같다."는 종류의 고민이 그것이다.

🌸해결법────뜻밖의 일을 기대하는 마음 가짐을 가지라. 만일 30일 동안 날마다 몇 시에 당신에게 무슨 일이 일어날지 미리 알고 있다면, 당신은 문자 그대로 권태 때문에 죽어 버리고 말 것이다. 미래에 대한 정확하고 자상한 것을 알지 못한다는 사실이 우리에게 흥분과 드릴을 주는 것이다.

만일 당신이 먼 곳에 살고 있는 친구 때문에 고민하고 있다면, 그 친구에게 전화를 걸어서 안심하는 게 좋다. 만일 사람들이 당신의 모습을 비웃는다고 생각되면, 미용원에 가서 새로운 옷을 입고 헤어카트를 하여 색다른 머리 모양을 하면 된다. 어쨌든 어떤 적극적인 행동을 취하는 것이다.

고민을 극복하기 위한 여섯 가지 규칙

다음 여섯 가지 살균제를 사용하면 고민의 병균은 즉시 박멸될 것이다.

(1) 바쁠 것. 정신적 나태는 공포, 욕구 불만, 불안의 온상

이다. 고민의 징후가 조금이라도 나타나면 무엇이라도 좋으니까 바쁘게 해 볼 일이다.

(2) 완전주의를 배제할 것. 한가지 최선의 길을 찾는 것은 그만두어야 한다. 완전하게 될 때까지 기다리고 있으면 그것을 시작하기 전에 죽고 만다는 사실을 잘 기억해 둘 일이다.

(3) 행동을 일으킬 것. 행동은 고민을 죽인다. 돌진하는 것이다. 당신이 고민하고 있는 것 가운데 무언가를 하는 것이다. 생각만 하지 말고 행동에 옮겨야 한다.

(4) 자주 뜻밖의 일을 일으킬 것. 미지의 것을 즐거움으로 기다리는 것이다. 인생이 놀라움으로 가득한 것을 기뻐해야 한다. 이것이 권태를 막는 자연의 법칙이기도 하다.

(5) 앞을 볼 것. 지난 일은 끝난 것이다. 뒤만 되돌아보지 말고 앞을 바라보아야 한다.

남을 지배하고 조종하기
위한 정신력의 활용방법

나는
다른 사람의
좁은 마음은 개의치 않기로
한다. 왜냐하면, 하찮은 사람들과
싸우기를 거부할 때
이긴다는 것을 잘 알고 있기
때문이다.

제5장

남을 지배하고 조종하기 위한
정신력의 활용방법

당신의 주변에는 사업상의 동료나 어울리는 '친구' 또는 이웃 사람으로서 일부러 당신을 모욕하거나, 곤경에 빠뜨리거나, 헐뜯거나, 바보로 다루는 사람이 없을까?

여기에 하나의 커다란 진리가 있다. 그것을 조심하고, 기억하고, 다루는 방법을 배워야 한다. 그럼 그 진리란 무엇인가? 그것은 다음과 같다. ——세상에는 당신이 실패하거나, 불운해지고 난처한 입장에 서게 되거나, 돈을 없애거나, 승진하지 못하는 것을 보고 싶어하는 사람이 항상 있게 마련이다.

이와 같은 사람들은 그것 보란 듯이 곧 이런 말을 한다.

"저 사람은 저렇게 되는 것이 마땅해요."

"저 친구는 항상 자기를 잘났다고 생각하지만 저 꼴을 좀 봐요."라고.

이러한 사람들은——그리고 이러한 패들은 얼마든지 있는
데——당신이 하는 일이 잘 되지 않는 것을 보면 심술궂은 웃
음을 띄우는 것이다.

헐뜯는 사람은 언제나 일신상의 일에 공격의 화살을 돌린다.
그들은 당신의 성격, 지성, 의견이나 생각, 소유물, 친구들에
대하여 부정적인 의견을 말하는 것을 즐긴다.

헐뜯는 사람이나 비평가와 같은 쓸모없는 사람들을 다루는
방법을 익히는 것은 당신의 성공 달성 계획에 절대로 빠뜨릴
수 없는 조건이다. 당신이 밀려나는 것을 기뻐하는 사람들을
다루는 특별한 방법이 필요하다. 이제부터 그 방법을 서술하겠
는데, 그러한 조언을 잘 연구해 볼 일이다. 소인들을 다루는
기술을 일단 배우기만 하면 당신은 정신력과 마음의 평화에 새
로운 원천을 개발하게 되는 것이다. 그리고 당신은 성공을 지
향하는 사람들을 밀어 넣는 함정에 걸리지 않아도 될 것이다.

싸움을 거부할 때 이긴다

1960년대 초기에 아주 유능한 고등 학교 교장이 중서부에 있
는 어느 주 의회에 입후보한 일이 있다. 이 사람은 훌륭한 기록
을 가지고 있었다. 그의 성실함은 유례가 없었다. 지성도 있었
으며 반드시 당선될 것으로 알고 있었다.

그러나 선거전이 중반에 들어서자 소문이 퍼졌다. 3, 4년 전
수도에서 개최된 교사연례총회에 참가했을 때 어느 여교사와
연애 사건이 있었다는 것이다. 그 후보자는 이 소문을 듣고 몹
시 화가 났다. 그것은 거짓이었다. 그래서 그는 그것을 증명하

는 작업에 착수했던 것이다.

어느 정치 집회에서나 그는 이 괘씸한 거짓 소문을 고발하는
데에 온힘을 기울였다. 그 때까지는 이 거짓이 사실상 별로 강
력한 것은 아니었다. 대개의 유권자는 후보자가 그것을 스스로
제기할 때까지는 그런 것을 듣지 않았던 것이다. 그러나 이러
한 경우에 흔히 볼 수 있듯이 그 교육자가 사실 무근임을 주장
할수록 사람들은 그가 한 것으로 믿게 되었던 것이다. 이런 의
문을 공공연하게 속삭이게 되었다.

"만일 저 사람이 참으로 사실 무근하다면 왜 저렇게 정색을
하고서 하지 않았다고 주장하는 것일까?"

그것은 타오르는 불에 휘발유를 쏟은 것과 같았다. 실은 허
무 맹랑한 소문인데도 이 후보자는 많은 유권자에게 사실인 것
처럼 믿게 하고 말았기 때문에 그는 완전히 실망하고 말았다.
더구나 그의 아내마저도 마침내 그 소문을 믿고 말았던 것
이다. 그녀는 그와 이혼은 하지 않았으나 그들의 다정한 관계
는 영구히 파괴되고 말았다. 이와 같이 믿지도 않는 터무니없
는 트집에 도전함으로써 수많은 유능한 사람들이 그 경력에 상
처를 받게 된다. 그러나 우리가 어떤 비난을 부정하려고 너무
나 애쓰는 경우에는 사람들——적어도 그들 대다수는 자동적
으로 그 트집을 사실로 믿는다. 자기를 위해서라면 왜 다른 방
법을 취하지 않는 것일까?

나의 경험

내가 대학 교수를 지내던 초기에 이같은 저격병(狙擊兵)을 다
루는 방법을 체험한 일이 있다. 나는 퇴학자대책위원회의 의장

이었다. 이 위원회는 성적이 나빠서 대학을 퇴학당한 학생을 어떻게 처리하느냐를 방침으로 하는 권고안을 만들기 위해 설치된 것이었다.

몇 차례 회합을 가진 끝에 위원회는 드디어 학교 당국에 보고할 준비를 마쳤다. 나는 보고를 하고 자리에 앉았다. 그러자 때를 놓칠세라 '저격' 교수가 일어서서 그 보고의 모든 면에 대하여 트집을 잡기 시작했다. 그는 그 보고가 "너는 약하다.", "바보스럽다.", "그 기초자(나)처럼 미숙하다."는 등 헐뜯기 시작했다. 그의 의견은 비열하고 저속하고 심술궂고 계획적이었다.

그가 이야기하는 것을 듣는 동안에 나는 분노가 치솟았다. 나와 위원회 멤버들은 정성을 다해 온 셈이었다. 나는 저항하려고 생각했다. 뛰어 올라가서 반격을 하려고 생각했다. 그러나 나는 겉으로는 태연하려고 힘썼다.

나의 구두보고 보다 두 배나 더 시간이 걸린 그의 장광설이 끝나자 그 회의의 의장이 이렇게 말했다.

"슈워쯔 교수, 당신은 '저격 선생'의 의견에 무언가 한 마디 안 하십니까?"

나는 일어서서 이렇게 대답하였다.

"나는 내 보고가 교수의 마음에 들지 않았다는 점은 진심으로 유감스럽게 생각합니다. 그러나 그것은 위원회의 결정입니다. 그리고 나로서는 그것이 채택되든 거부되든 투표 결과에 맡기고 싶습니다."

그 뒤 몇몇 의견이 있은 끝에 투표에 들어갔다. 4 대 1 로 그 보고는 가결되었다.

나중에 40 년이나 교직에 있던 백발의 선배 교수가 나를 곁으로 불러서 이렇게 말해 주었다. 나는 그 때 그가 말해 준 것을 지금도 기억하고 있다.

"슈워쯔 씨, 나는 당신이 그 때 흥분하지 않고 끝낸 게 무척 기쁩니다. 당신은 화가 나서 저 사람이 한 것과 같은 투로 그의 비난에 맞서도 당연한 일이었습니다. 오늘 이 방에 있던 거의 모든 사람은 그의 의견이 터무니없다고 생각했을 게 틀림없습니다. 그러나 당신이 그를 욕했더라면 당신을 지지해 줄 사람은 없었을 것입니다. 여기에 있던 사람들은 당신도 저 사람과 다름없는 소인배라고 생각했을 것입니다. 당신이 침착하게 대답한 것이 당신을 크게 보이게 했습니다. 그것은 저 보고에 실제로 무게를 더하게 만들었습니다."

"그것이 얼마나 가치가 있느냐에 대하여 내 경험을 좀 이야기합시다."라면서 그는 말을 이었다.

"우리는 스스로 교양이 있다고 하지만 교양에는 여러 가지 크기가 있는 것입니다. 교양이 없는 사람은 자기가 마음에 들지 않는 의견을 들으면 곧 철권을 휘두르고 상대방을 치려고 하는 사람입니다. 그보다 조금 낮게 보통의 교양이 있는 사람은 철권 대신에 입을 사용하는 것입니다. 무자비하고 심술궂게 상대방을 모욕하는 말로 덤벼듭니다. 그러나 교양이 많은 사람은 손이나 입을 사용하지 않습니다. 그는 그와 같은 저항을 거부할 따름입니다. 그는 개인적인 일로 누가 당신을 공격할 때 거기에 승리하는 방법은 그 사람을 무시하는 것임을 알고 있습니다."

남에게는 많이 용서하고 자기에게는 무엇이나 용서치 말라.

비난은 웃어넘기라

참으로 위대한 정치가는, 명확한 거짓에 대처하는 유일하고 현명한 방법이 그것과 맞서기를 거부하는 것임을 잘 알고 있다. 대통령 선거전이 있을 때마다 어떤 후보자의 부인은 알콜 중독자라든지 두 사람의 가정 생활은 원만하지 않다는 소문이 곧잘 퍼지게 마련이다.

프랭클린 D 루즈벨트는 친구도 많았지만 적도 많았다. 그는 논쟁을 좋아했다. 그러나 그는 항상 적보다는 자기 편을 많이 만들고 있었다. 이것이 그를 승자로 만들었던 것이다.

루즈벨트의 전술

대통령이 된 거의 첫날부터 여러 가지 비난이 루즈벨트에게 던져졌다. 해가 감에 따라 이러한 공격은 차츰 악질적인 것으로 되고 있었다. 그리고 그것은 1940년에 루즈벨트가 오랜 전통을 깨고 세 번째의 임기에 입후보하기로 결정했을 때 절정에 이르렀던 것이다. 많은 사람들은 루즈벨트에게 참으로 화를 냈다. 이 분노의 대부분은 개인적인 문제를 가지고 루즈벨트에게 던져졌다. 부인인 엘리노어에 대한 공격, 루즈벨트의 아들이 다른 사람보다도 빨리 장교가 되었다는 데 대한 빈정거림과 루즈벨트 가정의 친구들에게 주어진 틀림없는 특권에 대한 빈정거림 같은 것이 그것이었다.

공격은 루즈벨트를 화내게 하고, 그를 혼란시키고, 마음의 균형을 잃게 하고, 비열한 방법으로 그에게 짓궂은 행동을 하기 위해 꾀해진 것이었다.

그러나 루즈벨트는 여기에 어떻게 반응했을까? 그는 그의 행동을 변호했을까? 그는 자기 가족이 받아들인 특권을 부정하려고 했을까? 그 도전을 받고 맞섰을까? 루즈벨트는 결코 그런 짓은 하지 않았다. 그 대신에 이 노련한 정치가──정치 전문가들은 그를 쫓아내려고 했던 사람들을 고전적인 방법으로 다루었다. 이렇게 했을까? 전국에 방송된 연설 중에서 루즈벨트는 이렇게 말했던 것이다.

"엘리노어(그의 부인)는 그들이 하는 말에 조금도 개의치 않고 있습니다. 아들들도 자기들에 대하여 하는 말을 개의치 않고 있습니다. 그리고 나도 물론 나에게 터져 오는 비난에 개의치 않습니다. 그러나 여러분, 파라(그가 기르는 개), 파라만은 몹시 화를 내고 있습니다."

루즈벨트는 선거전에 뒤따르는 몇 가지 비난을 웃어넘기고 말았다.

이 다음 당신이 저항하려고, 진실을 말하여 당신에 대한 거짓에 대답하려고 할 때에는 루즈벨트를 상기해야 한다. 루즈벨트는 소인배의 싸우자는 유혹에 지지 않았기 때문에 승리했던 것이다. 당신도 그것을 배워야 한다.

당신의 적을 친구로 만들라

여기에 당신을 해치려고 하는 사람을 다루는 셋째 방법이 있다.

나는 최근에 샤로트에 살고 있는 한 세일즈맨과 특이한, 참으로 흐뭇한 얘기를 나눈 일이 있다. 그것이 왜 특이했는가 하면 내 친구가 한 일은 일반 세일즈맨들이 하는 방법과는 전혀 달랐기 때문이다. 그리고 그것이 왜 흐뭇했느냐 하면 이 사람은 이상하게 생각되는 일을 함으로써 승리를 얻었기 때문이다. 아무튼 그 이야기를 자세히 해 보자.

내 친구 칼 S에게는(그는 벽돌을 세일즈하고 있었는데) 경쟁 상대자인 세일즈맨 덕택으로 아주 어려운 처지에 몰린 것처럼 보였다. 경쟁 상대자인 세일즈맨은 그의 담당 지역을 정기적으로 돌아 다니면서 건축가나 건설업자에게 칼의 회사는 믿을 수 없고, 그가 팔고 있는 벽돌은 질이 좋지 않으며, 경영 상태도 좋지 못하여 이윽고 망하고 말 것이라고 퍼뜨리고 다녔던 것이다.

칼이 나에게 말 해 준 바에 따르면, 그는 경쟁 상대가 그런 짓을 하더라도 큰 손해를 보리라고는 생각한 것 같지 않았다. 그러나 그것은 분명히 불법적인 방해여서 그는 내심으로 분노를 느끼고 있었다(칼의 입을 빌리면 이러했다).

"나는 그 때마다 화가 치밀어서 솔직하게 말하면, 그 사람의 머리에 벽돌덩이를 내던지고 싶을 정도였습니다. 그러나 어느 일요일 아침 교회에서 목사님이 '너를 모함하는 자를 감사하라'는 테마로 설교를 해 준 일이 있었습니다."

"나는 그 한 마디 한 마디에 귀를 기울였습니다."라고 그는 말했다.

"바로 그 전 일요일에 나의 경쟁 상대자가 우리의 흰벽돌은 시간이 지나면 녹색으로 변한다고 건설업자에게 모함한 덕택으로 25 만 개의 벽돌 주문이 무효가 된 참이었습니다.

이것은 물론 새빨간 거짓이었으며 그 때만큼 상대방의 심술에 분노를 느낀 적은 없었습니다."

칼은 다시 말을 이어,

"목사님은 이런 충고를 해 주셨습니다. '찾아가서 당신의 적을 친구로 만드십시오'라고. 목사님은 이 사실을 무척 강조하고 계셨습니다. 그는 그것을 증명하는 여러 가지 예를 들어 당신은 다만 찾아가서 적을 위해 좋은 일을 해 줌으로써 친구로 바꿀 수 있다고 설명해 주었습니다.

그 날 오후, 일요일 오후가 되면 언제나 하듯이 다음 주의 스케줄을 짜고 있을 때, 나는 버지니아에 있는 한 거래처에서 새 빌딩을 건축하는 데 필요한 벽돌을 입찰 공고하고 있는 것이 생각났습니다. 그러나 명세서에 씌여 있는 벽돌은 우리 회사에서 만들 수 있는 규격이 아니었습니다. 그것은 내 경쟁 상대자가 팔고 있는 상품과 똑같은 것이었습니다. 나는 저 입버릇 나쁜 경쟁 상대자가 이 건축업자와는 아직 거래가 없다는 사실도 알고 있었습니다.

여기서 나는 어려운 의사 결정을 해야 할 입장에 서게 되었습니다. 만일 목사님의 아이디어를 따른다면, 경쟁 상대자를 만나서 그에게 찬스가 있다는 것을 알리고, 그를 보살펴 주어야 할 것입니다. 그러나 만일 내가 생각해 오던 대로 한다면 당연히 그에게 알릴 필요없이 버려두었을 것입니다."

"그래서 어떻게 하셨습니까?"하고 나는 물었다.

"그렇습니다. 나는 잠시 고민했습니다. 그러나 '찾아가서 당신의 적을 친구로 만드십시오'라고 한 목사님의 음성이 나를 지게 만들었습니다. 아마 목사님의 생각이 잘못이라는 것을 증명해 보려고 했는지도 모릅니다만, 어쨌든 나는 전화를 들고 경쟁 상대자의 다이알을 돌렸습니다. 부인이 나와서 나는 그를 대달라고 했습니다."

"그가 깜짝 놀랐겠군요."라고 나는 웃으면서 말했다.

"놀라다니요." 칼은 큰소리로 말했다.

"그의 반응은 상상할 수 없을 정도였지요. 그는 가슴이 설레어 말을 할 수 없을 정도였습니다. 나는 그에게 ── 아주 정중하게 ── 버지니아의 거래에 대하여 말해 주었습니다. 그는 입안에서 무언가 중얼거렸습니다만 이 원조에 감사하고 있음이 분명했습니다. 그리고 나는 이야기하고 있는 동안에 이것을 한 걸음 전진시키려고 결심했습니다. 나는 버지니아의 건축업자에게 전화를 하여 그를 추천해 주기로 약속했습니다."

"그 다음엔 어떻게 되었습니까?"

나는 자기가 비방하고 있던 상대방이 자기에게 이토록 좋은 일을 해 준 데 대해 그가 어떻게 반응했는가를 알고 싶어서 이렇게 물어 보았다.

"내가 한 일은 몇 가지 놀라운 결과를 빚었습니다. 경쟁 상대자는 나에 대한 거짓을 퍼뜨리고 다니지 않을 뿐만이 아니라 나보다 자신이 없는 몇 가지 일을 나에게 돌려주기까지도 했습니다. '찾아가서 당신의 적을 친구로 만드십시오'라는 목사님의 조언을 따른 덕택으로 나는 먹구름을 일소했을 뿐 아니라 돈까지 벌 수 있었던 것입니다."

"그리고 그 밖에도 성과가 더 있었습니다, 슈워쯔 선생님."

"그건 또 무엇입니까?"라고 나는 물었다.

"나 스스로 기분이 좋아진 것이지요."하고 칼은 대답했다.

찾아가서 당신의 적을 친구로 만들라. ── 이것은 언제나 당신을 나쁘게 만들려고 심술을 부리고 있는 소인배를 처리하는 셋째 방법이다.

남에게 이기는 금언을 배우라

 몇 개월 전에 나는 클리블랜드의 공립 학교에서 32 년이나 교편을 잡고 있던 훌륭한 부인과 아주 흐뭇하고 재미있는 이야기를 했다. 우리는 계속 논의해 왔던 문제——다른 학생들한테 웃음거리가 되거나 놀림을 받고 천대받는 어느 학급에나 있는 두세 학생을 어떻게 구할 수 없을까? 하는 문제를 이야기했던 것이다.

 "학급의 악동들한테 놀림을 받고 있는 어린이를 보면 저는 언제나 가슴이 아픕니다." 하고 그녀는 이야기를 시작하였다.

 "이러한 어린이는 다른 어린이보다도 훨씬 머리가 좋고 민감한 어린이가 많습니다. 교사로 일한지 얼마 되지 않아 저는 이것을 어떻게 다루면 좋을지 당혹하고 있었습니다. 저는 동정했습니다만, 이것은 실제로 구제책은 되지 않았던 것입니다. 그러나 드디어 저는 효과가 있는 해결법을 찾아 냈습니다."

 "어떤 것입니까?"하고 나는 물었다. 왜냐하면 나는 대학에서조차 이와 같은 문제에 여러 차례 부딪치고 있었기 때문이다.

 "그것은 간단합니다."하고 그녀는 대답했다.

 "아무 것도 하지 않는데 다른 어린이들한테서 놀림을 받고 있는 어린이를 보면 저는 그 어린이를 데리고 와서 제가 '남에게 이기는 금언'이라 부르고 있는 것을 100 번씩 쓰게 합니다."

 "그 '남에게 이기는 금언'이란 어떤 겁니까, 가르쳐 주지 않겠습니까?"

 "그것은 결코 뜻이 깊은 것은 아닙니다."하고 그녀는 웃으면서 대답했다.

"그러나 그것은 놀라운 것입니다. 남에게 이기는 금언이란 이런 것입니다. ——'나는 다른 사람의 좁은 마음은 개의치 않기로 한다.' 그 다음부터 나는 놀림을 받은 그 어린이를 만나서 그 뜻을 잘 설명해 줍니다. 나는 그에게 다른 사람의 비웃음에 지는 것이 얼마나 그릇된 것인가를 보여 줍니다."

나는 이 훌륭한 부인을 보고 개구쟁이쪽은 조금도 벌하지 않는데도 죄가 없는 어린이쪽은 금언을 100번이나 쓰게 하다니 얼마나 이상하냐고 의견을 말했다.

"예, 저는 이제까지 제 방법을 비판받아 왔습니다."라고 그녀는 대답했다.

"어느 교사는 개구쟁이들쪽을 벌하고, 그렇게 함으로써 문제를 해결해야 하지 않느냐고 말씀하셨습니다. 그러나 저는 제 방법이 옳았다는 것을 증명할 수 있습니다. 국민 학교 교정에서 중역실에 이르기까지 인생에는 어디에 가나 놀리는 이들이 있게 마련입니다. 저는 개구쟁이를 교정할 수 있느냐 어떠냐는 잘 모릅니다. 그러니까 저는 졸렬한 사람들의 공격에 대한 저항력을 놀림을 받은 어린이들에게 길러 주려고 힘을 기울이고 있는 것입니다."

"그 증거를 좀 봅시다."(여기서 그녀는 책상 서랍을 열고 산뜻한 파일을 꺼내어 한 통의 편지를 보였다).

"이걸 읽어 보세요."

그것은 어느 상원의원한테서 '나는 다른 사람의 좁은 마음은 개의치 않기로 한다'는 남에게 이기는 금언을 배운 데 대하여 27년이 지나서야 감사의 뜻을 표해 온 편지였다. 당신은 국민 학교 학생 시절에 이러한 남에게 이기는 금언을 가르쳐 준 교

사가 있었더라면 좋았다고 생각하지 않는가? 나라면 그렇게
생각한다.

비난받기를 기뻐하라. 그것은 당신이
자라고 있다는 표시이다

오늘날 미국에서 가장 큰 표적이 되어 비난을 받고 치열한
공격을 받는 사람은 범죄자가 아니다. 어느 감옥에서 사형 판
결을 기다리고 있는 강도나 살인범도 아니다. 스파이도 아니며
공산주의자도 물론 아니다. 그것은 합중국의 대통령이다. 그리
고 5년, 10년, 15년, 30년 전에 비난을 가장 많이 받은 사람
도 합중국의 대통령이었다. 가장 중요한 일을 하는 사람은 동
시에 가장 공격을 많이 받는 사람인 것이다. 이것은 어떤 직업
에서나 진리이다. 큰 일은 큰 비난을 뜻하는 것이다.

당신은 남의 공격 대상이 되지 않은 사람이 있는지 생각해
본 적이 있을까? 자세히 검토해 보면 하찮은 사람들한테서 공
격을 받아 보지 못한 사람이란 인생의 밑바닥에 있는 사람들임
을 알 수 있을 것이다. 회사에서도 부장은 질투가 많은 부하나
동료한테서 항상 비난을 받게 되어 있다.

할리웃에서는 톱스타가 정해 놓고 트집을 잡히고 있다. 밑바
닥에 있는 사람은 그 위험을 피할 수 있는데도, 성장하면 할수
록 당신은 비난받는 것을 각오하지 않으면 안 된다.

그러므로 사람들이 당신을 골탕 먹이더라도 그것을 별다른일
로는 생각하지 말아야 한다. 그것은 당신이 성장하고 있는 표
시이니까.

저격을 각오하라

여기에 당신을 끌어내리려고 하는 사람들을 다루는 둘째 규칙이 있다. 그것은 저격당할 것을 각오하라는 것이다. 그것은 당신이 자랐다는 증거이다. 그리고 옳다고 생각하는 것에 결코 타협하지 않아야 한다.

다음에 드는 것은 저술가인 친구한테서 온 편지를 발췌한 것이다. 이것을 읽기 바란다.

나는 ××에 실린 비평에 조금도 실망하지 않습니다. 나는 지난 주에 출판된 200권 정도의 책 속에서 그들이 비평 대상으로 내 책을 선정해 준 것을 진심으로 영광스럽게 생각하고 있습니다. 나는 다른 책도 네 권쯤 내놓았습니다만, 저 잡지는 거기에는 아무런 평도 해 주지 않았습니다. 그들이 평가하지 않는다는 것은 그 책을 비평할 만한 책으로 보지 않는다는 사실과 비하면 대수로운 일이 아닙니다. 나는 저작 분야에서 이제 인정을 받게 된 줄로 알고 있습니다.

예능이라든지 정치 분야에서 성공한 선배의 대부분은 이렇게 말하고 있다.

"그들이 당신의 이름을 바르게 기억하고 있는 한 어떠한 비평을 받더라도 그것은 별로 중요할 게 못 된다."라고.

당신은 자랄수록 더 많은 비평을 받게 되는 것이다. 비난은 당신이 자라고 있는 표시다. 그러므로 만일 당신이 괴로워할 일이 있다면 충분히 비난받지 못하고 있음을 괴로워해야 한다.

이 정도에서 당신은 당신을 공격하는 것을 일삼고 있는 심술 궂은 사람들을 다루는 방법에 대하여 내가 공론을 가지고 농락할 우려가 있다고 생각할지도 모른다.

그러나 결코 그렇지 않다. 다음을 읽어 주기 바란다.

야비한 공격에 승리하는 법

최근에 지적이고 능력이 있는 예순 살 정도의 훌륭한 한 부인이 직장문제로 나를 찾아 온 일이 있다. 그 몇 개월 전에 나는 어느 회사의 중역을 지내던 그녀의 남편이 갑자기 작고한 뒤 그녀를 광고업계에 주선해 주었던 것이다. 그녀는 35년만에 처음으로 급료를 받고 근무했으니까 그녀는 나를 일종의 직업상 후원자라고 알고 있는 것 같았다.

"슈워쯔 선생님, 저는 어떻게 하면 좋을지 참으로 난처합니다."라고 그녀는 이야기를 시작했다.

"저는 실직되지 않을까 걱정이 됩니다."

이렇게 말하고 그녀는 이제까지 쌓아 온 고민을 토하듯 울음을 터뜨렸다. 나는 그녀를 위로하고 사연을 자세히 이야기하라고 타일렀다.

"선생님도 아시다시피 저는 다른 두 여성과 함께 일하고 있습니다. 두 사람 다 저보다 훨씬 젊은 사람들입니다. 솔직히 말씀드리면 슈워쯔 선생님, 그 여자들은 아주 심술궂습니다. 저희 세 사람은 같은 상사를 모시고 있습니다만, 두 사람은 저와 제가 맡은 일이 마땅치 않은지 무척 심술을 부립니다."

그녀는 그것을 좀더 구체적으로 설명하기를 다른 사람들 앞에서 여러 차례 모욕을 당하거나 점심도 같이 들지 않는 등 가는 곳마다 험담을 한다고 했다. 마지막으로 그녀는 거의 절규하듯이 이렇게 말했다.

"정말 저는 어떻게 하면 좋을까요?"

나는 잠시 생각하다가 이렇게 대답했다.

"부인, 당신은 가급적 마음 속에서 객관적으로 판단할 때 당신은 일을 잘하고 있다고 생각하십니까?"

이 질문에 그 여인은 아주 분명히 말했다.

"예, 그렇게 생각해요. 일에는 실수가 없을 것입니다."

그 뒤 나는 다음과 같은 질문을 했다.

"당신은 상사를 어리석다고 생각합니까?"

이 질문은 그녀를 당혹하게도 하였지만, 조금 재미있기도 하였다. 그러나 약간 미소를 띄우면서 그녀는 그가 교양도 있고 공정한 사람 같다고 대답하였다.

"그렇다면 당신은 걱정할 게 전혀 없지 않습니까? 일을 잘하고 계시면 되는 겁니다."

"그러나 저는 해고되지는 않을까요?"

그녀는 다시 자기 걱정을 물었다.

"이런 식으로 생각하는 겁니다."하고 나는 대답했다.

"만일 당신이 나무랄 데 없이 일하고 있는 데도 일없는 사람들이 상사에게 당신을 해고시켜야 한다고 충동을 한다면, 그런 사람을 위해 일하는 것은 바보스럽다고 할 수 있겠지요."

나는 그녀에게 트러블 메이커와 성실한 사람을 구별하지 못한다면, 훌륭한 상사라고 할 수 없다는 것을 인식시키는 데 성공했다. 뒤에 안 일이지만 그 상사는 명석한 사람이었다(회사 간부로서는 당연한 일이지만). 그리고 두 사람의 트러블 메이커에게는 엄한 조치가 취해졌던 것이다.

이 이야기의 교훈은 무엇일까? 바로 이런 것이다. ──만일 다른 사람들이 당신의 일에 대해 여러 모로 부정적이고 난처하고 비열한 공격을 해 오는 일이 있다면,

　당신의 일에 전념하고,

　예의바르고 친절한 태도를 잃지 말고,

　그들의 야비한 공격은 무시하라는 것이다.

이 세 가지를 실행한다면 당신은 어떤 경우에나 이길 것이다. 그리고 또 비록 그가 명확히 알리지 못하더라도 열 가운데 아홉 사람의 상사는 누가 일을 할 수 있고 누가 일할 수 없는가를 알고 있는 사람이라는 것도 기억해 두어야 한다.

잘못했을 때는 그것을 인정하라

에드워드 케네디가 미국 상원의원에 입후보했을 때 지금은 유명해진 '하버드대학의 에피소드'를 그의 정적이 찾아 내기란 그다지 힘드는 일은 아니었다. 여기서는 그 에피소드의 자세한 내용은 중요하지 않다. 케네디는 학생 시절에 컨닝으로 하버드에서 퇴학 처분을 받은 일이 있었던 것이다.

자칫하면 이것은 정치적인 수소폭탄으로 될 수도 있었다. 정적은 케네디 씨의 정직, 청렴, 도덕성에 커다란 의혹을 던지는 증거를 들이대고 정치적인 수확을 거둘 수도 있을 것이다.

이런 때 흔히 볼 수 있는 전형적인 태도는 그것이 사실과 다르다는 것을 증명하는 변명을 한다는 것이다. 그러나 이 상황을 처리한 케네디는 자기를 끌어 내리려고 하는 사람들을 다루는 방법을 그가 터득하고 있었음을 입증하고도 남음이 있었다.

이 사실의 진위를 질문받았을 때 그는 어떻게 했을까?

그는 솔직히 그것을 인정했던 것이다. 케네디 상원의원은 그것을 진심으로 후회한다고 말하고 큰 잘못을 저질렀다고 인정하면서 이렇게 말한 것이다.

"나는 내가 한 일을 유감으로 생각합니다. 그것은 잘못이었습니다. 변명할 여지가 없습니다."

그럼 그의 태도를 될 수 있는 대로 주의 깊게 분석하여 보자. 그렇게 함으로써 당신은 성공의 기본 원칙을 배울 것이다. 잘못을 저질렀다고 인정하는 사람을 당신은 어떻게 공격할 수 있을까?

정적은 무슨 말을 할 수 있을까? 아무 말도 할 수 없다.

케네디는 하버드에서 있었던 사건 때문에 상처를 받기는 커녕 그것을 오히려 이점으로 전환하고 말았다. 왜 그렇게 되었는지 그 까닭을 다음에 설명하자. 첫째로 그는 학교 시절에 컨닝을 한 사실을 인정함으로써 자기 자신에게 인간성을 부여한 것이 된다. 그는 자기를 평범한 사람으로 만들어 놓았던 것이다(따지고 보면 학교에 다니던 시절에 컨닝을 한두 번 하지 않은 사람이 어디에 있을까?). 둘째로 죄를 인정함으로써 동정을 모았다. "너희 가운데 죄없는 자 먼저 돌을 던져라."라는 진리를 듣지 못한 사람은 없을 것이다.

끝으로 정직한 사람만이 자기의 잘못을 인정하는 법이다. 케네디는 자기의 잘못을 인정했기 때문에 정직한 것이다.

여기에 커다란 교훈이 있다. 당신이 잘못했을 때에는 그것을 인정해야 한다. 그러면 당신은 장미와 같이 향기로우면서 거기서 벗어날 수 있다. 그러나 만일 죄가 있는데도 그것을 거짓으로 속이려고 한다면 당신은 중대한 트러블에 말려들게 될 것이다.

사람들은 왜 당신을 공격하는가?

당신은 사람들이 왜 당신을 공격하는지, 당신을 나쁘게 말하는지, 당신에게 창피를 주려는지, 당신을 헐뜯으려는지, 이상하게 생각할지도 모른다. 원인을 따지면 대답을 발견하게 된다. 이러한 사람들은 자기 자신에게 커다란 불만을 가지고 있다. 그들은 불행하다. 결혼생활이 원만치 않을지도 모른다.

이러한 사람들은 자기 자신을 미워하고 있다. 이러한 사람들은 자기가 하는 일도 싫어하고 있는 게 보통이다. 그는 질투가 많아서 거의 광적인 경우가 많다. 그러나 지적 또는 도덕적으로 정직하지 못한 경우 이런 사람들은 자기의 증오를 당신에게 돌린다. 그는 자기의 참다운 문제를 승인하기에는 너무나도 미숙한 것이다.

나와 당신은 아직 만난 일은 없지만, 나는 당신을 얼마만큼은 알고 있다고 믿는다. 그 하나는, 나는 당신이 세상을 등진 험구가는 아님을 알 수 있다. 당신은 다른 사람을 비방함으로써 자기가 출세하려고 하는 사람도 아니다. 험구가는 결코 이런 책을 읽을 사람이 아니라는 것을 당신도 알고 있을 것이다. 그들은 어떤 일에나 이미 답을 가지고 있다.

이 장의 목적은 당신에게 당신을 끌어 내리려고 하는 사람들을 다루는 방법을 이해시키려고 하는 것임을 상기하여 주기 바란다 내 목적은 이러한 할 일 없는 사람들을 개심시키는 방법을 가르치는 것도 아니며, 게다가 성공한 모습을 보고 싶어하는 건전한 욕망을 당신과 함께 나누려는 것도 아니다.

이렇게 생각하기 바란다. 온갖 형태의 '험구', 다른 사람을 헐뜯는 것, 심술궂은 고십, 비열한 공격——이러한 것은 일종의 심리적인 바이러스이다. 내가 여기서 서술해 온 것은 그것에 대한 예방 주사와 같다. 그러나 여기에 서술한 원리도 일단 이 병에 걸려 버린 사람에게는 치료 효과가 없을 것이다.

당신이 다음의 기본적인 진리를 인정한다면 당신은 마음의 평화와 행복으로 커다란 한 걸음을 내디딘 것이 된다. 그 진리란 이런 것이다.——사람들은 대개 하찮은 부류에 들어가므로 크게 생각하는 사람으로 인정될 수 있는 사람은 극소수에 지나지 않는다.

그리고 다음도 극히 중요하다.——만일 당신이 졸렬한 사람들의 도발에 말려든다면 당신은 패배한 것이 된다.

비열한 사람들에 대한 당신의 반응테스트

▨ 상황

(1) 이웃 사람이 당신 자신이나 당신의 어린이들 또는 경제 상태 등에 대한 고십을 이웃에게 퍼뜨렸다.

(2) 동료가 상사에게 당신이 무능하고 바보라고 했다.

(3) 당신은 사람들한테서 '공갈'당하고 있다. '만일 네가 이러이러한 일을 한다면 이쪽은 너를 상처주기 위해 이렇게 할 것이다.'라고.

(4) 경쟁 상대가 당신이나 당신의 제품이나 회사를 나쁘게 소문낸다.

(5) 개인적인 문제를 비열한 수단으로 중상했다.

▓ 그것을 다루는 대표적이고 그릇된 방법

응수한다. 저항한다. 그 고십을 퍼뜨린 이웃 사람의 고십을 거꾸로 퍼뜨린다.

당신을 헐뜯은 사람을 다시 상사에게 고자질한다.

어느 것이나 거기에 굴복한다. 공갈자에게 돈을 준다. 도망 친다.

경쟁 상대에게 나쁜 정보를 거꾸로 퍼뜨린다.

고민, 욕구 불만에 빠지고 보복을 생각한다.

▓ 바른 방법——큰 사람들이 그것을 다루는 방법

그런 것은 무시한다. 고십이란 할 일 없는 사람들의 즐거움 에 지나지 않는 것으로 안다.

그것을 거꾸로 찬사로 생각한다. 당신는 이제 사람들한테서 공격받을 만큼 중요한 존재가 된 것이다.

옳다고 생각하는 대로 한다. 두려움없이 행동한다.

적을 친구로 만들려고 노력한다. 보복하는 짓은 하지 않 는다.

웃어넘기고 만다. 이러한 공격이 아주 재미있는 결과를 가 져다 주는 경우가 많다.

할 일 없는 사람들한테서
자기를 보호하기 위한 기술

다음에 드는 것은 하찮은 사람들한테서 당신 자신을 지키기 위한 방법을 요약한 것이다.

(1) 당신은 하찮은 사람들과 싸우기를 거부할 때 이긴다는 것을 잘 기억해 둘 것.

(2) 비난을 웃으며 대답하는 기술을 익힐 것.

(3) 찾아가서 당신의 적을 친구로 삼을 것. 그에게 친절한 일을 하여 그 결과로서 어떠한 일이 일어나는가를 보십시오.

(4) 남에게 이기는 금언을 배울 것. 그것은 이런 것이다. "나는 다른 사람의 좁은 마음은 개의치 않기로 한다." 이것은 톱에 있는 사람이면 누구나 실행하고 있는 사고 방식이다.

(5) 비난받은 것을 기뻐할 것. 그것은 당신의 영향력이 커지고 있는 가장 좋은 증거이다.

(6) 당신이 잘못했을 때는 그것을 인정할 것. 만일 당신이 나쁘다면 그것을 속이려고 하지 말아야 한다. 자기가 잘못된 것을 인정하면 당신은 다른 사람에게 크고 정직하고 인간미가 있는 사람으로 보일 것이다.

제6장

어떻게 하면 공포를
극복할 수 있는가

일이
잘 되지 않을 때에는
자기를 책망하라. 당신은 그렇게
하는 것이 좋은 결과를 가져다 준다는
사실을 마침내 알게
될 것이다.

제6장

어떻게 하면 공포를 극복할 수 있는가 ?

이제 당신의 성공 달성 계획이 아주 중대한 국면에 도달하고 있음을 알아야 한다. 전세기 미국의 유명한 두 전투를 상기함으로써 그 준비를 해 보자. 두 전투란 아라모전투와 카스터 장군의 전투이다. 이 두 전투는 누구나 책에서 읽거나 영화나 텔레비전에서 여러 번 보았을 것이다. 두 경우가 다 비교적 소수의 미국인이 적의 대군과 맞서서 전멸하고 있다.

이들 전투는 로맨틱하게 그려져 있기 때문에 거기에는 초인적이고 용감하며, 걸출하고 유능한 미국인만을 볼 수 있다. 나는 누군가가 여러 차례 이렇게 말하는 것을 들은 적이 있다. "저런 영웅들은 이제 나오지 않겠지요."

그들은 왜 싸웠는가?

나는 미국 역사에 큰 흥미를 가지고 있어서 역사학자들과 논쟁을 벌이는 경우가 자주 있다. 1년 전쯤에 우리가 이 두 유명한 사건을 주제로 토론하고 있을 때 어느 역사학자가 나한테 이렇게 말했다.

"우리는 이 군인들을 굉장한 영웅으로서 그리고 있습니다. 하지만 그들이 왜 그토록 치열하게, 그리고 효과적으로 싸웠는지 내 의견을 들으시지 않겠습니까?"

나는 그의 의견에 큰 흥미를 느낀다고 대답하였다.

"그들은 항복할 수도 없었으며 도주할 수도 없었기 때문입니다."하며 그는 말을 이었다.

"그들은 방법이 하나밖에 없었습니다. 죽을 때까지 싸우는 것입니다. 군인들은 항복할 수도 없었으며 퇴각할 수도 없는 경우에는 되는 대로 싸우게 됩니다."

나와 친구는 계속 이야기를 나누었다. 우리는 조직적인 전쟁 초기부터 군대의 지도자들이 써 왔던 '무항복 무퇴각' 전술 몇 가지에 대하여 논평하였다.

제2차세계대전에서는 그 가장 인상적인 보기가 일본의 카미카제 특공대가 미국 함대를 상대로 한 결사 공격이었을 것이다. 그들은 다시 살아서는 돌아갈 수 없게 미리 정해져 있었다. 일본의 항공병은

● 항복할 수 없다.

● 기지에 되돌아갈 수 없다.

라는 두 가지를 알고 기지를 떠났다. 그리고 그 결과는 그들이 미국 해군에게 큰 타격을 주었던 것이다.

성공과 심리적 도피구의 관계

그럼 이것이 개인적인 성공과 어떠한 관계가 있다는 것인가? 그것은 다음과 같다. ──위대한 군사적인 승리라든지 육체적인 승리는 육체적인 퇴각이 불가능한 때에 거둘 수 있는 것이다. 그리고 위대한 심리적인 승리도 심리적인 퇴각이 불가능할 때에 거둘 수 있다.

다음의 법칙을 익히 알아두기 바란다. ──성공의 기회는 온갖 심리적인 도피가 막혀 있을 때에 가장 크다는 것을. 다시 한번 되풀이하자. 어떤 사업의 성공 기회도 우리가 일부러 심리적 도피구를 단절하였을 때에 많아진다.

그럼 이 법칙을 더욱 발전시키고 그것을 배우기로 하자.

크게 되라── '나에게 책임이 있다고' 말하라, 그리고 당신 자신이 커 가는 것을 지켜 보라

1년 전 쯤의 일인데 나는 멤피스 시에 있는 어느 중역의 집을 방문한 일이 있다. 우리는 심리적인 도피를 주제로 이야기 나누고 있었는데, 그 때 그는 이렇게 말하였다.

"당신에게 들려 주고 싶은 테이프가 있습니다. 저는 당신의 충고가 필요합니다."

그 테이프를 듣고 나는 크게 놀랐다. 나는 일에 대한 대화의 테이프라고 생각했는데 뜻밖에도 그것은 신자 중에서 선출되어 교회의 임원이 된 친구와 다른 두 사람의 임원, 거기에 그 교회 목사가 나눈 대화의 녹음이었던 것이다. 그것은 우리가 앉아 있던 그 방, 즉 친구 집의 서재에서 녹음된 것임을 알았다. 그 내용은 교회가 당면하고 있는 두 가지 서로 관련되어 있는 문제——신자의 출석과 예산문제를 다룬 임원들과 목사 사이에 일어난 대화였다.

녹음을 취미로 삼고 있는 내 친구는 전에 들은 것이라든지 그 변명을 뒤에 검토해 볼 수 있게 이런 종류의 토론의 중심이 되는 곳을 녹음하는 경우가 자주 있다고 설명해 주었다. (이 경우 두 임원과 목사는 자기들의 대화가 녹음된다는 사실을 알지 못했다).

그는 무엇을 비난했는가?

우리는 거기에 앉아 약 한 시간 동안 그 녹음을 들었다. 그리고 나서 친구는 나를 보고 이렇게 물었다.

"당신은 어떻게 생각하십니까? 우리는 이 사람을 2년 전부터 목사로 모셔 왔습니다. 그 때부터 평균 출석률이 22%로 줄고 기부금은 19%나 감소되고 말았습니다. 우리는 계속하여 그를 목사로 모셔야 할까요? 그렇지 않으면 교체를 요구해야 할까요?"

(이와 같은 델리케이트한 성질의 평가는 누구나 성큼 내키지 않는 일이지만, 그러나 누군가 그 결정을 하지 않으면 안 될 것이다).

"그렇군요."하고 나는 말했다.

"먼저 왜 집회가 그렇게 성적이 좋지 않은가에 대한 목사님의 설명을 분석하여 보지 않겠습니까?"

"테이프는 들으셨지요."하며 친구는 입을 열었다.

"그는 무어라고 했던가요? 먼저 그는 일요일에는 스포츠 행사가 너무 많다, 사람들이 너무나 분주하다, 국민 도덕이 일반적으로 퇴폐하다고 말하면서 현대의 풍조를 비난하였군요. 그리고 두 번째로 신도의 지도력을 비난하였습니다. 우리가 그가 했던 여러 일을 지지해 주지 않는다고, 끝까지 돕지 않는다, 함정에 빠져 있다, 교회가 충분한 시간을 주지 않는다고."

"그는 자기에 관한 것 이외에는 무엇이나 비난하고 있는 것 같습니다."하고 나는 입을 다물었다. 그리고 나는 트러블이 일어났을 때 우리는 세 방향으로 비난을 돌릴 수 있다고 친구에게 설명해 주었다. 그 세 방향이란 다음과 같다.

① 운
② 다른 사람들
③ 자기 자신

그리고 나서 우리는 목사의 설명을 검토해 보았다. 그가 운을 비난하고 있는 ('도덕의 퇴폐', '현대 풍조' 등) 것은 매우 분명했다. 그리고 또 다른 사람들을 비난하고 있는 ('신도의 지도력이 자기를 원호해 주지 않는다'는 것) 것도 분명했다.

"그렇습니다. 당신이라면 어떻게 하시겠습니까?"

문제의 핵심을 찾으려고 해서 초조해졌는지 친구는 이렇게 물었다.

나는 이렇게 대답했다.

"이 사람은 이 문제의 모든 책임은 자기가 져야 한다는 것을 이해하지 못하고 있으며, 또 이해할 수도 없다고 당신이 확신하고 계시다면 취해야 할 길은 명확합니다. 그것은 즐거운 일은 못 되지만 유일하고 올바른 길임에 틀림없습니다."

책임은 자기 자신에게 있다

이것을 다른 면에서 설명하여 보자. 나는 이 책을 썼다. 그리고 당신은 이 책을 읽고 있다.

만일 지금 내가 쓰고 있는 것을 당신이 이해할 수 없다면 그것은 당신이 바보스럽기 때문이 아닌 것이다. 내가 잘 설명하지 못한 탓이다. 당신이 이 책을 읽을 때 설명의 책임은 100% 나에게 있는 것이다. 당신이 좀더 영리해야 한다는 말이 아니라 내가 좀더 명확히 써야 한다는 말이다.

학교에서도 학생이 잘 이해하지 못하는 것은 선생이 잘 가르치지 못했기 때문이다. 이렇게 말하면 내가 확실히 심한 이야기를 하고 있는 것처럼 들릴지도 모르지만, 우리가 전진할 길은 이것밖에 없다. 운을 비난하거나 '기억력이 좋지 못한 학생', 다른 사람들을 비난하거나 '부모들이 협력해 주지 않는다'는 선생은 이럭저럭 이끌어갈 수 있을는지 모르지만 결코 위대한 사람은 될 수 없으며 교육계의 정상에 오를 수 있는 사람은 못 된다.

실패를 운 탓으로 돌리거나 ('이것은 흔히 있는 설명할 수 없는 케이스의 하나입니다.') 다른 사람들을 비난하는 ('환자가 협력하여 주지 않아서') 의사는 한 때 그것으로 상대방을 납득시킬 수는 있을지 모르지만 이러한 의사는 결코 명의가 될 수는 없을 것이다.

우리는 실패의 책임을 스스로 받아들이는 경우에만 개선하는 방법을 이해할 수 있다. 판매 훈련을 할 때 나는 곧잘 수강생에게 이렇게 말한다.

"손님이 사 주지 않는 것은 세일즈맨이 팔지 않은 탓이다."

라고. 이렇게 말하면 많은 세일즈맨은 기분을 상하는 것 같지만 이것은 많은 세일즈맨을 성공시키는 데에도 도움이 되고 있다. 세일즈맨은 거절당한 것을 설명하기 위해 수많은 그럴듯한 구실을 생각해 낼 수 있을 것이다. 그러나 장래의 승리를 위한 해결책을 찾아 낼 정도로 위대하게 될 수 있는 것은 실패의 책임을 스스로 지게 될 때 뿐이다.

언젠가 내가 어느 야구 시합에서 덕아웃의 뒤에 앉아 있을 때 라이트쪽으로 플라이를 친 한 선수가 벤치에 되돌아와서 감독에게 이렇게 말했다.

"바람이 너무 셉니다."

감독은 즉각 이렇게 받았다.

"바람이라고? 네 타구에 힘이 너무 없잖아."

이것이 성공 철학과 어떠한 관계가 있는 것일까? 틀림없이 감독은 이렇게도 말할 수 있었을 것이다.

"네 말이 맞아, 짐. 바람 때문에 힘들었어."라고.

그러나 감독은 그렇게는 말하지 않고 진실을 말했던 것이다.

"네가 타구에 힘을 주지 않았잖아."라고.

케네디는 책임을 졌다

케네디 대통령이 취임한지 얼마 안 되어 생긴 일이다. 지금은 유명해진 픽스만침공이 감행되었다. 그것은 비참한 실패였다. 아마 그것은 미국 역사상 가장 서툰 모략의 하나였을 것이다. 자기가 무엇을 하고 있는지를 아무도 알지 못했다. 공동 작업이라는 것을 전연 볼 수 없었다. 그리고 그 결과는 비참한 실패였다.

그런데 케네디는 대통령이었다. 그러나 그는 아직 집무를 시작한지 몇 주밖에 되지 않았다. 이 습격을 지지하는 사고 방식이라든지 대부분의 첩보 기관은 이전의 정부에서 인계받은 것이었다.

케네디 대통령은 적어도 그 계획의 몇 가지는 이전의 정부에 책임을 떠맡길 수도 있었을 것이다. 또 아마 그의 몇몇 정치 고문들은 그렇게 하도록 대통령에게 진언했을 것이다.

그러나 케네디는 그렇게 했을까? 그는 남다른 일을 했던 것이다. 그는 그 실패의 모든 책임을 졌다. 그는 이 사건을 정략적으로 대처하기를 거부했던 것이다. 요컨대 그는 미국 국민에게 이렇게 말하였다.

"어떠한 실패이건 그것은 내 정부가 한 짓이다."

그리고 스스로 책임을 짐으로써 그는 두 가지 일을 했던 것이다. 하나는 그의 인물의 크기를 실증해 보였고, 정적한테서도 존경을 받은 것. 그리고 두 번째는 비난을 받아들임으로써 그리고 자기의 도피구를 막아 버림으로써 그는 쿠바에 대한 침공이 정치 문제로 되는 것을 사실상 파기하고 말았다. 사람들이 '책임은 나에게 있습니다.', '그 문제는 나를 책망하여 주십시오.', '그것은 내 실수입니다.'라고 말할 때 그 사람은 자기는 큰 인물이라는 것을 실증하고 있다는 것을 잘 기억해 두어야 한다. 사람들은 큰 인물을 존경한다.

책임감을 익히라

여러 차례 나에게 도움이 된 지혜의 하나로 다음과 같은 것이 있다. ——만일 수강자가 터득하지 못하면 그것은 강사가 가르치지 않았기 때문이다.

예를 들면 나는 이러한 사고 방식이 이야기를 하는 경우에 매우 쓸모있는 것임을 알고 있다. 나는 이제까지 많은 강사가 강연을 시작하기 전에 주최자에게 이런 말을 하는 것을 들었다.

"오늘밤의 청중은 잘 들어 주었으면 좋겠는데."라든지 "잠자는 사람이 없었으면 좋겠는데……"라고.

그러나 나는 이와 같은 걱정은 한 번도 한 적이 없다. 그리고 그 이유는 나는 그들이 잘 듣는 사람이라는 것을 결코 청중의 책임으로는 생각지 않는다는 간단한 사실에 있는 줄 안다. 만일 그들이 싫증이 나면 그것은 내 책임이다. 만일 그들이 웃지 않았다면 그것은 그들이 나쁜 게 아니라 내가 나쁘다. 증명하는 책임은 나에게 있지 그들에게 있지 않다. 그리고 이 사실이 또 어떤 경우라도 100%의 노력을 하도록 나를 강요하고 있는 것이다.

최근에 나는 어느 세일즈맨과 오랜 동안 이야기를 했다. 그는 자기의 거래가 잘 되지 않는다는 이야기를 차례차례 하고 있었다. 그는 대단히 비참한 상황에 있었다. 배당액을 전혀 소화하지 못했으며 회사에 있는 것이 마치 개집에 매달려 있기라도 한 것처럼 느껴졌다.

나는 이렇게 물어 보았다.

"알았습니다. 그런데 당신은 무엇이 그 원인이라고 생각하고 계십니까?"

"여러 가지 있습니다. 오해받아서는 곤란합니다만 그것은 제 과실이 아닙니다. 나는 최악의 담당 지역을 맡았습니다. 내가 고객으로서 인수한 사람은 최저의 사람들입니다. 그러나 그뿐만이 아닙니다. 경쟁 상대도 많습니다. 나는 이래서는 너무나 불공평하다고 세일즈매니저에게 말했습니다. 그러나 그는 어떤 선입관을 가지고 있어서 내 입장을 이해하여 주지 않습니다."

그는 그리고 나서도 이야기를 계속했다. 그가 실패한 원인이 무엇인가를 설명하는 20분 동안에 자기에게 책임이 있다, 자기는 그 제품에 대하여 잘 알지도 못하며 팔 테크닉도 없다, 자기는 어딘지 잘못되어 있다는 말은 결국 한 마디도 듣지 못했던 것이다.

어느 정도의 도피구가 가능한가?

도피구의 수와 종류는 문자대로 무한하게 있다. 왜냐하면 도피구를 찾으려고 하는 사람은 어떤 경우에나 자기를 지키기 위한 여러 도피구를 생각해 낼 수 있기 때문이다.

내가 알고 있는 어느 청년은 최근에 일반 학생보다 배나 되는 재학 기간을 공부하고 나서야 겨우 대학을 졸업하였다. 왜 그랬을까? 다름이 아니다. 경쟁 사회에 뛰어들기가 두려웠기 때문이다. 그는 이런 구실을 붙였다.

"나는 학교에 있으면 안전하다. 적당한 기회가 없는 동안 나는 이대로 있겠다."

그리고 그는 학교에 머물러 있었다. 그러나 이러한 사람에게는 '적당한 기회' 같은 것은 좀처럼 찾아 오지 않는 법이다. 그 대학을 나온 뒤에 이 청년은 어떻게 했을까? 짐작하시는 대로 그는 이번에는 법과 대학에 입학한 것이다. 그는 거기서 다시

3년에서 5년은 '안전'하게 있을 수 있을 것이다. 그것이 끝나면 그는 또 실사회에 들어가는 것을 피할 수 있는 다른 연구를 생각해 낼 것이 틀림없다.

당신의 도피구는 무엇인가?

▨ 정황

(1) 지방 담당 세일즈맨이 금요일에 돌아와야 하는데도 항상 목요일에 돌아오는 습관이 붙어버렸다.

(2) 중역이 종업원의 급료를 올려 주기로 한 약속을 어겼다.

(3) 아버지가 유원지에 가자고 가족에게서 들볶이고 있다.

(4) '친구'가 당신의 파티에 초대를 거절했다.

▨ 도피구

"아내에게는 내가 필요하다. 그녀에게는 너무 일이 많다. 내가 집에 있는 편이 낫다."

"그 예산이 도저히 나오지 않는다. 어떻게 형편이 되면 자네를 보아주지."

"그럴 틈이 없다." 또는 "나는 일이 있어 바쁘다."

"두통이 심해서……" "대신할 사람이 없어서……" "손님이 찾아 오게 되어 있어서……"

▨ 참다운 문제

이 세일즈맨은 자기의 일이 싫은 것이다. 부인은 그를 밖으로 나가도록 해야 한다.

중역은 부하에게 너무 무르다고 사장에게서 말을 들을까 두

렵다. 자기만 좋은 사람이 되려고 하는 것이다.

그는 자기만의 레크레이션을 즐기고 싶어서 가족의 소원을 들어 주려고 하지 않는다.

실은 참석하고 싶지 않다.

다음에 서술하는 것은 이와 같은 문제에 대한 적극적인 철학이다. 그것은 반드시 쉬운 일은 아니지만 매우 효과가 있다.

만일 당신의 회사가 당신을 인정하여 승진시켜 주지 않는다면 회사를 나무라서는 안 된다. 당신을 나무라십시오. 만일 당신의 배우자가 당신이 기대하는 만큼 당신을 사랑해 주지 않는다면 상대방을 책망해서는 안 된다. 당신을 책망하십시오.

증명할 책임은 당신에게 있는 것이지 세상에 있는 것은 아니다!

만일 당신의 손님이 사 주지 않는다면 그들을 책망하지 말고 당신을 책망해야 한다.

"만일 당신이 목사였다고 하자. 일요일 아침에 교인들이 잠자고 있다면 무엇이 잘못되어 있을까?"

나는 많은 사람들에게 이렇게 물어 보았다. 이에 대해 그들은 이런 식으로 대답한다.

"방이 너무 더운 게 아닐까?"

"모든 사람들이 지난밤 늦게까지 외출했던 것이 아닐까요?" 라고.

그러나 '그 목사의 이야기가 싫증이 났기 때문에 자 버린 것입니다.'라고 대답하는 사람은 극히 드물다.

소인은 남을 탓하고 군자를 자기를 탓한다. —논어—

우리는 어떻게 심리적 도피구로 숨게 되는가?

우리는 어떻게 해서 이와 같은 심리적인 도피구로 차츰 숨게 되었을까? 거기에는 두 가지 길이 있다. 첫째는 부모처럼 당신을 강력히 지도할 지위에 있는 사람한테서 강력한 독립심을 배우지 못했다. 그리고 둘째는 당신이 심리적인 두 다리로 서는 것을 당신 자신에게 가르치지 않았다.

도피구를 막아 주지 못한 어머니

지금은 예순 살쯤 된 미망인인 어머니와 서른 다섯 살 정도 된 이혼한 아들의 예가 그것을 보여주고 있다. 이것은 극단적인 케이스지만 이보다 못한 정황이라면 어디에서나 볼 수 있다는 것을 유념해 두가 바란다.

어머니는 매우 독립심이 강한 사람으로서 자기 결혼에 조금도 만족하고 있지 않았다. 그녀는 아들이 스무 살 때 남편과 사별했다. 아들 지미는 어머니가 보기에는 언제나 매우 밝고 정직한 아이였다. 선생이 지미에게 점수를 나쁘게 주면 어머니는 이렇게 말하였다.

"지미야, 걱정하지 말아요. 그것은 네 탓이 아니야, 어머니가 선생님한테 이야기하여 줄 테다……."

이것이 정해 놓은 답변이었다. 교통 사고의 재판에서는 판사가 불공평했다. 운동 경기에서는 코치가 편견이었다. 학예회에서는 선생이 재능을 인정해 주지 않았다. 지미는 두 가지 일을 배운 것이다.

● 사람들은 언제나 그를 불공평하게 다루고 있다. 그리고
● 어머니는 언제나 그의 편이 되어 줄 거라는 게 그것이
었다.

지미가 결혼했을 때 어머니는 이렇게 축하 말을 했다.

"자, 지미야, 만일 너희들에게 무슨 일이 있더라도 어머니는
언제나 너를 사랑하고 있고 최선을 다해서 너를 도우려 한다는
것을 잊지 말아요. "

물론 그 결혼에는 괴로운 일이 생겼다(어떤 가정에나 그것은
있을 수 있는 일이지만). 그리고 어머니는 지미에게 당연한 일
처럼 이렇게 말하였다.

"너도 메리가 좋지 않은 것은 알고 있을 것이다. 저 아이는
아마 너를 오해하고 있는 거야, 저 아이는 나처럼 너를 보살펴
줄 줄을 모르는 거야. "

자기에게는 이렇게 된 책임이 없다는 것이지만 지미는 분명
하였다. 이런 일이 계속되어 이윽고 이혼을 하였다. 지미는 어
머니에게로 되돌아갔다.

같은 무렵 그는 '수뇌부가 그의 창조적 재능을 인정해 주지
않았다'해서 광고 대리점을 그만 두고 말았다.

결국 지미는 사설 정신병원에 입원했다. 그러나 그것도 곧
'병원이 그를 이해해 주지 못한다. '고 해서 그 곳을 나오게 되
었다. 이와 같은 일이 되풀이되었다. 다른 병원으로 가 보아도
결과는 뻔했다. 친구들의 주선으로 다른 직장을 얻어 보았지
만, 그 곳 사람들이 지미에게 공평하지 않았다거나 지미를 질
투하여 내쫓고 말았기 때문에 거기에도 오래 있지 못했다.

이제 사태는 대단히 비참해졌다. 지미의 아버지가 물려 준
돈은 조금도 남지 않았다. 어머니가 싼 급료로 일하여 모자 두

사람이 겨우 먹고 살아가고 있다. 이러한 비극은 모두 어머니가 지미에게 독립심을 길러 주지 않았기 때문에 빚어진 것이다.

어린이를 독립시켜 줄 필요성

이것은 극단적인 예일지도 모르지만 사람들은 어째서,
◎ 책임과
◎ 심리적 도피구
를 막는 두 가지 기본 법칙을 배우지 못하느냐를 잘 설명하고 있다 할 수 있다.

내가 이렇게 성가신 사례를 놓고 생각할 때 나는 최근 지미의 어머니를 우리 집 어미 고양이와 비교하고 있는 자신을 발견한 것이다. 우리 집에서는 일년에 두 번 혹은 세 번 새끼를 낳는 다산종 고양이를 기르고 있다. 그러나 어미 고양이는 새끼 고양이를 적당한 때에 독립시키는 것을 본능적으로 알고 있었다. 어미 고양이는 새끼 고양이를 기르고 보호해 주며, 필요한 동안은 귀여워해 준다. 그러나 때가 되면 스스로 먹이를 찾지 않으면 안 되게 시키는 것이다.

많은 사람들이 자연의 본능을 잊고 어린이들을 독립시키기는커녕 언제까지고 그들을 놓아 주지 않는 것은 오히려 수치스러운 일이 아닐까?

그런데 심리적인 도피구에 의존하여 책임질 것을 잊고 마는 대부분의 원인은 부모의 영향 때문이다. 이러한 영향의 희생자인 젊은이가 아직 어린 동안은 그것을 어찌할 수 없다는 것을 잘 알 수 있다.

그러나 그들이 일단 사태를 깨달으면 자기의 온 힘을 기울일 기회가 있을 까닭이 없다.

나는 지금 어느 대학에 근무하고 있는 사람의 아들인 한 청년을 생각하고 있다. 이 청년이 아직 어렸을 때 부모들이 이혼했다. 소년은 어머니에게로 갔지만 이 부인은 개성이 강한 사람이어서 이 소년에 대해서는 온통 스스로 도맡고 있었다. 그는 또한 스무 살이 될 때까지는 무기력하고 소심하며 열등감을 가진 어린이었다. 그러나 심리적으로 독립되고 자기 자신의 마음이 바로 서게 하는 길고 엄격한 노력에 따라 그는 완전히 교정되어 지금은 세상에 나와 훌륭하게 성장하고 있다.

우리는 다음을 알고 있다.── 도피구를 막고 100%의 책임을 지고 행동한다는 두 가지 기본적인 관례에 따르는 사람은 커다란 사업, 돈, 아름다운 부인, 그리고 온갖 좋은 것을 얻는다는 사실을.

"아무 때고 어머니 곁으로 돌아와요."

"언제나 전에 하던 일로 돌아갈 수 있다."

"세상에 구애받지 않아도 된다."── 이러한 말은 정신적인 불행에 이르는 디딤돌이다.

나야말로 내 운명의 주인공이다

강연이라든지 강습회가 끝난 뒤 의례 사람들은 불신감이라기보다는 경탄에 가까운 소리로 나한테 이렇게 물었다.

"슈워쯔 선생님, 선생님은 참으로 우리에게 일어난 일에 대한 모든 책임은 우리가 져야 한다고 믿고 계십니까? 일이 잘 되지 않는 원인은 모두 나에게 있다는 말씀이 진정입니까?"

이에 대하여 나는 그들이 만족할지 어떨지는 알 수 없지만 이렇게 대답하기로 하고 있다.

"그렇습니다. 나는 그렇게 생각합니다. 그 말이 조금도 이상할 게 없습니다. 마음의 평화에 이르기 위해서는 자기가 운명의 주인공이라는 태도를 갖지 않으면 안 됩니다."

나는 이렇게 생각할 수밖에 없는 많은 증거를 대 온 셈이다. 나는 그들에게 어느 특정한 사람의 개인적인 의견을 말해 온 게 아님을 알려주었다. 우리는 성공의 보편적인 법칙을 이야기하고 있는 것이다. 당신은 인력의 법칙에 반론할 수 없는 것처럼 이 법칙도 반론할 수 없을 것이다.

100%의 결심은 멈출 수 없다

제2차세계대전에는 수많은 기적적인 승리가 있었다. 그러나 그 중에서도 두드러진 것 중 하나는 독일의 전함 비스마르크 호의 격침이다. 이 거대한 독일 전함은 엄청난 군함으로 연합군의 함정에게는 커다란 위협이 되었던 것이다. 영국의 첩보기관은 비스마르크 호가 북해 수역(北海水域)을 떠나서 공해로 향했고 영국이나 미국의 함정을 격침하기 위해 날마다 공해상을 헤맨다는 정보를 입수하였다.

처칠이 이 사실을 알았을 때 그는 결심했다. 비스마르크 호는 격침해야 한다고. 막료들은 불가능하다고 충고했다. 현재의 정세를 판단할 때, 영국군은 이 작전을 성공시키기에는 명확히 군함도 항공기도 화력도 부족하다고 하였다. 그러나 어떠한 부정적인 이야기도 처칠의 의기를 꺾어 놓지는 못하였다. 그는 굳게 결심하고 있었다.

제2차세계대전의 이 유명한 해전을 훌륭한 필치로 서술하고 있는 CS 폴스타는 윈스턴 처칠이 함대 사령관과 나눈 대화를 확실한 전거(典據)에 따라 다음과 같이 보도하고 있다.

"전화에서는 틀림없는 수상의 음성이 흘러나왔다. '자네의 임무는 비스마르크 호를 격침하는 것이다.'라고 수상은 말하였다. 그것이 자네의 유일한 임무다. 이 임무에 비하면 그 밖에 일은 일고의 가치도 없다고 해도 된다."

"알겠습니다, 수상 각하."

"라미리이즈는 어떤가? 그리고 로드니이는?"

"명령해 놓았습니다, 수상 각하."

"리벤스와 포오스는?"

"그들에게도 역시 명령이 부여되어 있습니다."

"자네는 비스마르크 호를 격침하는 데에 필요한 온갖 수단을 강구하고 있지?"

"예, 수상 각하."

"가능한 수단 뿐만이 아니다. 안이한 수단이나 누구나 생각할 수 있는 수단 뿐 아니라 어려운 수단, 불가능하다고 생각되는 수단까지 생각해 두어야 한다. 전세계의 눈이 우리를 지켜보고 있다는 사실을 잊지 말기 바란다."

"그 점은 조금도 염려하지 마십시오, 수상 각하."

"좋아. 지금 들은 말을 기억해 두지. 비스마르크 호를 격침하는 것이다. 그럼……."

거두 절미하고 비스마르크 호는 격침되었다. 장렬한 싸움이었지만 어쨌든 비스마르크 호는 격침된 것이다.

그런데 처칠이 만일에 이렇게 말했다고 상상해 보자.

"자, 여러분. 최선을 다해 주기 바란다. 여러분은 그것을 격침할 수 없을지도 모르지만 어쨌든 최선을 다해 주기 바란다."
라고.

처칠은 모든 도피구를 막았던 것이다. 그는 비스마르크 호를 격침한다는 것을 100% 결심하고 있었다. 그래서 그것은 격침되었던 것이다.

당신도 처칠의 방법을 적용할 수 있다

처칠의 동기 부여 방식을 일상의 상황에 적용하면 크고 놀라운 결과를 낳을 수 있다. 예를 들면, 코네티커트 주의 하트포드에 있는 보험 회사의 간부는 자기 회사의 외무원이 성적을 두 배로 올리는 데에 이 처칠의 기술을 쓰고 있다.

내가 어느 강습회에서 이 방법을 설명하는 것을 듣고, 이 간부는 그 방법을 이용하여 자기 회사의 외무원에게 전화를 해 보기로 결심했다.

다음은 처칠의 방법을 적용하기 전에 그가 전화로 지시하던 것을 그 자신이 기술한 것이다.

평범한 지도자의 방법 – 약하고 효과가 없는 동기부여

빌 : 여보세요, 플레트 씨. 나는 빌 톰프슨입니다.
플레트 : 톰프슨 씨 안녕하십니까?
빌 : 플레트 씨 다름아니고 스미드 씨와 거래가 어떻게 되었나 해서 전화를 하였습니다. 어떻게 그 손님을 확보할 수 없나요?

플레트 : 예, 빌 씨, 나는 최선을 다하고 있습니다만 경쟁 상대자가 많습니다. 솔직하게 말해서 낙관할 수 없습니다.

빌 : 그것은 알고 있어요. 경쟁 상대자가 있는 것은 전부터 알고 있지 않습니까?

플레트 : 아직 잘 모르실 겁니다. 여기에는 테네시 회사가 끼어들었을 뿐만 아니라 두 지방 회사의 경쟁도 있습니다. 아무래도 형세가 좋지 않습니다.

빌 : 그런가요. 플레트 씨, 어쨌든 한 번 부닥쳐 보아요.

플레트 : 고맙습니다. 빌 씨, 사정을 알아 주셔서 기쁩니다.

빌 : (미소를 띄우며) 어떻게 잘해 보기 바라오. 그리고 결과가 어떻게 되었는지 알려 주기 바랍니다. 자, 다시…….

플레트 : 고맙습니다. 안녕히 계십시오.

그럼 처칠의 방법을 이용한 뒤의 빌 톰프슨의 동기 부여 테크닉을 이와 비교하여 보자. 그의 적극적이고 직접적인 화술에 주목하기 바란다. 그리고 또 어떻게 외무원이 강력한 심리적인 힘에 따라 성공으로 이끌어지는지 주목하기 바란다.

처칠의 방법―강력하고 강제적인 동기 부여

빌 : 여보세요. 플레트 씨, 나는 빌 톰프슨입니다.

플레트 : 톰프슨 씨, 안녕하십니까.

빌 : 플레트 씨, 내가 전화한 것은 그 계약을 내일 체결할 수 있게 다시 한 번 책임을 상기시키기 위해서요.

플레트 : 예, 최선을 다할 작정입니다. 그러나 아시다시피 브라운 회사가 노리고 있습니다. 게다가 이번에 알았습니다

만 테네시 회사도 경쟁에 참가했습니다. 요금을 볼 때 우리는 훨씬 불리한 입장에 있습니다.

빌 : 플레트 씨, 당신은 내일 계약을 체결할 책임이 있습니다. 무슨 수단을 쓰더라도 계약을 체결해요. 서류 준비는 다 되었나요? (예) 요금설명은 어떤가요? (준비되었습니다). 특별 추가 조건의 제안은 준비하고 있나요? (준비하고 있습니다).

빌 : 그럼 좋아요. 그런데 플레트 씨, 이것이 우리 회사의 전기(轉機)가 될지도 모른다는 것을 잘 기억해 두기 바랍니다. 이것은 결정적으로 중요한 일입니다. 이것에 비하면 다른 일은 일고의 가치도 없습니다. 당신은 이 계약을 꼭 체결해야 해요. 모든 것이 우리에게 유리하게 움직이고 있습니다. 알았습니까?

플레트 : 예, 알았습니다.

빌 : 플레트 씨, 잘 들어 두어요. 당신은 그것을 할 수 있습니다. 당신은 유리한 입장에 있습니다. 그러니까 꼭 그 계약을 체결하는 겁니다.

플레트 : 고맙습니다. 계약을 체결하겠습니다.

빌 : 바로 그 기백입니다. 자, 그럼…….

처칠 방식의 요약

그럼 사람들로부터 더 커다란 성과를 거두는 확실한 방법을 하나하나 설명해 보자. 내일부터라도 실제로 그것을 해 보아야 한다. 그리고 그것이 어떻게 행동을 촉진하고 사기를 높이고 적극적인 성과를 올리는가를 직접 확인해야 한다.

(1) 지시할 임무를 분명히 결정해 둘 것.

처칠은 이렇게 말하였다.

"자네의 임무는 비스마르크 호를 격침하는 것이다."

(예를 들면) 당신은 이렇게 말한다.

"X회사에서 주문을 받아 와요."

"원가를 100% 확인하시오."

"상오 11시까지 보고서를 준비하시오."

(2) 의문의 여지를 남기지 말 것.

처칠은 이렇게 말하였다.

"이 임무 이외의 일은 일고의 가치도 없어요."

(예를 들면) 당신은 이렇게 말한다.

"이것은 절대로 필요한 것이다."

"이것은 당신의 가장 큰 임무다."

"여기에는 100%의, 최대한의 노력이 필요하다."

(3) 필요한 준비는 모두 되어 있는지 명확히 할 것.

처칠은 이렇게 말하였다.

"자네는 비스마르크 호를 격침하는 데 필요한 수단을 빠짐없이 강구하고 있지?"

(예를 들면) 당신은 이렇게 말한다.

"당신은 모든 사실을 모았지요?"

"세부적인 면도 전부 확인했지요?"

"용어 한 마디 한 마디에도 문제는 없나요?"

(4) 그들이 한 일이 대단히 중요한 것임을 인식시킬 것.

처칠은 이렇게 말하였다.

"가능한 수단 뿐 아니다. 또한 안이한 수단 뿐 아니라…"

(예를 들면) 당신은 이렇게 말한다.

"어떤 희생을 치르더라도 성과를 올려야 합니다."

"당신의 온 정력을 기울여서 여기에 임해 주시오."

"우리는 어떤 일이 있더라도 이 일에 이겨야 합니다."

(5) 어디까지나 승리를 역설할 것.

처칠은 이렇게 말하였다.

"전세계의 눈이 우리를 지켜보고 있다."

(예를 들면) 당신은 이렇게 말한다.

"우리 회사는 이 일을 쟁취해야 합니다."

"이곳 전원의 기대가 100% 당신에게 달려 있습니다."

"성공은 당신의 양어깨에 달려 있습니다."

남을 비난하는 사람이 되어서는 안 된다

여기에 그 사람의 심리적인 크기를 재는 틀림없는 방법이 있다. ──그것은 무언가 잘 되어 가지 않을 때에 그 사람을 잘 보고 그가 자기 자신을 책망하는지 아니면 '남'을 비난하는지를 관찰하는 것이다. 심리적인 소인(小人)──결코 참다운 성공을 거둘 수 없다. 그리고 뜻이 있는 일을 아무 것도 이룩할 수 없는 옹졸한 사람은 언제나 남을 비난한다.

심리적인 거인(巨人), 지도자이며 많은 수입이 있는 사람──성공한 사람들은 무언가 잘 되어 가지 않을 때에 항상 자기 자신을 책망한다. 아무쪼록 다음을 주의 깊게 기억해 두기 바란다. ──참다운 지도자는 결코 심리적인 도피구를 만드는 사람이 아니라는 것을. 위대한 지도자는 '나는 내 운명의 주인공이다. 나는 내 정신의 지배자이다.'라는 철학에 사는 사람이다.

다음에 몇 가지 흔히 볼 수 있는 상황을 설정하여 보았다. 100%로 책임을 지는 사람과 전형적으로 '남을 비난하는' 사람의 차이를 주목하기 바란다.

▓ 정황
(1) 학생이 나쁜 점수를 받았다.
(2) 종업원이 승진을 못 했다.
(3) 자동차를 운전하고 있고, 시속 40킬로 지대에서 60킬로를 냈다고 말을 들었다.
(4) 목사가 신자의 출석이 나쁘다는 것을 알았다.
(5) 세일즈맨이 경쟁에 졌다.

▓ 전형적인 '남을 비난하는 사람'
(불공평하다든지, 학생의 실패를 기뻐한다면서) 선생을 비난한다.

상사는 불공평하다든지 맹목이다.

"이 순경은 나를 잡는 것보다 범죄자라도 뒤쫓는 게 낫지 않은가?"

신자를 책망한다.

"교회의 일을 둘째로 치다니 참으로 한심한 일이다."

세일즈매니저에게 이렇게 설명한다.

"간단합니다. 그들은 값에서 우리를 지게 했습니다."(또는 품질이라든지 납품 시기 등) 좀더 그럴 듯한 이유를 붙인다.

인생은 학교다. 거기에서는 성공보다 실패가 인생의 스승이다. —스테이만·그라나드스키—

100% 책임을 진다는 원칙에 사는 우수한 사람

자기를 책망한다. 공부를 못하는 사람이 나쁘다면서.

"나는 어딘가 결함이 있다. 이것을 고쳐야 한다"고 반성한다.

"나는 그 정도의 속도를 냈을 것이다. 누구보다 내가 나쁘다."

"내 방법이 어딘가 잘못되어 있을 것이다. 잘 생각하여 출석률을 높일 연구를 해야겠다."

세일즈매니저에게 이렇게 설명한다.

"제가 어딘가 잘못됐습니다. 어디가 잘못됐는지 지적해 주십시오."

어떤 친구가 그것을 나에게 다음과 같이 설명해 주었다.

"이런 말을 하는 것은 자기를 약하고 작게 만들 따름이라는 사실을 그들이 깨달을 때까지 그들은 그러한 태도를 바꾸지 않을 것이다."

나를 속이거나, 자기를 변호하거나, 도피구를 만드는 쪽이 그 일을 하는 데에 소비되는 것보다 많은 정신적 에너지가 소모된다고 생각하는 경우가 가끔 있다.

구실보다는 전력투구하십시오

극히 평범한 성적 밖에 올리지 못하는 친구 세일즈맨이 팔기 위한 준비에 소비하는 시간보다도 훨씬 많은 시간을 팔지 못한 구실을 짜내는 데에 소비하는 경우를 나는 몇 번이고 보아 왔다.

당신이 어떤 일에 전적으로 몰입할 때 당신은 모든 심리적인 에너지를 활용하고 있다. 그러나 당신이 어딘가에 도피구를 가지고 있으면 에너지의 일부분 밖에 작용시키지 못한다. 그 결과는 실패이거나 기껏해야 보통의 성적이 고작이다.

만일 그것을 성공시키려고 한다면 100% 그것에 몰두해야 한다.

정신력을 크게 하는 방법의 요약

(1) 아라모의 싸움을 잘 기억해 두라. 이기려고 생각하면 심리적인 퇴각로를 전부 차단해야 한다.

(2) 곤란한 정세에 부딪친 때에는 이렇게 말하라. "좋다. 내가 모든 책임을 지자."라고. 그리고 당신 자신이 성장하는 것을 지켜 보라.

(3) 사람들을 잘 부리기 위해서는 처칠의 방식을 활용해야 한다. 부하에게 퇴각을 위한 지도를 주어서는 안 된다. 그들에게 성공을 위한 지도를 주십라.

(4) 일이 잘 되지 않을 때에는 자기를 책망하라. 당신은 그렇게 하는 것이 좋은 결과를 가져다 준다는 사실을 마침내 알게 될 것이다.

제7장

더 빨리 출세하려면
크게 생각하라

대부분의 경쟁은
사실상 모방이라는 것을
잘 기억해 두어야 한다. 참다운 경쟁이란
당신 자신의 잠재 능력에
맞서는 것이다. 모방은
당신을 못 쓰게 만들
따름이다.

제7장

더 빨리 출세하려면 크게 생각하라

참다운 아름다움은 무엇으로 이루어져 있는가?

당신은 이런 질문을 자기 자신에게 해 본 일이 있는가? 왜 어느 여성은 남성의 마음을 끌지 못하는데 어느 여성은 눈에 보이지 않는, 그러나 아주 현실적인 '매력'을 지녀서 뭇 여성들에게 선망의 대상이 되는가? 라고.

당신이 전에 들어 보지도 못했을 아름다움의 비밀을 말해주는 한 사건을 이야기하여 보자.

몇 개월 전에 나는 어머니와 스스로 예순 네 살에 벌인 '비즈니스'에 대하여 오랜 시간 재미있는 이야기를 했다. 일흔 세 살이 넘은 지금도 어머니는 결혼식에 입는 웨딩드레스를 디자인하고 재봉하는 것으로 낙을 삼으면서 세월을 보내고 있다. 드레스는 하나하나가 독특한 것이다. 이와 같은 독창성을 가지고 아름다움에 도전하여 젊고 활기에 넘친 신부들이 소중한 순간에 그 아름다움을 마음껏 과시하도록 도와 준다는 흥분이 어머니에게 즐겁고 상쾌한 감정을 안겨 주고 있는 것 같았다. 어머니와 나이가 같은 대부분의 부인은 벌써 오래 전에 정신적으로 완전히 늙고 있었는데도……

어머니와 나는 신부를 매혹적으로 만드는 것은 무엇이냐를 놓고 이야기했다. 어머니는 손수 지은 웨딩드레스를 입은 수많은 신부들의 사진을 나에게 보여 주었다. 나를 깜짝 놀라게 한 것은 그 모두가 매력적이었다는 사실이다. 나는 반은 농담삼아 이렇게 말해 보았다.

"어머니, 이런 가정적인 아가씨를 더 알고 계세요?"

어머니는 웃었다. 그러나 그리고 나서 아주 진지하게 전문가다운 태도로 이렇게 대답하였다.

"넌 아직 그걸 모르는구나. 누구나 아름다운 곳은 다 가지고 있는 법이에요. 내가 하는 일이란 그것을 다시 찾아 낼 따름이지. 왜냐하면 나는 언제나 그 자연스러운 아름다움을 끌어내도록 디자인하지 않으면 안 되거든."

"너한테 그걸 보여 줄까?"하며 어머니는 말을 이었다.

"이 아가씨를 보아라." 나는 그쪽을 보았다. 거기서 기쁨에 넘쳐 있는 눈부신 신부를 발견했다.

"이 아가씨는 패션 잡지에서 잘라 낸 사진을 가지고 와서 이런 드레스를 해달라고 하더군. 그 잡지에 실려 있는 모델은 100 파운드도 안 될 정도의 아가씨였지. 그러나 나를 찾아 온 아가씨는 보기에 벌써 145 파운드가 넘을 것 같더군."

"나는 어렵게 되었구나 싶었어."하고 어머니는 설명을 계속했다.

"나는 모델이 입고 있는 드레스는 그 모델에게 어울리도록 만들어졌다는 점을 그 아가씨에게 이해시키지 않으면 안 되었어. 그러나 그 아가씨는 납득이 안 가는 모양이야. 잠시 이야기하는 동안에 겨우 이해를 해 주어서 나는 이 사진에 있는 드레스를 디자인해 주었지. 내가 디자인한 드레스는 그 아가씨의 가장 좋은 부분을 두드러지게 하고 다른 곳은 눈에 띄지 않게 만들었지. 나는 나를 찾아 오는 모든 아가씨들에게 똑같이 권하고 있단다."

우리는 어머니의 신부 앨범에서 눈을 떼지 않고 있었다. 어머니는 앨범을 넘기면서 한 사람 한 사람이 지닌 아름다움을 끌어내기 위해 그 드레스를 어떻게 디자인했던가를 일일이 설명해 주었다.

"이 아가씨는 가슴이 빈약해서 이런 식으로 했던 거지."라든지

"이 아가씨는 안색 때문에 이렇게 한 거고."라든지

"이 아가씨는 키가 신랑보다 더 커서 그것을 숨기기 위해……."라는 식으로.

다이내믹한 아름다움의 비결

잠시 후 어머니는 오랜 경험을 이런 식으로 정리해 주었다.

"나는 아름다움을 창조할 수는 없지만 그것을 찾아 내고 끌어낼 수는 있단다. 많은 여성, 그러니까 20 명 중에서 19 명은

입을 것을 산다든지, 머리를 세트한다든지, 그 밖에 자기 용모에 손질을 할 때 하나의 근본적인 잘못을 저질러. 여성들은 너무 모방에만 힘쓰거든. 어느 여성이나 각자 개성이 있지. 그래서 옷이나 머리형이나 화장은 모두 그 여성이 지닌 가장 아름다운 점을 끌어내도록 골라야 해. 살이 20파운드나 더 쪘다든지 아니면 키가 몇 인치 더 크다든지, 작다든지, 또는 몸매가 다른 여성을 모방하는 것은 많은 여성을 추해 보이게 만들지."

> *교훈──여성은 다른 여성을 모방한다고 해서 아름다워지는 것은 아니다. 모든 일과 마찬가지로 아름다움은 개성적인 것이다. "나에게는 어느 것이 가장 좋을까요?"라고 묻는 여성은(남성도 마찬가지지만) 용모를 보다 훌륭하게 만들기 위한 올바른 길을 가지고 있다고 할 수 있겠다.

아름다움은 개성적인 것이다

어머니를 만난 이래 여성의 아름다움이라는 것에 대하여 또는 왜 여성들이 전보다도 아름답지 못한가에 대한 원인에 대하여 좀더 신경을 쓰게 되었다. 그 이래 여러 가지 작은 사건, 즉 '왜 베티에게는 어울리는데도 죠안에게는 어울리지 않을까?' 하는 것이 더욱 나에게 의식되었다.

예를 들면, 최근의 일인데 내가 사업상 친구와 어느 프랑스 요리점에서 식사를 하고 있을 때 두 사람의 부인이 우리 테이블 가까운 곳에 자리를 잡았다. 친구는 그쪽을 넘겨보더니 이렇게 말했다.

"이쪽을 보고 있는 저 부인은 머리를 아주 산뜻하게 세트했지?"

나는 그쪽을 보면서 그 의견에 동의했다. 그녀는 구식 '트레머리'로 세트하고 있었지만 그것이 잘 어울렸다.

그리고 몇 분 뒤에 그 레스토랑을 나오자 조금 전에 우리가 칭찬한 머리형을 한 다른 부인이 눈에 띄었다.

"자네는 저 부인의 머리를 어떻게 생각하나?"

나는 그 부인쪽으로 시선을 돌리면서 이렇게 물어 보았다.

"멋 없어. 너무 심해."

친구의 대답이었다.

사실이 그랬다. 그러나 마땅찮다고 두 사람이 생각한 머리형은 몇 분 전에 우리 두 사람이 칭찬한 것과 같은 스타일이 아닌가? 둘 사이에 오직 한 가지 차이는 사람 그 자체였다.

다시 요점을 말한다면, 다른 사람에게 좋은 것이라고 해서 반드시 당신에게도 좋을 리는 없다는 점이다. 먼저 '나에게는 무엇이 가장 좋을까?' 생각하고 그것을 실행하는 것이다.

꼭 독창적으로 하라

그럼 용모에 대해서는 그만하고, 이번엔 이 성공 원리의 타당성을 시험해 보자. 다른 상황에 있더라도 '나에게 가장 좋은 것은 무엇일까?' 하고 생각해 보는 것이다. 혼란한 세계에서는 무엇이나 뒤죽박죽이 되어 버리는 경우가 흔히 있다. 그 하나가 경쟁이다.

이제까지 당신은 누군가,

"그것을 이렇게 하면 어떨까?"

"저 사람은 어떻게 생각하고 있을까?"

"그들은 그것을 어떻게 해결하고 있을까?"

등등의 말을 하는 것을 얼마나 자주 들었는지 주의해 본 일이 있는가?

나는 예전에 기존 커리큘럼을 연구하며 변경할 필요가 있다면 그것을 조언하기 위해 설치한 어느 대학 교수회의 일원이 된 적이 있다. 이 위원회는 곧 '이것은 이러이러한 대학에서 하고 있다. 그러므로 나는 우리도 그렇게 해야 한다고 생각한다.'는 식의 사고 방식을 하게 되었다. 이 위원회의 '연구'란 다른 대학에서는 어떻게 하고 있느냐를 알기 위해 다른 학교의 카탈로그를 조사하는 것이 주된 일이었다. 위원회는 거듭회의를 열었다.

드디어 거듭되는 회의 끝에(회의는 보통 금요일 하오 늦게 열렸지만 거기서는 어느 대학을 모방하면 좋으냐를 토론하는 이상은 한 걸음도 진전이 없었다) 몹시 화가 난 어느 교수가 이렇게 말했다.

"하버드대학이나 일리노이대학 또는 시카고대학에 좋은 것이 정말 그 대학에는 좋을지 모릅니다. 그러나 그것은 우리 학교에는 좋지 않을지도 모릅니다. 우리 학교의 사정은 다른 어느 대학의 사정과 다릅니다. 그런데 어째서 무엇이 그들에게 좋으냐 하는 관점보다는 무엇이 우리에게 좋으냐 하는 관점에서 생각하지 않습니까? 그들에게는 그들의 방법이 있고, 우리에게는 또 우리의 방법이 있어야 하는 게 아닙니까?"

이 훌륭한 교수는 그 날 하오 몇 사람의 우리 동료들을 일깨워 주었다. 그리고 위원회는 그 때부터 모방자로서가 아니라 스스로 만드는 사람으로서 건설적으로 일을 하기 시작하였다.

회사를 좀먹는 '모방형'

경영 콘설턴트도 건전한 회사의 정신을 다른 방법으로 좀먹어가는 똑같은 병 즉 '모방형'에 대하여 보고하고 있다. 어느 산업에서나 우리는 생각하는 시간의 거의 대부분을 경쟁 회사가 그것을 어떻게 하고 있는가를 연구하는 데에 바치고 있는 회사를 보게 된다. 때로는 경쟁 회사의 방법을 완전히 모방하여 사실상 경쟁이 없어지는 경우가 있다. 경쟁이 아니라 '모방'이 되어 버리는 것이다.

어느 일류 은행의 중역과 이 점을 이야기한 일이 있다. 그는 이렇게 말했다.

"우리에게는 사실상 경쟁이라는 것이 없습니다. 우리들의 계획에는 무엇이 최선의 것이냐 하는 데에 관심이 있습니다. 그러나 경쟁 상대는 우리가 하는 일을 완전히 그대로만 하려고 합니다. 몇 개월 전에 우리는 광고의 주제를 바꾸었습니다만, 그들은 그것을 곧 채택했습니다. 우리가 경품을 붙이면 그들도 곧 그것을 모방합니다. 그러나 항상 우리가 먼저였습니다. 경쟁 상대는 우리가 옳았다는 것을 대중에게 실증해 주고 있는 것입니다. 우리는 원조입니다. 경쟁 상대는 모방자입니다. 언젠가 그들이 그들 자신의 길을 걷고 우리가 하지 않는 일을 하게 되는 날이 오면 나는 참으로 그들에게 관심을 갖게 될 것입니다."

크게 성공한 사람은 다른 사람을 문제로 삼아 이러쿵저러쿵하는 것이 어리석다는 것을 잘 알고 있다. 큰 목적지에 도착한 사람은 자기 자신과 경쟁함으로써, 자기 자신의 능력과 경쟁함으로써 거기에 도달한 것이다. 그들은 '나는 해리와 죠오만큼 잘하고 있을까?'라고는 결코 묻지 않는다. 그 대신에 그들은 이렇게 묻는다. '나는 나의 모든 능력을 활용하고 있을까? 나는 내가 할 수 있는 좋은 일을 하고 있을까?'라고.

당신에게 가장 좋은 일을 하라

크게 번성하고 있는 새 식료품점을 키워놓은 상점 주인이 나한테 자기 성공을 이렇게 설명하여 주었다.

"나는 모든 일을 가게를 위해서만 해 왔습니다. 나는 상품을 늘리지 않았습니다. 왜냐하면 이 부근의 다른 식료품 가게에서는 상품을 계속해서 늘리고 있기 때문입니다. 내가 경영하는 가게는 이런 가게와는 다릅니다.

틀림없이 나는 그들이 하는 일에 주목은 하고 있습니다만, 그들은 내가 좋아하지 않는 일을 하고 있으므로 그것 때문에 자극되지는 않습니다. 나는 사업에 성공하는 가장 좋은 방법은 자기 길을 분명히 정하고 거기서 떠나지 않는데 있다고 생각합니다. 나는 그들의 가게를 경여하고 있는 게 아니라 내 가게를 경영하는 것이니까……."

"많은 비즈니스맨은 서로 모방하기에 바빠서 조금도 진보하지 못합니다. 경쟁이란 무언가 다른 것, 더 좋은 일을 하는 것을 뜻합니다. 나는 이른바 '경쟁자'가 되려고는 생각하지 않습니다. 나는 리더가 되려고 합니다."

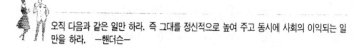

오직 다음과 같은 일만 하라. 즉 그대를 정신적으로 높여 주고 동시에 사회의 이익되는 일만을 하라. ─핸더슨─

리더와 아류의 차이

리더는 "무엇이 내게 가장 좋을까?"하고 묻는다.

아류(亞流)는 "리더는 어떤 일을 하고 있을까?"하고 묻는다.

당신은 이것을 알 수 있는가? 당신이 '다른 사람은 무엇을 하고 있을까?'라고 생각하기 보다는 '무엇이 내게 가장 좋을까?'라고 생각하기 시작할 때 당신은 자동적으로 지도성을 익히고 있다는 것을……. 성공은 개성을 발휘하는 사람으로서 행동하는 당신의 능력에 비례하여 이루어진다고 해도 과언이 아니다.

참으로 제1급의 높은 수입을 올리고 있는 세일즈맨이 되려면 무엇이 필요한가를 생각해 보는 게 좋다. 몇 년 전에 〈포튠〉지가 일 년 동안에 100만 달러의 보험을 파는 데 성공한 사람들을 조사한 일이 있다.

〈포튠〉지가 이끌어낸 결론은 다음과 같은 것이었다. '판매 기술, 그 자체가 생명보험 판매에 크게 기여하고 있는지 어떤지는 매우 의심스럽다'라고. 왜 그럴까? 이 선정된 세일즈맨 그룹 중에는 온갖 타이프의 사람들이——외향적인 사람이 있는가 하면, 조용하고 소심한 사람도 있으며, 갖가지 몸매, 매우 다른 교육 정도, 여러 가지 일에 관심을 가진 사람들이 있었기 때문이다. 이 사람들이 공통적으로 가지고 있던 것 중 하나는 '보험의 가치와 거기에 가입한 사람이나 사회에 가져다 주는 이익에 대해 거의 광신적인 신념'이었다.

일 년에 100만 달러를 판 사람은 간단히 말하면 '전도자'였던 것이다.

〈포튠〉지는 다시 매우 중요한 점을 지적하고 있다. 그것은 일 년에 100만 달러를 판 사람들은 '대조적인 경력이나 기질을 가진 사람들이 서로 다른 방법에 따라서 게임을 전개하고도 어떻게 같은 목표에 도달하였느냐 하는 흥미있는 표본이다.'라는 점이다. 이 경우도 또한 '나에게 가장 좋은 일을 하는 것'이 커다란 성공과 결부되어 있음을 볼 수 있다. 당신은 독특한 사람이라는 사실을 항상 기억해 두어야 한다. 그리고 일단 그것을 기억했다면 그것을 이용해야 한다.

남을 모방해서는 성공하지 못한다

작년 1월에 나는 플로리다에서 공업용 화학 제품을 팔아서 평판을 얻은 옛 친구 해리 에트킨슨을 만났다. 해리는 나에게 독창성의 가치와 다른 사람의 방법을 모방하는 데에 따른 위험을 가르쳐 주는 어떤 사건을 이야기해 주었다.

"그 사건의 배경이 되는 것을 좀 이야기해 두지만"하며 그는 이야기하기 시작했다.

"아마 자네도 알고 있겠지만 나는 다른 사람들과 어울릴 때는 별로 정중한 타이프는 아니거든. 단골과 인사할 때에도 그들의 등을 두들김으로써 그 사람과 만나서 참으로 기쁘다는 뜻을 알려 주는 식이거든. 사람에 따라서는 욕을 하는 경우까지도 있어. 물론 아주 정다운 투지만."

"만일 그것으로 좋은 결과만 나온다면 상관없지 않은가?"라고 나는 말참견을 했다.

"물론 그렇지."하고 해리는 말을 하였다.

"나는 속임수는 싫어. 나는 내 천성을 드러내 놓는 것이 좋

은 결과를 가져다 준다는 사실을 알고 있지. 그러나 나는 내 방
법을 다른 사람에게 권하진 않아.”

나는 “왜 권하지 않나?”하고 물었다.

“그럼 내가 겪은 일을 이야기하지. 얼마 전의 일인데 우리
세일즈매니저가 대학을 나온 청년을 채용했거든. 보스는 그를
일 개월 정도 우리 회사의 샬로테 공장에 둔 뒤에 경험을 쌓은
세일즈맨과 짝을 지어 제일선에 투입했지.”

“문제는 여기서 시작된 거야.”라고 해리는 설명했다.

“나는 세일즈매니저에게 교과서에 쓰여있는 대로 판매를 하
지 않으니까 이 청년을 나와 함께 내보내려고는 하지 말라고
했어. 그러나 세일즈매니저는 듣지 않았어. 그는 내가 가장 좋
은 기록을 세우고 있으니까 이 청년을 가장 훌륭한 사람한테서
배우게 하겠다고 내세웠지.

결론을 말하자면, 이 청년은 2주 동안 담당 지역을 나와 함
께 돌았지. 그는 그 동안 나의 멋진 방법을 진지하게 관찰하기
에 나는 네 자신의 기술을 사용하도록 하라고 입이 닳도록 타
일렀음에도 그는 나를 모방하려고 하는 거야. 그 결과는 참으
로 비참하다고 할까? 생각하기에 따라서는 웃음거리였지. 그
는 등을 두들기는 내 방법을 쓰려고 했지만 단골한테서 하마터
면 쫓겨날 뻔 했거든. 원래 이 청년은 점잖고 소심한 사람이었
지. 그가 내 방법을 흉내낸다는 것은 애당초 잘못된 이야기였
어.”

“그래서 나중에 어떻게 되었는가?”하고 나는 물었다.

“상상대로야.”라고 해리는 대답했다.

“그 청년은 그만두었어. 그는 되지도 않는 내 방법이 물건을
파는 유일한 방법이라고 생각한 거지. 그리고 내 방법으로 안

되었기 때문에 그만두고서 사무 계통으로 옮겼어. 나는 당신이
젊은 세일즈맨과 이야기를 할 때는 언제나 한 가지 점을 분명
히 해 주기를 바라."라고 해리는 이렇게 말을 맺었다.

"그게 무언데?"라고 나는 물었다.

"바로 이런 거지. 자기에게 가장 좋다고 생각되는 방법을 익
히려고 전념한다면 누구나 훌륭한 세일즈맨이 될 수 있다고.
그들에게 반드시 말해 두고 싶어. 그리고 그들이 누군가 다른
사람의 기술을 모방하지 않게 되면 곧 그들을 앞에 훌륭한 성
적을 향한 문은 자동적으로 열리게 된다는 점도 잊지 말고."

돈은 당신이 그것을 찾는 곳에 있다

석유를 발견하려면 석유를 발견할 수 있는 곳으로 가야
한다. 이것은 극히 당연한 말이 아닐까? 당신이 참으로 석유
를 발견하려고 한다면 당신은 석유를 발견할 가망이 큰 장소로
갈 것이다.

또 고기를 잡으려고 생각한다면 당신은 틀림없이 고기가 없
는 곳으로 가진 않을 것이다. 그리고 보이프렌드를 사귀려고
하는 영리한 소녀라면 여학생만 다니는 학교에는 결코 다니지
않을 것을 당신은 이제까지 경험으로 알고 있을 게 틀림없다.
그녀들은 일반적으로 남학생이 여학생보다 많은 주립 대학으로
갈 것이다.

그런데 돈을 찾는 경우가 되면 재미있는 일이 벌어진다. 옳
은 방법을 배우지 못하는 한 우리는 거의 본능적으로 돈을 원
하는 만큼 발견할 수 없는 곳에서 돈을 찾고 있는 것이다.

브러시 장사한테 얻은 교훈

나는 이 사실을 몇 년 전 대학에 다닐 때 배웠다. 나는 돈이 아쉬웠다. 그러나 그것은 무척 어려운 일이었다. 내가 할 수 있다고 생각한 가장 좋은 것이라면 플라스틱회사의 브러시를 파는 일 정도였다. 많은 청년들이 아르바이트로 이것을 하고 있었다.

그래서 나는 샘플을 받고 안내서를 읽어 준비를 갖추었다. 그리고 나는 초보 호별 방문 세일즈맨이라면 의례하는 일을 시작했다. 나는 부근의 별로 화려하지 않은 집을 골라서 팔기 시작했던 것이다.

사람들을 만나는 것은 별로 문제가 아니었다. 사람은 많이 있었다. 그러나 마침내 내가 발견한 것은 그 지구에는 특정한 사람들——즉 다른 세일즈맨들이 너무 많다는 사실이었다. 어느 곳은 시종 누군가의 감시를 받고 있는 게 아닌가 생각될 정도였다. 같은 세일즈맨과도 몇 차례씩 만나고 인사를 나눌 정도가 되었다. 같은 집에서 다른 세일즈맨과 마주친 경우도 여러 차례 있었다.

하지만 문제는 이것만이 아니었다. 막상 주문을 받을 단계에 이르면 성해 놓고 돈 문제가 나왔다. 주부들은 토요일에 오면 돈을 지불해 준다든지, 아니면 내주 토요일이라든지, 금요일이라든지, 월요일 6시 45분이라면 지불할 수 있다면서 나를 속이려 하였다.

드디어 어느 날 한 일급 세일즈맨과 가끔 자리를 같이 하던 영업 부장이 나를 곁으로 불러 내가 그 때까지 배운 경제원론 중에서 가장 인상적인 교훈을 나에게 해 주었다. 그는 이렇게 말했다. "이제부터 내가 하라는 대로 해 보아요. 그렇게 하면 당신은 수입을 세 배로 늘릴 수 있을 테니까?……."

물론 이것은 나에게 관심거리였다(같은 노력을 하여 세 배의 수입을 올릴 수 있게 된다면 누구나 흥미를 가지게 되지 않을까?).

그가 나에게 하라는 것은 이런 것이었다.

"높은 지대에 가서 이제까지 당신이 해 온 것과 같은 방법으로 팔아 보시오."

나는 높은 지대는 수입이 좋은 사람들이 살고 있는 곳임을 알고 있었기 때문에 이의를 제기했다. 많은 사람들과 마찬가지로 나도 훌륭한 집이라든지, 훌륭한 차라든지, 그 밖에 명확한 성공의 요소에 대하여 공포심을 가지고 있었던 것이다. 그러나 내 '선생'은 그런 것 때문에 자기의 주장을 굽히지는 않았다. "나는 당신이 세 배의 돈을 벌 수 있으리라고 말했을 것이오. 이 아이디어를 당신이 좋아하지 않는다면 잊으십시오."

나는 도저히 어쩔 수 없는 데까지 도전을 받고 있음을 느꼈다. 그리고 이윽고 나는 이 충고를 해 준 사람이 참으로 옳았다는 사실을 알았다. 첫째로 그 부근에는 거의 세일즈맨이 없었다. 내가 브러시를 팔던 몇 개월 동안에 무언가를 팔고 있는 다른 호별 방문 세일즈맨을 만난 일이 전혀 없었다.

내가 곧 발견한 또 하나의 사실은 수입이 풍부한 가정은 사람들이 훨씬 접근하기 쉽다는 사실이었다. 그들과는 이야기하기가 쉬웠으며 사귀기 쉬웠고 세상의 잡일에 쫓기는 경우도 적었다. 그리고 내가 발견한 셋째로 중요한 것은 돈이 문제가 안 된다는 사실이었다. 대금은 현찰로 받을 수 있었으며 한 번에 많은 브러시를 팔 수 있었다.

이 새로운 성공의 2주일간이 지난 뒤에 나는 나를 이끌어 준 친구에게 감사하기 위해 방문했다. 그는 이렇게 말하면서 나를 나무랐다.

"사람을 놀라게 하는군. 나는 대학에서 논리학을 배운 줄로 알고 있는데."

나는 배웠다고 말했다. 그러자 그는 이렇게 대답했다.

"그렇겠지, 그렇다면 당신은 이런 것을 생각할 능력이 있겠군. 높은 수입을 올리는 사람들이 살고 있는 지역엔 돈은 다섯 배 있는데 세일즈맨은 5분의 1밖에 없다는 사실을 말야. 당신은 잘 되었을 것이오."

나는 이 교훈을 마음 깊이 간직했다. 만일 당신이 무언가를 팔려고 생각한다면 당신은 살 돈을 가지고 있는 사람들에게 가야 한다.

이 원리는 어떤 경우에나 응용할 수 있다

당신은 그것을 어렵지 않게 입증할 수 있을 것이다. 주위를 살펴보면 수입이 적은 사람들의 돈을 얻기는 수입이 많은 사람들의 돈을 얻기보다도 훨씬 경쟁이 많다는 사실을 알 것이다. 그것은 결코 현명한 방법이 아니다. 그러나 사람들의 대부분은 이 현명하지 못한 방법을 쓰고 있다.

인쇄 세일즈로 크게 성장하고 있는 내 친구도 내가 호별 방문 판매의 경험에서 배운 것과 같은 방법을 쓰고 있다. 그의 설명에 따르면 이렇다.

"대개 인쇄 일감은 200달러에서 500달러의 범위입니다. 그리고 이 작업에는 골치거리가 가득합니다. 그러나 한편 작업의

10% 정도는 적어도 1000 달러, 또는 몇 천 달러의 일거리가 있습니다. 나는 작은 일거리를 얻느라 호되게 고생한 끝에 문득 생각이 떠올랐습니다. ——왜 큰 손님을 뒤쫓지 못하는가?"라고.

"이제는 이런 사실을 경험에서 알았습니다. 그것은 큰 손님의 경우는 작은 손님의 경우보다도 경쟁이 훨씬 적다는 사실입니다. 또 큰 손님은 거래하기가 훨씬 쉽습니다. 왜냐하면 몇 천 달러의 일감을 얻는 경우에는 대개 고객 회사의 누군가와 협력하여 일을 하게 됩니다만, 이러한 사람들은 책임을 져 주며 훨씬 큰 스케일로 생각해 주니까요. 그들은 인색한 에누리 같은 것은 하지 않습니다."

이와 같이 사고 방식을 바꾼 것이 틀림없이 내 친구에게 큰 도움이 되었다고 해도 과언이 아니다. 지금 그는 다섯 개의 침실과 다섯 개의 욕실, 그리고 9만 달러나 하는 자가용 비행기와 사랑스런 다섯 아이, 게다가 무한한 미래를 가지고 있다. 이러한 일은 모두 그가 작은 손님을 뺏으려는 경쟁을 중지하고 큰 손님에게 전력을 집중하기로 했을 때부터 시작된 것이다.

내 친구는 이 철학을 종업원을 채용하는 경우에도 응용하고 있다.

"내가 다른 세일즈맨을 고용하려고 할 때에는"라고 그는 설명하고 있다.

"큰 스케일로 생각하거나 이야기할 수 있는 사람을 찾기로 하고 있습니다. 큰 주문을 얻어 내는 데는 작은 주문만큼 시간이 걸린다든지 귀찮은 일이 뒤따르지도 않습니다. 그리고 그 경우는 확실히 경쟁이 적습니다."

나는 부동산을 팔고 있는 세일즈맨에게도 이와 똑같은 일이 벌어지고 있는 것을 보고 있다. 낮은 가격이나 중간 가격의 주택인 경우는 고급 주택의 경우에 비하여 거의 5배 정도의 세일즈맨이 있다. 이것은 인간성에 대한 하나의 기본적인 사실을 밝히고 있다. 그것은 대개 사람들은 큰 일, 큰 세일즈, 큰 주문, 큰 직업, 그 밖에 어떤 일이든 큰 일을 두려워하고 있다는 사실이다. 그들은 도저히 그 일을 해 낼 수 없다고 생각하기 때문에 구태여 시도해 보려고도 하지 않는 것이다.

사람의 능력은 어울리는 사람에 따라 알 수 있다

내가 알고 있는 어떤 보험 회사의 중역은,

"나는 생명 보험을 팔아서 얼마 만큼이나 돈을 벌 수 있을까요?"라는 질문에 참으로 묘한 방법으로 대답하고 있다. 그는 이 질문을 한 청년에게 이렇게 묻는다.

"당신 친구들은 얼마 만큼이나 돈을 벌고 있습니까?"

그 친구는 수많은 세일즈맨을 채용한 경험에서 그 사람의 소득 능력은 그 사람과 사이가 좋은 사람들의 소득 능력과 거의 일치한다는 점을 발견했던 것이다. 왜냐하면 만일 그 사람이 연수 8000달러의 사람들과 어울리고 있다면, 그 사람이 보험 업무에서 벌려고 하는 금액도 그 정도의 것이다. 그러나 만일 그들이 연수 2만 달러, 3만 달러 또는 그 이상의 사람들과 사이가 좋고 절친하게 대화를 할 수 있으며 같은 일에 관심을 가지고 있다면, 그들도 역시 그 정도의 금액을 벌려고 한다.

사람은 끼리끼리 모인다고 한다. 만일 우리가 수입이 높은 사람들과 함께 있을 때 어쩐지 마음이 놓이지 않는다고 한다면 우리는 그와 같은 많은 수입을 얻을 가망이 없다.

이것을 해결하는 한 가지 방법은 우리가 하고 싶어하는 생활을 하고 있는 사람들과 어울리고 그런 사람들을 이해하는 능력을 몸에 익히는 것이다.

성숙한 인간의 증거

내 친구로서 크게 성공한 회사 간부가 5, 6년 전 장미 재배에 열중한 일이 있었다. 그런 취미를 가진 리더는 많이 있지만, 그도 역시 휴식과 심리적인 기분 전환을 위해 자연을 찾은 것이다. 어느 날 그가 최근에 발굴한 것, 즉 오스트레일리아에서 수입한 신종 장미에 대하여 이야기를 나누었을 때 그는 그의 도락을 이렇게 말했다.

"디이브, 자네도 알고 있듯이 나는 장미 재배를 참으로 즐기고 있지만, 요즈음 이런 일을 통감하게 되었다네."

"어떤 일을?"하고 나는 물었다.

"그렇지!"라고 그는 설명했다.

"내 장미를 보려고 다가서는 사람은 별로 많지는 않아요. 나를 실망시키는 것은 말야, 그들이 장미의 진가를 올바르게 평가할 줄을 모르는 거야. 그들은 곧 이런 말을 하지. '이 장미는 품평회에 내보면 어떻습니까?'라든지 '이 장미는 이러이러한 장미보다도 꽃이 크군요.'라고. 이런 말을 할 정도지. 디이브, 이 소인배들은 다른 사람보다 내가 훌륭하다고 증명하기 위해 장미를 재배하는 게 아니라는 점을 알지 못해요. 나는 나만의 즐거움을 위해 장미를 재배할 따름이거든."

친구는 차츰 흥분하여 이런 말을 했다.

"나는 어젯밤 집사람과 이야기를 했지. 만일 친구들이 어딘가 품평회에 내라는 말을 나한테 한다면 우리 장미원에는 원정(園丁) 이외에는 아무도 들여놓지 않기로 하자고."

끝으로 그는 이렇게 덧붙였다.

"나는 장미가 좋기 때문에 장미를 재배하고 있는 거야. 이것은 간단명료한 것이지. 나는 이웃 장미보다 우리 장미쪽이 훌륭하다는 말을 할 생각은 아예 없어요. 그런 짓은 바보스러워요. '우리 장미는 댁의 장미보다도 훌륭합니다.'라는 말은 '우리 파파는 당신네 파파보다도 힘이 세요.'라고 뽐내는 어린이와 같아."

이것이야말로 완전히 성숙한 본보기라고 할 만하다. 우리는 다른 사람보다도 '훌륭하다'고 증명하는 것보다도 스스로 만족하기 위해 일을 하게 될 때 우리는 성숙한 사람이 될 수 있는 것이다.

프로는 자기 자신과 경쟁한다

이것은 놀라운 차이이다. 커다란 차이이다. 그것은 만일 그것을 익힐 수 있다면 당신의 인생과 당신이 사랑하는 사람들의 인생을 바꿀 수도 있는 차이이다. 다음의 요점을 잘 표시해 두어야 한다. ——성공을 지향하는 사람들은 자기 자신의 잠재 능력과 경쟁하며 실패를 지향하는 사람은 다른 사람들과 경쟁하려고 한다는 점을.

나는 축구를 좋아한다. 그리고 열중도가 클수록 나는 프로팀의 편이 되어 가는 것이다. 어째서일까? 고교나 대학생들은 주로 히어로가 되기 위해 플레이하는 경우가 많지만, 프로팀

사람들은 최고의 기(技)를 발휘하기 위해 플레이하기 때문
이다.

프로 선수가 패스를 미스했을 때의 모습을 잘 보자. 그는 분
해하지만 결코 패스한 사람을 원망하지는 않는다. 바보 짓을
한 자기를 책망한다. 이것이 프로의 정신이다. 아마추어 시합
에서는 패스를 미스한 사람은 다른 사람에게 그 책임을 덮어
씌우려 한다. 프로는 자기를 책망한다.

이것은 모든 분야에 해당하는 점이다. 당신 자신의 잠재 능
력을 이러쿵저러쿵하는 것도 좋지 않지만 다른 사람의 실적을
이러쿵저러쿵하는 것도 좋지 않다.

지난 달 나는 미국의 경제를 다른 많은 나라들의 경제와 비
교한 논문을 읽었다. 그 집필자는 우리 업적을 크게 자만하고
있었다.

"우리가 각 부분에서 실제로 다른 나라를 리이드하고 있는
것은 여러 가지 증거가 명확히 보여 주고 있는 바이다. 예를 들
면, 미국에서는 인구 1000 명에 대하여 X 대의 전화가 있지만,
캐나다에는 Y 대, 러시아에는 Z 대 밖에 없다. 이 나라들이 가
까운 장래에 우리를 뒤쫓을 징후는 아무 데서도 볼 수 없다."

그런데 이와 같은 방법은 당신을 메스껍게 하지는 않을까?
솔직히 말해서 미국경제를 2류, 3류와 비교하는 것은 프로 복
서인 소니 리스턴과 프랭크 시나트라의 완력을 비교하는 것과
같은 정도로 바보스러운 일이다. 우리가 다른 나라보다도 많은
비행기나 자동차나 침대나 식량을 가지고 있다 해서 기분 좋아
하는 것은 만용에 빠지는 것이며, 동시에 보다 높은 생활 수준
으로 향상하는 것을 스스로 부정하는 것이다.

중요한 것은 이런 것이다. ——미국이 그 잠재 능력과 경쟁

함으로써 비로소 우리는 더 좋은 식량을 얻고, 더 좋은 침대에서 잠자며, 더 좋은 학교에서 어린이들을 교육하고, 더 좋은 텔레비전을 가질 수 있는 것이다.

당신이 가까이에 있는 2류인과 경쟁하지 않고 자기의 잠재능력과 경쟁할 때에 이런 결과가 나오리라고 생각한다.

참다운 프로는 항상 자기 자신과 경쟁하는 것임을 잘 기억해 두어야 한다.

이러한 단지생활은 어떨까?

얼마 전의 일인데 나는 샌프란시스코 근교에 있는 어느 중규모의 단지를 다룬 잡지의 논문을 읽은 일이 있다. 이 신개척지엔 모두 똑같은 디자인으로 지은 수백 동의 집이 있는 것 같았다. 잔디도 똑같으며, 그 정원엔 어느 것이나 똑같은 곳에 한 그루의 나무가 심어져 있다고 한다. 집을 다른 색깔로 칠하거나 그 밖에 자기 집을 돋보이게 하는 일을 할 수 없는 모양이었다.

예를 들면, 어떤 사람이 정원에 담쟁이덩굴을 심으려고 했다 하자. 하지만 그런 일을 하려고 하면 즉시 동회의 압력을 받아 담쟁이덩굴을 뽑아 내고 규정된 풀을 심도록 법률적으로 강제하게 된다.

당신 자신의 방법을 익히라

대개의 보통 사람은 자기들과 다른 일을 하는 사람을 좋아하지 않는다. 이러한 사람들은(세상에는 이러한 사람들이 대부분 이지만) 누군가 다른 사람이 독창성을 발휘하는 게 재미없는 것이다. 그래서 그들은 그러한 일에 반대한다.

다음을 잘 기억해 두어야 한다. ──밑바닥에 사는 그룹은 당신이 그들과 같은 일을 하지 않는다고 반대하지만 정상의 그룹은 그것을 환영한다는 사실을.

사람은 끼리끼리 모이는 법이다. 그러니까 만일 당신이 다른 사람과 같은 행동을 하도록 압력을 느끼는 경우에 그 동료한테서 벗어나 창조성을 존중하는 그룹에 가담해야 하는 것이다.

당신은 위험한 시대에 살고 있다. 세상에는 당신을 규격화하려는 거대한 압력이 있다. 세상의 옹졸하고 비열한 사람들은 당신도 다른 사람과 똑같은 일을 해 주기를 바라고 있다.

원칙은 다음과 같다. ──당신 자신의 방법을 익혀야 한다. 아마 이것은 대단히 어려운 일임에는 틀림없다. 마운드에 오른 에이스급 피처의 방법을 보기 바란다. 그의 와인드업, 그의 투구는 독특하다. 그의 방법은 남이 흉내낼 수가 없다. 그의 방법은 완전히 그 자신의 방법이다.

또는 프로 골퍼의 스윙을 보기 바란다. 그것은 독특한 스윙이 되어 있을 것이다.

일류 작가는 그의 문체를 확립하고 있다. 일류 예술가는 그의 작품을 완성하고 있다. 위대한 강연사는 그의 기술, 그의 화술을 마스터하고 있다.

당신은 독특하다

이 점을 좀더 자세히 설명하자. 당신은 이 지구상에 사는 51

억 9999 만 9999 명의 사람들을 보면서 앞으로의 인생을 살 수가 있지만, 당신과 똑같은 사람은 한 사람도 찾아 낼 수가 없을 것이다. 당신은 다른 사람과는 다르다. 당신은 독특한 것이다. 당신은 오직 한 사람이다. 당신의 독특한 능력, 당신과 같은 지성, 당신 특유의 견해를 가진 사람은 다른 데 있을 수 없다.

하느님은 당신을 점지하시고 그 처방서를 내린 것이다.

그래서 만일 당신이 이 기본적인 진리를 완전히 이해한다면 당신은 더 좋은 것, 더 좋은 때, 더 많은 돈, 더 많은 행복, 더 많은 좋은 것으로 전진하는 커다란 한 걸음을 내디딜 준비를 완료한 것이 된다. 당신은 다음 몇 가지 사실에 대하여 인정할 준비가 되어 있다. 다른 사람의 방법은 하나도 당신에게 적당하지 않다. 이러한 방법을 모방한다면 당신은 함정에 빠지고 말것이다.

사교상의 일이든, 사업상의 일이든, 다른 사람과 '경쟁하는' 것은 당신이 최고의 성공을 이룩할 찬스를 없애버리는 것이 된다.

유일한 답은 당신의 내부에서 찾아낸 거대한 잠재 능력과 경쟁하는 것이다.

무지(無知)를 두려워 말라. 거짓된 지식을 두려워 하라. 거짓된 지식에서 세상의 모든 악이 생겨 난다.

다음의 사고 방식을 활용하라

(1) 누구나 매력적으로 될 수 있다. 그러나 아름다움이라든 지 훌륭함은 개성적인 것이다. 특색을 살리라. 당신을 위해 가장 좋은 방법으로 꾸미라.

(2) 대부분의 경쟁은 사실상 모방이라는 것을 잘 기억해 두 어야 한다. 참다운 경쟁이란 당신 자신의 잠재 능력에 맞서는 것이다. 모방은 당신을 못 쓰게 만들 따름이다.

(3) 돈을 벌려고 생각하면 돈이 있는 곳으로 가라. 돈을 별 로 갖지 못한 사람의 돈을 노리면 돈을 많이 가지고 있는 사람의 돈을 노리는 경우보다도 다섯 배의 경쟁이 있음 을 기억해야 한다. 큰 손님, 큰 기회, 큰 성공을 노리는 것이다.

(4) 당신이 되고 싶은 소득층과 사귀어야 한다. 만일 당신이 연수 5만 달러의 사람들과 사귀고, 같은 관심을 가지고, 부담없이 어울릴 수 있다면, 그들의 동료에 가담하는 싸 움에서 반은 이긴 것과 다름없다.

(5) 당신의 능력을 이러쿵저러쿵하는 것은 좋지만, 다른 사 람의 능력을 결코 질투하지 말아야 한다.

제8장

소망 달성을 위한
심리 조절의 응용

실패 없이
걸어가기만을 원하기 때문에
패배감이나 열등감의 노예가 되는 것이다.
'이번에는 실패해도 이 다음에는 성공할 수 있다.
두번째 실패했어도 세번째는 일어설 수 있다.
이와 같은 굳은 성격이 인생 항로에
주는 힘은 한없이
큰 것이다.
一노만 필一

소망 달성을 위한 심리 조절의 응용

이 장에 들어가기 전에 분명히 해 둘 일이 하나 있다. 그것은 당신이 편견을 가지지 않고 무엇이나 정신적으로 받아들일 수 있어야 한다. 왜 그럴 필요가 있느냐 하면 그렇게 함으로써 오랜 세월에 걸쳐 실패와 범용의 뿌리가 되어 있던 오랜 신화를 깨뜨릴 수 있기 때문이다.

그 신화란 간단히 말하면, '생각만으로는 그것을 실현시킬 수 없다'는 것이다. 이것을 믿는 것이 바보스러우며 우둔한 것이다.

생각하는 것은 실현된다

성공하기 위해서는 항상 단련되고 조절된 정신이 필요하다.

그리고 통제된 정신에 기본이 되는 것은 '생각하는 것은 실현된다'는 성공 달성의 법칙을 완전하게 받아들이는 것이다.

여기서 당신에게 경고해 두지만, 실제로 이 사고 방식을 이해하고 믿어서 그것으로 행복을 낳고 돈을 만드는 데에 도움이 되게 하기란 쉽지 않다는 것이다. 아마 그것은 이 기본적인 진리가 너무 간단한 탓인지도 모른다. 또한 그것은 우리를 둘러싼 환경이 이 지혜를 이해하기에는 너무도 부정적이며 실패에 기울어져 있기 때문인지도 모른다.

내가 여기서 바라는 것은 어쨌든 당신이 그것을 해 보는 것이다.

처음에 하나의 기본적인 상황을 설정하여 보자. '생각하는 것은 실현된다'는 방식을 채택하여 인생의 어떤 면에 그것을 적용하여 보는 것이다. 이것은 가정한 보기이지만, 좀더 확대하여 당신의 경우에도 그것을 적용하여 볼 수 있을 것이다. 전형적인 서른 다섯 살의 여성 루이스가 서른 여덟 살의 남성 플레트와 결혼했다고 가정하자.

자, 플레트를 그대로 놓아 두고 루이스가 어떻게 그녀의 정신력으로써 플레트가 기생충임을 입증하거나 천사임을 입증할 수 있는가를 살펴보자.

▓ 루이스가 마음 속으로 이렇게 말한다. '나는 플레트가 기생충임을 입증하는 쪽을 선택합니다. 그 이유는——'
(1) "플레트는 회사에서 일어난 일은 전혀 나한테 이야기해 주지 않습니다. 나는 의심하고 있습니다. 대단히 의심하고 있습니다."
(2) "지난 주에는 내가 어린이들과 집을 보고 있어야 했는데

도 이틀밤이나 집을 비웠습니다. 언제나 이런 식입니다."

(3) "플레트는 나보다도 어머니 쪽을 사랑하고 있습니다. 저이는 무척 교활합니다."

(4) "저이는 나를 인정해 주지 않습니다. 내가 새 옷을 입고 있어도 모른 체합니다."

(5) "플레트는 나같은 것보다는 일을 더 중요하게 생각합니다."

※ 루이스가 하는 말은 옳다. 플레트는 기생충이다.

※ 루이스가 마음 속으로 이렇게 말한다. '나는 플레트가 천사임을 입증하는 쪽을 선택합니다. 그 이유는——'

(1) "플레트는 어린이들을 사랑하고 있습니다. 무엇이든 너무 사 줄 정도입니다. 그러나 저이는 그것을 그만둘 수가 없습니다."

(2) "플레트는 수표를 모두 나한테 끊게 합니다. 저이는 돈에 대해서는 결코 나를 애타게 하지 않습니다."

(3) "플레트는 무척 남자답습니다. 저이는 다른 사람처럼 결코 푸념을 하며 다니지는 않습니다."

(4) "저이는 여행에서 돌아올 때는 언제나 내가 깜짝 놀랄 만한 것을 가지고 옵니다."

(5) "플레트는 집안이 어지러워도 조금도 개의치 않습니다. 대개 사람들은 참견을 합니다만……"

※ 루이스가 하는 말은 옳다. 플레트는 천사다.

＊주의──어느 경우나 플레트는 마음의 기계가 작동하기
전에 그러했듯이 여전히 똑같은 사람이다. 플레트는 루이스의
마음 속에서만 그러하다고 결정되는 것이다. 플레트는 그녀가
그러하다고 정하는 그 결정방법 나름으로 플레트는 좋기도 하
고 나쁘기도 한 것이다.

한 마디로 말하면 생각하는 것은 실현된다는 것이다. 만일
당신이 바란다면 이 마음의 법칙을 당신이 부딪친 어떠한 상황
에도 적용할 수 있을 것이다. 당신의 상사가 역겨운 사람이라
는 것을 '입증'하려고 한다면 그는 그대로 되며, 그는 훌륭한
인물이라고 입증하려고 한다면 또한 그대로 된다.

이는 경영에도 적용된다

나는 최근에 이 '생각하는 것은 실현된다'는 사고 방식을 어
느 상급 간부를 위한 경영 강습회에서 이야기한 일이 있다. 그
뒤에 어떤 기계제작회사를 경영하고 있는 한 신사가 나한테 이
런 말을 해 주었다.

"선생님의 말씀을 듣고 나자 나는 회사에서 당면하고 있던
문제를 회고하게 되었습니다. 나는 버어지니아에 있는 어느 작
은 공장을 여러 모로 생각하고 있었습니다. 우리 회사에서 그
것을 매수하여 병합할지 어떨지를 생각하느라고……. 그러나
나는 그것을 우리 스탭과 검토해 보지 않고는 언질을 줄 수 없
었습니다. 나는 우리 회사의 두 중심 인물인 세일즈매니저 해
리 엘과 생산담당 죤을 불렀습니다. 나는 그들 두 사람에게 사
정을 설명하여 주고 이렇게 말했습니다. '우리가 어떻게 해야
할지에 대하여 자네들의 의견을 문서로 만들어 1개월 이내에

제출해 주기 바라네. '라고."

"보고서는 기일대로 제출되었습니다."하며 이 신사는 말을 이었다.

"슈워쯔 선생, 한 번 그것을 보이고 싶었습니다. 세일즈매니 저인 해리는 그 이야기를 추진해야 한다고 생각하고 있었습니다. 그의 보고서에는 우리가 어느 정도의 이익을 올릴 수 있느냐를 제시한 이점이 거론되어 있었습니다. 그는 적극론자였습니다. 그러나 존은 전혀 반대의 의견을 가지고 있었습니다. 그의 충고는 '그 이야기에는 동조하지 마십시오. '라는 것이었습니다. 그는 그것은 사지 않는 편이 낫다는 조금도 빈틈이 없는 의견을 내놓았습니다. 이 두 사람은 각각 유능하고 게다가 같은 사실 위에서 전혀 다른 결론에 이른 것입니다."

"당신은 어느 쪽을 택하셨습니까?"하고 나는 물었다.

"예, 나는 해리의 의견을 따랐습니다. 내 직관 이외에는 왜 그렇게 하는 쪽이 좋다고 생각했는지 나도 모릅니다."

"그 결과는 어땠습니까?"하고 나는 물었다.

"매수하고 나서 아직 9개월 밖에 되지 않았습니다만 우리는 이미 이익을 올리고 있습니다. 어디로 보아도 우리는 올바른 선택을 한 거지요."

이 예에서도 알 수 있듯이 우리는 마음의 기계에 그것을 입증하도록 알린 것을 입증하는 것입니다. 생각하는 것은 실제로 실현된다. 그럼 앞으로 나아가서 당신이 바라는 결과를 얻기 위해 당신의 마음 과정을 어떻게 바꿀 수 있는가를 살펴보자.

생활을 육신에 두면 둘수록 두려워할 것이 많다. 생활에 대한 의식을 영혼 속에 넣어라.
그러면 모든 공포는 사라져 버린다.

심리 조절 그 첫째 —— '나는 기분이 좋다'고 생각하라, 그러면 그렇게 된다

별로 오래되지 않은 어느 일요일 오후 인디애나폴리스 공항에서 내가 목격한 이상하게 사람을 감동시킨 경험을 이야기하여 보자. 나는 비행기에 탈 시간을 기다리고 있었다. 게이트 곁에 있는 창을 통하여 나는 두 스튜어디스가 한 사람의 부인을 비행기에 안아서 태우려는 것을 볼 수 있었다. 그녀는 예순 살 정도로 보이고 휠체어를 타고 있었다.

그녀는 심한 절름발이어서 휠체어에 탄 채로 두 사람이 들고 계단을 올라가야 했다. 그녀는 웃음을 띄우고 마치 이것이 그녀의 인생에서 가장 큰 모험인 것처럼 행동하고 있었다. 그녀의 가족은 송영대 위에서 그녀가 비행기에 타는 것을 지켜 보았다. 그녀는 한 손을 흔들면서 한 손으로는 여성의 본능에 따라 드레스의 깃을 누르고 무릎이 나오는 것을 감추려 하고 있었다.

그 뒤에 나는 비행기에 타고 그녀의 곁에 앉게 되었지만, 우리는 애틀랜타에서 비행기를 내릴 때까지 70분간 아주 즐겁게 이야기를 나누었던 것이다. 우리는 그녀의 다리에 대해서는 조금도 이야기하지 않았다. 나는 그녀가 왜 절름발이가 되었는지 묻지 않았다. 그러나 나는 그녀가 대단히 행복한 것을 알았다. 비행하는 동안 우리의 대화는 그녀의 자녀들이라든지 손자들을 어떻게 하면 청소년의 비행에서 보호할 수 있느냐 하는, 자유 세계가 오늘날 부딪쳐 있는 문제까지 미쳤다. 우리는 이런 것을 이야기했던 것이다.

나는 비행기에 탔을 때에는 함께 앉은 사람과 이야기하는 습관이 있다. 그러나 이제까지 몇 백만 마일 여행을 했는데도 나는 이렇게 유쾌하고 적극적인 사람과 만난 것은 처음이었다. 그녀의 동작이나 미소나 태도로 보아 그녀의 심한 육체의 병도 그녀를 심리적인 무덤으로 내쫓지 못한 것이 분명했다. 그녀는 저 '나는 기분이 좋다.'는 감정을 가지고 있었던 것이다.

어떻게 하면 그렇게 될 수 있는가 ?

그녀는 어떻게 하여 그렇게 할 수 있었을까? 그녀는 큰 고생없이 거둔 행운을 꼽아 봄으로써 그렇게 되었던 것이다. 그녀는 귀여운 손자들을 두게 된 행운을 꼽고 있었다. 그녀는 건강하고 영리한 아들을 두게 된 행운을 꼽아 보고 있었다. 그녀는 자기의 목숨을 구해 준 의사를 만나게 된 행운을 꼽아 보고 있었다. 그녀는 아주 친절하게 비행기를 태워 준 항공 회사를 만나게 된 행운을 꼽아 보고 있었다. 그녀는 불구의 몸이면서 '나는 기분좋게 생각하는 쪽을 선택한다.'는 위대한 철학을 실제로 실행한 부인이었다.

그것을 당신 자신이 해 보라

여기에 당신이 할 수 있는 장난이 있다. 그것은 좋은 게임은 아닐지 모르지만 문제의 요점은 설명해 줄 수 있을 것이다. 누군가 만만한 사람을 제물로 삼아 보는 것이다. 그리고 그 때 이 친구가 '반사 능력'이 좋은가를 확인하여 둔다. 그 다음에 당신과 협력할 사람을 셋만 선정하여 둔다.

다음에는 한 사람 한 사람이 같은 날 아침에 조금씩 사이를 두고 차례로 그 '제물'이 될 사람을 만나도록 한다. 그리고 세 사람에게는 그 제물이 될 사람이 매우 신수가 좋지 못하다고 강조하도록 지시하여 둔다. 예를 들면, 이런 식이다.

"여보게, 자네는 오늘 몹시 까칠해 보이는데 어디가 좋지 않은 것이 아니야?"

"감기라도 든 것 아니야?"

"열이 오르는 것 아니야? 빨리 의사한테 가 보지 그래."

태연하게 설득력을 가지고 이렇게 하면 당신의 제물은 참으로 병을 앓고 만다.

암시력의 작용

암시력의 작용을 잘 기억해 둘 일이다. 같은 생각이 여러 차례 되풀이되면 그것은 실재하는 형태를 취한다. 자기를 보고 '나는 가난뱅이다'라고 말하거나 다른 사람이 너는 가난뱅이라고 말하는 것을 듣거나 가난한 사람들 사이에서 살고 있으면 당신은 심리적인 가난뱅이가 되고 마는 것이다.

대학 시절에 나의 친구 짐은 즐겨 다음과 같은 말을 했다. 짐은 방세나 하숙비를 벌기 위해 커다란 고가(古家)에 홀로 살고 있는 나이 많은 부인의 목욕탕에 불을 때든지 그 밖의 잡일을 했다. 이 노부인은 잠을 못 자는 경우가 많았다. 이 '병'이 일어나면 그녀는 수면제를 복용하고 있었다. 짐의 말을 들으면 어느 날 밤 이 노부인이 그의 도어를 노크하며 이렇게 말했다.

"짐, 떠들어서 미안하지만 난 잠을 잘 수가 없는데 수면제 있어요? 있으면 좀 가져다 줘요."

그러나 짐은 매우 재치가 있는 사람이어서 이렇게 대답했다.

"틀림없이 가지고는 있습니다만 그것이 아래층에 있습니다. 얼른 밑에 가서 가져 오겠습니다, 부인."

그리고 나서 짐은 아래층으로 내려가서 식료품 저장실에 들어가 커다란 누에콩을 꺼냈다.

그는 B부인이 눈이 별로 좋지 않기 때문에 누에콩과 둥근 수면제를 분별하지 못하는 줄을 알고 있었던 것이다. 그리고 그는 2층에 올라가서 이렇게 말했다.

"이것은 알이 큰 수면제입니다. 아주 잘 듣습니다. 이것을 드십시오. 저도 곧 잘 테니까요."

노부인은 환약을 먹었는데 뒤에 어떤 일이 일어났을까? 그녀는 그 어느 때보다도 깊은 잠을 잤던 것이다. 그리고 그 다음부터 그녀는 그 '특제' 환약을 더 달라고 해서 짐을 난처하게 만들었다고 한다.

마음에 심어진 암시는 성장한다. 만일 그것이 소극적인 마음의 씨앗이었다면 소극적인 열매를 맺는다. 그러나 만일 그것이 적극적인 마음의 씨앗이었다면 적극적인 열매를 맺는다. '플레트, 자네는 병이 났나 봐'라고 말하면 플레트는 기분이 나쁘게 느껴지지만 '플레트, 자네 건강해 보이는데'라고 말하면 플레트는 기분좋게 느껴진다.

'나는 훌륭하다. 참으로 훌륭하다고 생각한다'는 태도를 취하라

점심 전에도, 그리고 내일 저녁 식사 전까지면 틀림없이 당신은 한 사람 뿐 아니라 여러 사람이 갖가지 말투로 자기는 기분이 나쁘다고 당신에게 말하는 것을 접할 것이다. 어떤 사람들은 두통이라고 하기도 하고, 어깨가 저린다, 위가 아프다, 옆구리가 결린다고 아픔을 호소할 것이다. 또 어떤 사람들은 '일을 너무 했다'는 말에서 '기진 맥진이다'라든지 '기분이 좋지 않다'에 이르기까지 온갖 괴로움을 호소할 것이다.

이에 대하여 조금 생각하여 본다면 대부분의 사람이 '기분이 좋지 않은 것'은 분명하다. 더구나 대부분의 사람은 리더가 아닌 것이다. '나는 무척 기분이 나쁘다'고 호소하는 것은 하찮은 사람의 습관이다.

'나는 잘 되지 않는 것 같다'는 어떤 결과를 가져다 주는가?

그럼 이 '나는 잘 안 되는 것 같다'를 슬로우 모션으로 좀더 자세히 뒤쫓아 보자. 당신이 오늘 누군가와 만나서 이야기를 시작하면 곧 '나는 큰 일이야. 아주 큰 일이야'라고 말했다고 가정하자. 당신은 무엇을 한 것이 될까? 당신은 당신의 지도 지수를 네 가지 방법으로 낮춘 것이 된다.

(1) 당신은 요컨대 '나는 동정을 받고 싶다'고 말하고 있는 것이다. 그러나 사람들은 동정 구걸을 좋아하지 않는다.

(2) 당신이 리더라면 함께 이야기하고 있는 사람에게 집중할 주의를 자기 자신에게 집중하려 한다.

(3) 당신은 남이 싫어하는 고민의 심벌이 되고 말 것이다. 세상이 당신을 얼마나 나쁘게 다루고 있는가를 남에게 이야기한다는 것은 당신의 몇몇 심리적인 고통을 그들에게 넘겨 주게 된다. 사람들은 그러한 것을 좋아하지 않는다. 고대 그리이스 사람은 이 세상에서 쾌락을 찾고,

고통을 피하려고 노력한다는 철학을 전개했다. 그런데 많은 사람들은 그들이 얼마나 고통이 많은가는 의식하고 있지 않다. 그래서 그들이 자기의 고통에 대하여 호소하면 할수록 다른 사람들은 그들을 피하려고 생각하게 될 것이다.

(4) 당신은 실제로 기분이 나빠진다. '나는 기분이 나쁘다' 라고 말하는 것이 실제로 당신을 기분 나쁘게 만드는 것이다.

자기가 얼마나 비참한가를 남에게 말하는 대신에 '나는 훌륭한 기분이다. 오늘은 아주 멋지다'라고 말하였다고 가정해 보자. 당신은 다음과 같은 이유로 당신의 지도 지수를 높이게 된다.

(1) 당신은 기쁘고 좋은 때 번영의 심벌이 된다. 사람들은 이런 것을 좋아하여 당신에게 접근하는 것을 기뻐할 것이다.

(2) 당신은 실제로 기분이 좋아진다. 기회가 있을 때마다 '나는 훌륭하다'고 되풀이 하는 것이 당신을 기분좋게 만든다. 이것은 자기 암시가 작용하기 때문이다.

다른 사람에게 활기를 주라

기분 좋게 느끼는 한 가지 비결은 누군가 다른 사람을 기분 좋게 만드는 것이다. 많은 사람들은 병이 났을 때는 무뚝뚝해지거나 틀림없이 귀찮은 존재가 되지만, 그것은 그 사람들이 오로지 자기의 문제에만 얽매여 있기 때문이다.

나는 어느 초로의 부인을 알고 있는데 이 부인은 뇌일혈로 쓰러진 뒤 만성적인 병이 되어 그것이 딸에게도 큰 부담이 되고 말았다. 이 부인은 오직 그녀의 문제에만 얽매여 있었다. 그리고 이와 같은 이기적인 사욕 때문에 그녀는 훨씬 많은 고통을 받고 있었다. 사실상 그녀는 육체의 고통을 완전히 없앨 수는 없더라도 생각으로써 그것을 경감할 수는 있었을 것이다.

자, 당신은 '나는 훌륭하다, 참으로 훌륭하다고 생각한다'라는 태도가 친구를 만들고 당신의 주위에 있는 사람들한테 더 따뜻하게 맞아지는 원인이 된다는 데에 동의를 얻은 것으로 생각하자. 그러면 다음 사항은 어떻게 하면 훌륭한, 참으로 훌륭하다는 생각을 터득할 수 있느냐 하는 것이다.

심리 조절 그 둘째 —— '나는 행복하게 되는 것을 선택한다'라고 생각하라, 그러면 그렇게 된다

얼핏 생각하면 행복은 거의 모든 사람들이 바라고 있는데도 극소수의 사람만 그것을 찾아낸 것으로 생각된다. 사실 어떤 사람은 행복해지기를 바라는 것까지도 어리석다고 믿고 있는 것 같다. 얼마 전 일인데 교양은 있으나 상당히 빈정거리는 어떤 사람이 나에게 이렇게 말한 적이 있다.

"행복을 생각하다니 넌센스예요. 만일 당신이 이 세상을 현실적으로 바라본다면 행복할 수 있는 조건 같은 것은 하나도 없음을 알게 될 것입니다."

"겨우 두 부류의 사람들에게만 행복하게 될 찬스가 있습니다."라면서 그는 말을 이었다.

"첫째는 저기에 있는 사람들입니다(여기서 그는 트럭에 쓰레기를 담은 상자를 싣고 있는 사람을 가리켰다). 저 멍청이는 책임도 없으며, 교육도 받지 못했고, 고민도 없습니다. 그는 달리 좋은 것을 아무 것도 모르기 때문에 행복할 수 있습니다.

그리고 행복하게 될 수 있는 또 하나의 인종은 미치광이입니다. 사고 과정이 완전히 붕괴된 사람들입니다. 이러한 사람들은 행복할 수 있습니다."

이것은 좀 한심한 견해라고 할 수 있지 않을까? 그의 철학에 따른다면, 당신은 행복하게 되기 위해서는 저능아나 미치광이가 돼야 한다는 것이다. 그러나 이와 같은 빈정거리는 사람이라도 우리가 보거나 듣거나 하는 것이 행복의 척도라고 한다면 오직 한 가지만은 옳다. 신문의 제일면을 잠시 훑어보기만 해도 세계는 전쟁, 스트라이크, 전쟁의 위협, 인종간의 다툼, 폭풍우, 그리고 몇몇 살인이라든지 자살, 강간과 같은 여러 가지 문제를 지면 가득히 보도하고 있다. 그리고 만일 당신이 잠시 몸을 숨겨 이웃 가정을 넘겨다 본다고 할 때 거기서도 거의 행복을 찾지 못하고 실망할 것이다. 크고 작은 차이가 있거나 문제의 차이는 있더라도 여러 가지 소요(騷擾)라든지 반목 또는 언쟁은 예외라기보다는 통상적인 것이 되었다.

그러나 이러한 사람들은 모두 행복을 찾고 싶다고 말한다.

행복은 '찾을 수 있는'가?

실은 여기에 ——즉 행복을 찾으려고 힘쓰는 곳에는 왜 행복이 거의 존재하지 않느냐에 대한 설명이 있는 것이다. 먼 곳,

새로운 사람들, 커다란 병 속에서 행복을 찾는 것은 아무런 도움도 되지 않는다. 또 행복이란 햇빛같은 자연 현상도 아니다. 진실은 다음과 같다. 행복에 이르는 기회란 이제까지 알지도 못하던 친척한테서 몇 백만 달러를 상속받는 것 정도밖에 안 되는 것이다.

많은 사람들은 행복의 뒤에서 설(說)이라는 것을 성립시켜 왔다. 이 '뒤에서' 설에 따르면, 행복은 뒤에서 찾아 온다. ── ──당신이 일을 완성한 뒤에 찾아 온다는 뜻이다. 무언가 어려움을 극복한 뒤에, 학교를 마친 뒤에, 또는 승진한 뒤에…….

그러나 뒤에서는 내일처럼 찾아 오는 것은 아니다.

행복은 만들어지는 것이다

만일 우리가 그것을 경험한다면 행복은 현재 찾아 오지 않으면 안 되는 것이며, 현재를 만들어 내는 것으로서 태어나야 하는 것이다. 그것을 좀더 정확히 말한다면, 행복은──그리고 슬픔도──만들어지는 것이다. 당신 마음의 기계가 행복이라든지 슬픔을 만들어 내는 것이다. 만일 당신이 행복하려고 생각한다면 '나는 지금 곧 행복을 선택한다.'고 대담 솔직하게 결의하지 않으면 안 된다. 이번에도 역시 당신이 정신을 조절하는 것이다. 당신이 행복하다는 것을 당신 자신에게 보이면 당신은 그렇게 된다. 다음에 서술하는 것은 당신이 해야 할, 그리고 당신에게 보탬이 될 것이라고 생각되는 두 가지 점이다.

왜 당신은 행복한가 ?

첫째로, 왜 당신은 행복한가 하는 상식적인 이유의 리스트를 만들어 보는 것이다. 그리고 날마다 몇 차례 이 리스트를 보고 거기에 덧붙인다.

우리는 누구나 왜 행복한가 하는 자기의 독특한 이유를 가지고 있다.

그러나 여기서는 다섯 가지만 만들자. 이 가운데 몇 가지는 당신에게도 적용될지 모르며, 몇 가지는 적용되지 않을지도 모른다. 당신 스스로 리스트를 만드는 것이 가장 좋지만 어쨌든 먼저 들어 두자.

(1) 나는 어린이들이 있으므로 행복하다. 그들은 나에게 대단히 필요한 존재다. 그들의 앞으로의 행복은 나에게 달려 있다.

(2) 나는 건강하기 때문에 행복하다. 나는 건강의 표본은 아닐지 모르지만 나보다 행복하지 못한 사람은 얼마든지 있다.

(3) 나는 직업이 있고 생계를 세워갈 기회가 있으므로 행복하다. 나는 아직 도움이 될 수 있기 때문에 행복하다.

(4) 나는 이 훌륭한 시대에 살고 있기 때문에 행복하다. 현재보다 다른 시대에 살 수도 있다.

(5) 나는 내일도 빛나고 훌륭한 날이 되리라 생각하므로 행복하다.

세상이 비참하고 한심하게 여겨지는 때가 있으면 왜 당신은 행복한가 하는 이유에 마음을 집중하는 것이다. 자기 자신에게 이렇게 말해야 한다. '나는 행복을 선택한다. 그 이유는 이러이러……'라고. 당신은 살고 있는 것이 왜 즐거우냐 하는 이유를 드십시오.

'나는 행복하다'는 생각을 습관이 되게 하라

둘째 사항은 다음과 같다. '나는 행복하다'는 생각을 습관으로 만드는 것이다. 훌륭하다고 생각하는 것을 제2의 천성으로 삼는다. 아침 일찍이 일어나면 먼저 당신의 리스트를 점검하라. 한낮에 다시 한 번 체크하라. 일이 끝나고, 몸도 피로하고, 마음도 지쳐 있을 때에 다시 그것을 읽으라.

그리고 잠자리에 들기 전에 '왜 나는 행복한가?'의 체크리스트를 생각하는 것을 잊지 말아야 한다. 자기 전에 행복한 생각을 하고, 그렇게 함으로써 몸도 마음도 씻어야 한다. 당신이 자기 전에 생각하는 것은 자고 있는 동안에 당신 마음의 모터를 움직이는 가솔린이 되는 것이다. 당신 마음의 엔진에 고(高) 옥탄의 생각을 주입하고, 조용히 평온하게 그것을 회전시키는 것이다. 마음은 결코 쉬지 않는다는 것을 잘 기억해 두기 바란다. 당신의 의식이 작용하고 있는 동안에 그 안에다 질이 좋은 재료를 넣어 두면 그것은 잠재 의식이 작용하고 있는 동안에 당신을 위해 효과적으로 작용하게 된다. '나는 훌륭하다. 참으로 훌륭하게 생각한다'는 습관을 익혀 당신의 지도 지수가 상승하는 데에 주목할 일이다.

절차는 아주 간단하다. ── 먼저 '나는 행복을 선택한다'라고 결의하라. 그리고 나서,

● 당신은 왜 행복한지 그 이유를 들고, 부정적인 것은 결코 생각하지 말고, 그리고

● 그것이 깊이 스며들어 습관이 될 때까지 '나는 행복하다.'

는 생각을 실행하는 것이다.

심리 조절 그 셋째——'나는 내가 풍부할 것을 선택한다'고 생각하라, 그러면 그렇게 된다

우리를 수없이 패배로 치닫게 하는 것은 우리가 부자라고 생각하지 않고 가난하다고 생각하는 데 있다. 얼마 전 일인데 한 젊은 생명보험 세일즈맨이 사적인 문제를 가지고 나를 만나러 온 일이 있다. 그는 첫 해에는 매우 좋은 기록을 세웠으나 그 뒤는 오래토록 극심한 슬럼프에 빠져 있었다.

무엇이 잘못되었을까? 이 사람은 크게 실망하여 장래를 괴로워하고 있는 모양이었다. 그가 알고 있는 것은 자기는 이제 다 틀렸다는 사실 뿐이었다. 청구서만 일방적으로 늘었고 월급 봉투는 거의 비었다.

그는 세일즈에서 흔히 볼 수 있는 상항에 빠지고 말았다. 즉 커미션이 필요할수록 그것을 손에 넣기가 어려워지고 자포 자기가 될수록 세일즈를 하기가 어려워지고 있었다.

면접을 하고 대화를 나누는 동안에 그는 이런 말을 하였다. "슈워쯔 선생님, 보험에 들어주십시오, 하고 저는 무릎을 꿇고 부탁하는 짓까지 해 왔습니다. 저는 그만큼 절망적으로 되어 있는 것입니다."

가난을 생각하지 말고 번영을 생각하라

이 유망한 청년이 이렇게 된 것은 가난한 생각이 그의 마음을 지배하도록 허용해 두었기 때문이었다. 그는 빈곤 사상을 스스로 초래한 희생자였다.

이 경우 중요한 것은 이 청년이 가난에 대한 생각을 하지 말고 번영을 생각하게 해야 한다는 것을 나는 곧 알았다. 나는 그에게 두 가지를 이해시켰다. 첫째는, '나는 가난하다', '나는 무일푼이다', '나는 점점 가난해지고 있다'라고 생각하는 것은 실패와 심리적인 구빈원(救貧院)과 직결된다는 것. 그리고 다음에 나는 재정적으로는 거의 무일푼일지 모르지만 참으로 중요한 점에서는 부자라는 것을 이 청년에게 확신시키는 데 성공했다. 거듭 되풀이해서 여러 가지 방법으로 나는 '재능이 풍부하다', '나는 풍부한 야심을 가지고 있다', '나에게는 풍부한 기회가 있다', '나는 가족의 사랑을 듬뿍 받고 있다'라고 그로 하여금 생각하게 했던 것이다.

그 결과는 거의 믿을 수 없을 정도였다. 일주일도 안 되는 동안에 그는 16만 5000 달러에 달하는 다섯 장의 신청서에 사인을 받았던 것이다. 그는 다시 본궤도에 되돌아갔다. 일 년쯤 뒤에 그가 나를 만나러 와서 나는 그 사실을 잘 기억하고있다.

"보여 드리고 싶은 것이 있습니다." 그는 포장을 풀면서 이렇게 말했다.

"보십시오, 제 사무실에 놓아 두기 위해 이런 것을 만들었습니다."

액자 속에는 다음과 같은 글이 씌어 있었다.

나는 풍부하다!
나는 재능이 풍부하다.
나는 풍부한 야심을 가지고 있다.

나에게는 풍부한 기회도 있다. 그리고
나는 가족의 사랑을 듬뿍 받고 있다.

이것도 역시 한 방법이 아닐까? 내 젊은 친구는 중요한 교
훈을 배웠던 것이다. 풍부함을 생각하는 것은 풍부함을 가져다
주지만 가난함을 생각하는 것은 가난함을 가져다 준다는 것을.

당신은 이것을 스스로 해 볼 수 있을 것이다. 번영을 생각하
지 않고 성공한 사람을 찾아 보라. 또 가난을 생각하지 않는 실
패자를 찾아 보라.

풍요로 가는 길은 풍요를 생각하는 것으로 포장되어 있다.

돈은 없어도 '풍부'할 수 있다

얼마 전 일인데 나는 한 호텔 방에서 커다란 사업을 하고 있
는 어느 친구와 쉬고 있었다. 우리는 몇 년 전부터 알고 있는
사이로서 대화는 어느 사이에 어떤 사람은 성공시키고, 어떤
사람은 위축시키는 것이 대체 무엇일까 하는 데에 이르렀다.

내 친구 이야기는 아마 당신도 흥미가 있을 줄로 안다. 그는
이런 말을 했던 것이다.

"나는 몇 년 전에 번영은 번영하는 태도에서 시작된다는 것
을 발견했어요. 자네도 알지만 옛 일을 생각하면 나는 이 번영
하는 태도를 어머니에게 감사해야 돼. 우리는 가난하다고 생각
하는 것은 결코 허용되지 않았지. 지금 와서 생각하면 어린 시
절은 겨우 살아갈 정도의 돈밖에 없었거든. 그러나 어머니는
우리에게 결코 가난하다는 생각을 못하게 했어. 어느 때는 형
과 내가 야구를 보러 가고 싶다고 조르고 있었는데 그 때 어머

니는 '그런 돈은 없어'라고 말하는 대신 멋진 말을 생각해 낸 것이지. 이렇게 말했어. '왜 너희들은 친구들을 모아 학교 마당에 가서 양키즈가 된 기분으로 놀지 못하니!' 언제나 이런 식이었지.

나는 누나가 어느 커다란 댄스 파티에 가게 되었을 때 일을 지금도 잊지 못해요. 새 드레스를 살 돈이 없었거든. 하지만 어머니는 '드레스 같은 거 살 돈이 어디 있니!'라거나 '새 드레스를 입지 않아도 되지 않니!'라고는 하지 않았어. 그러기는 커녕 어머니는 찬성했던 거야.

나는 어머니가 그 때 한 말을 한 시도 잊은 일이 없지. '넌 새 드레스가 필요해. 하지만 가게에서 팔고 있는 것들은 너한테 어울리지 않아. 자, 가서 옷감을 떠오너라. 내가 너한테 어울리는 것을 만들어 줄 테니까……' 우리는 이런 식으로 성장했지. 집에 돈이 없을 때에는——그것은 흔한 일이지만——어머니는 언제나 더 좋은 것으로 그 대용을 했어. 나는 내가 가난하다고 생각한 일은 한 번도 없었어. 나는 언제나 부자라고 생각하고 있었거든."

친구는 잠시 말을 멈추고 방안을 둘러보며 이렇게 말했다.

"자네도 알겠지만 가난에 관한 가장 좋지 않은 것은 그것을 의식하는 것이야. 어머니는 그 점에는 대단히 현명하셨어. 집에 돈이 없다는 것을 가지고 나에게 열등 의식을 심어주는 대신에 어머니는 풍부한 정신, 풍부한 친구, 풍부한 기회와 같은——돈 이외의 점에서 부유하다는 감정을 불어넣어 주었지.

대학에 갈 때가 되어 나는 스스로 벌어서 학비를 조달하기로 했지. 그러나 나는 그것으로 조금도 자신을 업신여기지 않았기 때문에 나보다 훨씬 부자인 청년들도 나를 격의없이 받아들여 주었어.

대학 이래 나는 돈을 벌기가 쉬웠는데 그것은 돈이 없다는 데 대하여 열등감을 갖지 않았던 탓으로도 생각하고 있어."

당신도 알 것으로 믿는다. 프라이드——참다운 의미의 자존심이야말로 돈을 포함하여 모든 부의 기본적인 요소이다. 어린이들에게 가난하다고 느끼게 함으로써 많은 문제가 다음 세대에게 만들어져 왔다. 어린이들을 위해 많은 돈을 쓰는 것이 문제가 아니다. 이 경우 바람직한 것은 젊은이에게 결코 가난하다는 생각을 갖지 않게 하는 것이다.

'가난하다는 것'과 돈이 없다는 것은 별개의 문제이다. 그 사람이 가난한 생각 이외엔 아무 것도 가지지 못할 때, 그 결과로서 언제까지고 계속되는 가난이 뒤따르게 된다.

'부자라고 생각하는' 견해를 익히려면

(1) 무언가 하고 싶지만 돈이 없는 경우에는 다른 것으로 대용하라. 그리고 그것을 더욱 즐기기 위해 두 배의 노력을 하라.

(2) 당신의 다른 풍부한 점을 꼽아 보라. 만일 당신이 욕망의 점에서 풍부하며, 야심의 점에서 풍부하고, 정신의 점에서 풍부하다면, 그 밖의 풍부함은 만일 당신이 협력만 한다면 자동적으로 당신의 것이 될 것이다.

(3) 그리고 매우 중요한 일인데 큰 돈을 가지고 있는 자신의 모습을 생생하게 그려보는 것이다. 특정한 돈을 목표로서 정하고 이 목표에 당신의 생각을 집중하라.

(4) 좀더 돈이 있다면 하고 생각하거나 충분히 돈을 갖지 못한 것을 한심하게 생각하는 대신에 돈벌이를 곧 착수하여 거기에 온 힘을 기울이라.

(5) 더 많은 돈을 벌기 위해 필요한 것은 아무 것도 가진 게 없다는 생각은 결코 하지 말아야 한다. 그런 것은 결코 생각해서는 안 된다. 돈의 면에서 풍부해지기 위한 기본적인 요소는 무엇보다도 풍부한 정신임을 기억해 두라.

부자라고 생각하라. 가난뱅이라고 생각하지 말아야 한다.

당신 자신을 평가하라——높이 평가하라

성공한 사람들은 자기 자신을 높이 평가한다. 윌리엄 포크너는 예전에 왜 그가 우체국을 그만두었는가를 이렇게 설명한 일이 있다.

"왜 나는 가끔 3센트를 가지고 우표를 사러 오는 사람에게도 머리를 숙여 하라는 대로 하지 않으면 안 될까요?"

자기의 능력을 높이 평가함으로써 포크너씨는 드디어 미국에서 가장 존경받는 작가의 한 사람이 되었던 것이다.

'나는 나의 가장 훌륭한 능력을 활용하고 있을까?'하고 자기 자신에게 질문하여 보는 것이다. 만일 당신이 이것에 100% 긍정적인 답을 얻을 수 없다면 필요한 변경을 해야 한다.

부자가 되기 위한 첫걸음은 부자라고 생각하는 것이다.

이렇게 생각해 보는 것이다. 하루 종일 당신 마음의 주변을 넘나드는 생각은 당신의 전압 조정기이다. 만일 이 생각이 '나는 별로 능력이 없기 때문에 혹시나 하는 일도 얻을 수 없을 것이다'라든지 '나는 언제나 가난하다'라든지 '나보다 훌륭한 사람이 얼마든지 있다'와 같은 가난한 생각을 했다면 당신은 아무 것도 손에 넣을 수 없는 운명에 있다. 당신은 밑바닥의 수렁 속에 빠져 있으므로 당신의 사고 방식을 바꾸지 못하는 동안은 거기서 벗어날 수 없을 것이다.

그러나 '나는 훌륭한 재능이 있다'라든지 '나는 돈을 벌어 보인다'라든지 '나는 더욱 출세한다'와 같은 적극적이고 전압이 높은 생각을 갖는다면 당신은 반드시 두각을 나타내게 될 것이다.

바꾸어 말하면 부자라고 생각하는 것은 풍부한 은행 예금을 만들게 된다!

'나는 권위자다, 내 시간은 귀중하다'는 태도를 취하라

몇 년 전, 크리스마스가 일주일 밖에 안 남은 어느 날, 나는 애틀랜타의 이름난 백화점 리치스 건너편의 모퉁이에 서 있었다. 수많은 사람들이 줄을 지어 이 백화점을 드나들고 있었다. 나는 누군가를 기다리는 듯이 내 옆에 서 있는 사람에게 이렇게 말을 걸었다.

"왜 저렇게 많은 사람들이 리치스에서만 물건을 사는지 이상하군요."

그는 나를 보더니 가지고 있던 꾸러미를 고쳐 들며 이렇게 말했다.

"그렇군요. 나는 저렇게 많은 사람들이 리치스에서 물건을

사는 이유는 많은 사람들이 리치스에서 사기 때문이라고 생각
합니다.”

나는 무표정하게 ‘아아’라고 대답하면서 헤어지고 있었다.

‘저렇게 많은 사람들이 리치스에서 물건을 사는 까닭은 저렇
게 많은 사람들이 리치스에서 사기 때문이라고 생각합니다.’—
—이 말이 내 마음에 남았다. 내가 그 말을 생각하면 할수록
그것은 지혜의 진주처럼 생각되었다(당신도 그것을 몇 번이고
되읽어서 그것이 순수한 지혜라고 여겨지는지 어떤지 검토해
보는 게 좋다). 이 나이든 사람은 정말 옳은 말을 했다. 사람들
은 군중이 모이는 곳에 가는 법이다. 사람들은 다른 사람들이
가는 곳에 가는 것이다.

가장 인기있는 사업이라든지 사람들이란 가장 인기있는 것처
럼 보이는 사업이라든지 사람들이다. 이것은 결코 실없는 소리
가 아니다. 이것은 제일급의 상식이다. 번영하고 있고, 사람들
이 필요로 하고 있다는 태도를 취해야 한다. 그렇게 하면 당신
의 인기는 오르는 것이다. 이제까지 생각해 낸 가장 약한 세일
즈 어필은 ‘나는 가난합니다. 얼마든지 좋으니까 사 주십시오’
라는 구걸 장사이다. 구걸은 결코 비즈니스를 성립시키는 방법
이 아니다. 그것은 비즈니스를 내쫓고 마는 방법이다.

‘돈에 궁하다’는 태도라든지 ‘잘 안 된다’는 태도는 사태를
점점 더 악화시키게 된다. 사람이란 인기가 오른 사람과 거
래——온갖 거래를 하고 싶어한다.

가장 인기있는 소녀란 가장 분주한 소녀이다

어느 중서부에 있는 주립 대학의 학생 부장이 다음과 같은

흥미있는 사례를 이야기해 준 일이 있다. 이 대학의 2학년 여학생에, 여학생 사이에서 흔히 볼 수 있는 문제——데이트 때문에 고민하고 있는 학생이 있었다. 그녀는 그리 미인이라고는 할 수 없었지만 지적이고 마음씨가 좋은 소녀였다. 그 학교에서는 2대 1로 남학생이 여학생보다 많았다.

이 어린 여학생은 데이트 상대도 없고 인기도 없다는 것을 크게 고민하고 있었다. 드디어 그녀는 그 문제를 기숙사 사감 선생에게 털어놓았다. 사감 선생은 진지하게 그녀의 이야기를 듣고 나서 이렇게 말하였다.

"그럼, 당신의 인기를 높일 수 있는 비밀 기술을 가르쳐 주지요. 아마 일 개월은 걸리겠지만 충분히 시간을 활용해서 그것을 실행하면 놀랄 만한 결과가 나타나리라 봅니다."

"가르쳐 주세요. 어떤 일이라도 해 보겠어요."라면서 여학생은 성화를 댔다.

"그럼 가르쳐 주지요."하고 사감 선생은 대답했다.

"이 학교에는 수많은 젊은 학생이 있습니다. 그리고 사교 시즌이 막 시작되었습니다. 당신도 이윽고 틀림없이 초대되겠지요. 그러나 그런 때에는 그 초대를 거절하세요."

"왜요?" 여학생은 깜짝 놀라서 외쳤다.

"그것을 거절하는 겁니다. 그리고 다음 1개월 동안 데이트는 모조리 거절합니다. 상대방들에게 벌써 데이트 약속이 있다면서 거절합니다. 만일 필요하다면 숨으세요. 아무튼 이렇게 해서 누구나 당신은 가장 인기있는 소녀로 믿게 하는 것입니다."

일 개월이 다 될 무렵이 되자 이 소녀의 전화는 거의 받을 수 없게 되었다. 이 여학생은 가장 인기있는 소녀란 가장 분주한 소녀임을 배웠던 것이다. 젊은 남성은 다른 젊은 남성들이 거들떠보지 않는 소녀와는 데이트하려고 하지 않는다. 젊은 남성들은 그들이 차지하기 어려운 것을 원한다. 그들은 분주한 소녀와 데이트하고 싶어한다.

번영은 번영을 낳는다

사람들은 붐비는 가게에서 물건을 사려고 떼지어 모여든다. 사람들은 분주한 병원의 차례를 기다리느라 소란을 피운다. 남성은 항상 데이트 약속이 있어 아가씨와 데이트하려고 열성이 된다. 사람들은 붐비는 레스토랑에서 식사를 하려고 줄을 잇는다. 사람들은 활기가 있는 곳에 가고 다른 사람들이 즐기고 있는 것을 자신도 해 보고 싶어하는 것이다.

여기에 당신의 인기를 높이고 사람들에 대한 영향력을 늘리기 위한 충고가 있다. 그것은 크게 번영하고 있다는 태도를 취하는 것이다. '나는 손님이 많이 있다', '나에게는 환자가 많이 있다', '나에게는 팬이 많이 있다'는 태도를 취해야 한다.

당신이 아쉬워하는 것이 무엇이든 그런 것은 언제나 많이 있다는 인상을 주도록 해야 한다. 크게 번영하고 있다는 태도를 취하고 있으면 당신의 번영은 증가할 것이다.

심리 조절 그 넷째 —— '무슨 일이나 잘 될 것이다' 라고 생각하라, 그러면 그렇게 된다

내가 발견한 많은 사람들이 비즈니스에서 저지르는 한 가지

과실은 다음과 같다. 그것은 이 경제계가 논리적으로 움직인다고 생각하는 점이다.

그러나 이것은 잘못이다. 비즈니스가 논리적으로 움직이는 것은 극히 작은 부분이고 대부분은 심리적으로 움직여지고 있다. 지금 곧 당신의 성공 수첩에 기록하여 두어야 한다.

20년 전엔 유명한 댄스 밴드의 지휘자였고, 지금은 많은 급료를 받는 세일즈맨 친구 할 스위프트가 이 점을 설명하는 최근의 경험을 나한테 이야기해 준 일이 있다.

"나는 어느 커다란 메이커에서 일하고 있습니다."라고 할은 이야기를 끄집어냈다.

"우리는 견본 시(見本市)에 참가하여 상품을 보고 주문을 해 주도록 많은 주에서 의상 소매업자를 초대합니다. 그렇습니다. 지난 5월의 일입니다만 우리 판매 촉진 위원회가 쇼에 참가하는 소매업자들에게 강연하기 위해 마케팅의 권위자를 초대하기로 결정했습니다. 우리는 그가 어떻게 매상을 늘리느냐에 좋은 아이디어를 가지고 있을 것으로 생각했기 때문에 그 교수 이야기를 크게 선전해 두었습니다.

그런데 이 놀라운 일이 어디 있습니까? 그 교수는 연단에 올라 새로운 경기 후퇴의 위험한 징후를 이야기하기 시작한 것입니다. 그는 수입, 고용, 경기 동향 등 앞으로 경기가 나빠질 것이라는 온갖 통계를 준비하고 있었습니다. 그러나 그가 강연을 시작할 때까지는 경기가 나빠진다는 것을 아무도 생각한 일이 없었습니다."

"그래서 어떻게 되었습니까?"

나는 최악의 사태를 예상하면서 이렇게 물었다.

"기대한 대로 되었습니다."하고 할은 말했다.

"소매업자는 신경질적이 되었습니다. 아니 완전히 두려워했다고 말하는 게 나을지도 모릅니다. 아마 한 사람 예외도 없이 어느 소매업자나 이 쇼에서는 예정했던 것보다도 적게 산 것이 틀림없습니다. 매상은 30%나 줄고 말았습니다. 당신도 얼마나 실망했는지 아실 겁니다. 모든 것은 그 사람이 낙관보다 공포를 안겨 준 덕택입니다."

"그것은 나쁜 뉴스는 나쁜 결과를 낳는다는 것을 설명하는 게 아닙니까?"

"내 이야기는 아직 끝나지 않았습니다. 그것은 다른 세일즈맨을 모두 실망시켰습니다만 내가 실망한 것은 잠깐 뿐이었습니다. 나는 거래처에게 낙관론을 불어넣기 위한 어떤 수단을 착수했던 것입니다. 이틀 후에 나는 엽서를 인쇄하여 그것을 그 쇼에 참석한 모든 거래처에 발송했습니다. 여기에 그 한 장이 있습니다."

근계
일전의 강연을 경청하여 주셔서 감사합니다. 그러나 저는 저 선량한 교수의 의견에는 찬성할 수 없습니다. 세상 사람들은 우리 회사의 상품을 사느라 열중하고 있습니다. 장사가 이만큼 잘 되었던 적은 일찍이 없었습니다.

추신
근일 중에 나머지 주문을 받기 위해 찾아뵐 작정입니다. 지난 번의 주문만으로는 부족하시리라 믿습니다.

할 스위프트

"이것은 놀라운 효과를 올렸습니다."라고 할은 설명했다.

"이 편지와 여느 때와 다름없는 낙관적인 태도가 그들을 사는 무드로 되돌린 것입니다. 나는 지난 시즌에 온갖 기록을 깨고 말았습니다."

우리는 언제나 우리가 생각하고 있는 것을 얻는 것이다. 암담함, 낙담, 가난을 생각하고 있으면 우리는 점점 가난해질 따름이다. 낙관, 성장, 번영을 생각하고 있으면 우리는 점점 풍요해진다.

그것이 마음의 법칙이라는 것이다.

손에 든 새 한마리가 덤불 속의 두 마리보다도 가치가 있을까?

오래 전부터 나는 뉴욕에 묵을 때는 50번가에 있는 작고 조용한 호텔에 묵기로 하고 있다. 내가 그 곳에 머무르는 것은 너무나 꽉 짜여 있는 스케줄에서 원기를 회복하기 위한 최대한의 휴양을 그곳에서 취할 수 있기 때문이다.

그리고 몇 번인지 그 곳에 머무르는 동안에 야간 매니저를 보는 하브 L과 절친한 사이가 된 것은 당연한 일이었다. 하브는 여러 점에서 이상한 사람이었다. 그는 예순 살쯤 되었고, 매우 예의바르고, 유능하고, 조용한 인텔리였다(밤늦게 여러 번 나는 그가 《전쟁과 평화》라든지 《이성(理性)의 연령》과 같은 좀 딱딱한 책을 읽고 있는 것을 본 것이다).

어느 날 밤 나는 강연을 마친 뒤 한밤이 되어 호텔에 돌아왔다. 하브는 무언가 얘기하고 싶은 듯했으며 나도 육체적으로 완전히 지쳐 있었기에 어쩐지 남의 이야기가 듣고 싶은 기분이었다. 대화 분위기로서는 더 없이 좋았다. 하브는 이야기하고 싶어했으며 나는 듣고 싶어했으므로.

하브는 실의에 차 있었다. 그것은 그 정도의 연배에서 훌륭한 인생을 자칫 잘못하여 허송했다고 생각하는 많은 사람들에게서 볼 수 있는 모습이었다.

하브는 이렇게 말하면서 입을 열었다.

"슈워쯔 선생님, 저는 선생님이 여러 곳에서 강연하시는 게 참으로 부럽습니다."

"어째섭니까?"라고 나는 물었다. 왜냐하면 강연 여행을 부러워하는 이는 좀처럼 없기 때문에.

"당신은 그들의 피치 못할 인생 문제에 둘러싸이기 전에 생각을 바로잡도록 도와 줄 기회가 있기 때문입니다. 모험의 신을 참배해야 함에도 안전의 신을 참배하고 있는 사람들을 나는 날마다 봅니다. 만일 누군가 와서 내 생각을 바로잡아 주기만 했다면 좋았을 것입니다만."

하브는 1928 년에 보이로서 그 호텔에서 일하기 시작한 당시의 일을 상세히 이야기하기 시작했다. 그는 당시 커다란 야심을 품고 있었고 증권업계에서 일하려 했다. 그러나 때마침 큰 불황이 닥쳤다.

30 년대 초기에 뉴욕은 아주 심각했습니다."라고 그는 힘을 주어 말했다.

"나는 그런 대로 일자리를 얻은 게 다행이었다고 생각했습니다. 그러나 시종 흠칫거리고 있었습니다. 좋은 시절이 다시 찾아 왔을 때 나는 참다운 미래와 더 많은 돈을 약속해 줄 다른 일을 찾으려는 내 욕망을 무시하고 말았습니다. 그렇습니다.

간단히 말씀드리면 나는 여기에 머물렀습니다. 나는 여기가 안전했기 때문입니다. 다른 데 가면 그렇게도 안 될 줄로 알았습니다.

나는 '매주 확실히 손에 들어오는 50달러쪽이 손에 들어 올지도 모를 100달러 보다도 가치가 있다.'는 옛말을 너무 믿었는지도 모릅니다. 30년대는 이윽고 40년대가 되었습니다. 그리고 40년대도 곧 50년대가 되었습니다. 그리고 지금은 1960년대에 들어섰습니다. 벌써 돌이킬 때는 다 지나고 말았습니다."

하브는 잠시 입을 다물더니 잠시 후 주먹을 쥐어 책상을 힘껏 쳤다.

"아아, 결단을 내려서 힘을 시험해 보았더라면 좋았을 것을."

"부탁이 있습니다."라고 하브는 말을 맺었다.

"당신은 안전이 인생의 목표는 아님을 사람들에게 잘 가르쳐주실 것을, 안전을 바라면 바랄수록 손에 들어올 수 있는 그 밖의 것은 적어진다는 것을 가르쳐 주기 바랍니다."

하브가 이야기하고 있을 때 나는 제2차대전 중에 어느 청년이 나에게 한 말을 상기했다. 그의 표현에 따르면, 그는 "여기에 있으면 하루에 세 끼 밥을 먹을 수 있고 아무런 걱정이 없으니까"라는 이유로 군대에 머무를 것을 선택했다고 한다. 이 계제에 말한다면, 하브가 이상하게도 안전의 신이라고 부른 것에 참배한 이 사람은 15년 뒤에 스스로 낸 상처가 원인이 되어 죽었다.

하브가 걸머진 문제는 결코 진기한 것은 아니다. 그것은 어디에나 있는 이야기이다. 하브는 자기 마음을 조절하는 데에 실패했던 것이다. 하브는 빈곤을 생각했다. 그는 낙관을 생각하는 데에 실패했던 것이다. 그 결과는 자기의 소극적인 생각에 진 한 인간을 태어나게 만들었다.

하브와 같은 사람은 우리 주변에 얼마든지 있다. 사태가 잘 된다기보다는 나쁘게 된다고 생각하는 사람들이다. 이러한 사람들에게는 사태가 항상 나빠질 따름이다.

심리 조절 그 다섯째 ── '좋은 세상이다'고 생각하라, 그러면 그렇게 된다

길가에 있던 현인(賢人)의 이야기를 기억하고 있을까? 아마 당신은 길가 노인에게 두 사람의 외국인이 찾아 온 이야기를 기억하고 있을 것이다. 이 이야기는 심리 조절이라는 것을 많이 가르쳐 주기 때문에 내 마음에 드는 이야기의 하나이다.

이 노인은 어느 작은 마을 외진 곳에 살고 있었다. 외국인이 찾아와서 창문을 열고 노인을 찾으며 이렇게 말했다.

"노인, 이 마을은 어떤 마을입니까? 이 고장 사람들은 어떤 사람들입니까? 나는 이곳으로 이사를 오려고 합니다만."

노인은 그 외국인을 보고 이렇게 대답했다.

"당신이 살던 마을 사람들은 어땠는가?"

외국인은 노인을 바라보며 이렇게 대답했다.

"내가 살던 마을은 아주 나쁜 사람들 뿐이었습니다. 우리는 거기서는 행복하지 못했습니다. 좋지 못한 사람들 뿐이었습니다. 그것이 이 마을로 오려고 생각한 까닭입니다."

노인은 그 외국인을 바라보며 이렇게 말했다.

"그랬습니까. 당신은 이 마을에 옮겨 와도 별로 좋은 일은 없을 것 같군요. 이 마을 주민도 마치 그와 같은 사람들 뿐이니까!"

잠시 후에 다른 외국인이 찾아 와서 노인에게 똑같은 질문을 했다.

"이 마을은 어떤 마을입니까? 이 고장 사람들은 어떤 사람들입니까? 우리는 살 곳을 찾으려고 합니다."

역시 노인은 다음과 같이 질문했다.

"그런데 당신이 떠난 마을 사람들은 어땠는가?"

외국인은 이렇게 말했다.

"그렇습니다. 그곳 사람들은 아주 좋은 사람들입니다. 집사람도 아이들도 무척 즐겁게 살았습니다만, 내가 좀더 좋은 기회가 있는 마을에서 살기를 원했습니다. 떠나고 싶진 않았습니다만 할 수 없었습니다."

노인은 이렇게 말했다.

"그거 좋았군, 젊은이. 여기에도 그와 똑같은 사람들이 살고 있어요. 당신은 그 사람들을 좋아하게 될 것이고, 사람들도 당신을 좋아하게 될 것이오."

*교훈──우리는 우리가 찾고 있는 바로 그것을 발견하게 된다. 나쁜 사람들을 찾으면 나쁜 사람들을 발견하게 된다. 좋은 사람들을 찾으면 좋은 사람들을 발견하게 된다. 어느 쪽이나 우리는 우리가 보려고 하는 바로 그것을 찾게 되는 것이다.

어린이들은 날씨를 탓하지 않는다

몇 년 전의 어느 날 아침, 나는 아들 데이비드를 차에 태우고

252

학교에 데려다 주고 있었다. 그것은 비가 내리는 비교적 추운 날이었다. 라디오에서 뉴스와 '오늘의 일기'를 들어 보았다. 아나운서는 이렇게 말하고 있었다.

"참으로 유감스럽습니다만 오늘의 날씨는 좋지 않습니다. 더구나 앞으로 24시간 내내 이 상태가 계속될 것 같습니다. 음산한 추위, 불쾌한 날씨가 계속될 것입니다. 어쩌면 얼음이 얼지도 모릅니다만 그렇게 되면 더 큰 일입니다."

방송이 끝나자 아홉 살 난 데이비드는 나를 보고 이렇게 말했다.

"아빠, 저 사람은 왜 오늘이 어떤 날이라고 우리들이 정하게 하지 않아요. 왜 저 사람은 우리가 집에 들어 박혀서 일찍이 자 버릴 이야기만 하는 거예요?"

데이비드는 그 나쁜 아나운서가 나쁜 날씨를 알릴 때까지는 나쁜 날씨임을 알지 못했던 것이다.

어린이들이란 날씨에 대해서 불평 같은 것은 결코 하지 않는 것이다. 그들은 일기 예보원이라든지, 부모, 그 밖의 어른들이 편견을 갖지 않는 한 이른바 좋은 날씨와 나쁜 날씨 같은 것을 구별하지 않는다. 어린이들은 덥든, 춥든, 건조하든, 습기가 있든, 흐리든, 개이든, 어떠한 날씨라도 좋아하며 우리가 그들의 사고 방식에 독을 넣을 때까지는 좋아하는 것이다.

짧은 인생을 낭비하지 말라!

현재 하루 5500명의 미국인이 사망하고 있다. 이 사실을 생각해 보라.

웬만한 작은 마을 인구에 못지않은 5500명이라는 사람이 날마다 죽고 있는 것이다.

이는 또 인생이라는 것은 얼마나 귀중한 것이냐를 설명하고 있다. 오늘날 우리는 일흔 살이 인생의 수명이라고 믿고 있다. 그것을 날수로 따진다면, 2 만 5567 일이다. 틀림없이 우리는 고민이라든지, 자기 경멸이라든지, 우울이라든지, 절망으로 그것을 낭비할 시간 같은 건 없는 것이다. 인생은 짧다. 슬퍼하거나 괴로워하기에는 너무나도 짧다.

먼저 어제 일을 생각해 보자. '만일 내가 어제 아침에 오늘은 최후의 날이라고 생각했다고 한다면, 나는 어제를 어떻게 살았을까?'하고 자문해 볼 일이다. 어제는 얼마나 달랐을까?

조금 도와 주자. '오늘은 최후의 날이 될지도 모른다'는 생각을 하면서 다음 질문에 대답하여 보십시오.

(1) 나는 남편을 위해 저녁 식사를 어떻게 준비할까?

(2) 나는 아내가 만든 저녁 식사에 어떤 반응을 나타낼까?

(3) 돈이라든지 승진과 같은 것에 대하여 이것저것 고민할까?

(4) 조금 소란을 피웠다고 해서 어린이를 나무랄까?

(5) 쓸데 없는 일에 화를 낼까?

(6) 날씨 때문에 짜증을 낼까?

날마다 재검토해 보는 것도 나쁜 일은 아니다. '오늘이 최후의 날일지도 모른다'고 상기하여 거기에 걸맞는 생활방법으로 임할 것이다. 오늘이라는 이 날이 미국의 5500 명의 최후의 날이라는 사실을 잊지 말 일이다. 우리가 그 이상의 날을 갖는 것이 얼마나 행복한가를 실감할 때 우리는 근심, 실망, 비애만을 갖는 일을 피하게 된다.

단 하루도 보증되어 있는 것은 아니므로 하루하루가 이른바 버는 것이다.

이런 식으로 생각해 보아야 한다. 2 달러를 가지고 잔치에 가는 어린이는 그 2 달러의 사용 방법으로 1000 달러의 용돈을 가진 어린이보다 훨씬 더 진지하게 생각할 것이다. 어려운 일은 우리가 두 번째의 어린이처럼 사는 경우가 너무 많다는 점이다. 우리는 진지하게 선택하기는 커녕 낭비를 하고 있다.

비관론은 의미가 없다.

최근 일인데 내가 어떤 그룹 사람들에게 강연을 마치자 한 사람이 나에게 이렇게 말했다.

"나는 선생님이 말씀하시는 마음의 콘트롤에 관한 철학이 40 년 전이었다면 얼마나 효과가 있었을지를 알고 있습니다. 그러나 나는 지금도 그것이 효과가 있을 것이라고 생각지 않습니다."

물론 나는 그 이유를 물었다.

"오늘날에는 사태가 전혀 다릅니다. 참으로 좋은 시대는 다 지나가 버렸습니다. 우리는 언제 원자탄이 폭발하여 타죽을지도 모릅니다. 오늘날 우리는 어디선가 전쟁을 하고 있거나 전쟁을 하는 갈림길에 서 있는 겁니다. 세금은 우리들의 경제력을 약화시킵니다. 범죄는 점점 증가하고 있습니다. 세계는 전에 없이 나쁜 형태가 되어 있는 것입니다. 정직하게 말해 슈위쯔 선생님, 나는 오늘 낙관주의자이기 위해서는 사람은 바보가 되어야 한다고 생각하고 있습니다."

하고 그는 설명했다.

나는 잠시 사이를 두고 나서 그가 말하는 뜻도 알 수 있다고 말했다(남이 말하는 것을 부정하는 것은 좋은 결과를 가져다 주지 않는다. 만일 당신이 그들의 견해를 바꾸고 싶다면 논쟁하기 보다 먼저 이해를 보일 필요가 있다).

그리고 나서 나는 설명했다. 나는 이렇게 말했던 것이다. "아마 알고 계실 것으로 믿습니다만 유사 이래 세계는 전면적으로 붕괴할 갈림길에 놓였다고 믿지 않던 세대는 없었습니다."

나는 구약성서에 기록되어 있는 놀라운 고민 몇 가지, 로마 제국 시대의 음울과 파멸에 관한 예언 몇 가지, 그리고 최근의 우리 세대가 말하고 있는 상처를 재빨리 설명해 주었다.

나는 비관론자인 이 친구에게 어느 세대를 막론하고 얼마나 같은 요소 —— 아마 잠재 의식은 우리 문명이 파멸하기를 바라는 부정적인 사람들과 함께 살고 있는지 모른다. 그리고 그것이 잠재 의식에서 생각되고 있든 그렇지 않든 간에 이러한 비관적인 의견은 문제를 해결하기보다는 오히려 단순히 물을 더럽힐 뿐이고 필요한 개선을 하려고 낙관적으로 생각하는 소수 사람에게 사태를 점점 더 어렵게 만들어 버릴 뿐이라고 이야기해 주었다.

"다 아실 줄 믿습니다만"하고 나는 말을 맺었다.

"우리 과학자들은 지구와 우리 태양계는 대체로 300억 년 이상은 계속될 거로 추정하고 있습니다. 그리고 나는 사람이란 어떤 형태로든 그 시대의 대부분을 살아갈 것으로 믿습니다."

크게 성공하여 행복한 인생을 바라는 사람은 누구나 비관적인 이야기는 듣지 않는 방법을 배울 필요가 있다.

당신의 마음을 조절하는 것이다. '좋은 세상이다.'라고 생각하십시오. 그렇게 하면 실제로 그렇게 될 것이다.

이 장의 포인트를 영구히 당신의 것으로 만들라

(1) '생각하는 것은 실현된다'는 성공의 기본적인 진리를 받아들이라.

(2) '나는 기분이 좋다고 생각하는 쪽을 선택한다'고 생각하라. 그러면 그렇게 된다.

(3) '나는 행복을 선택한다'고 생각하라. 그러면 그렇게 된다.

(4) '나는 부자라고 생각하는 것을 선택한다'고 생각하라. 그러면 그렇게 된다.

(5) '나는 사태가 잘 될 것으로 믿는 쪽을 선택한다'고 생각하라. 그러면 그렇게 된다.

(6) '좋은 세상이다.'라고 생각하라. 그러면 그렇게 된다.

당신의 마음에 생각하고 싶도록 생각할 것을 명령하라.

제9장

마음의 작용을 세 배로,
지력으로 부자가 되려면

다섯 배의
돈을 벌기 위해서는 다섯 배만큼
더 노력해야 하는 것이 아님을 잘 기억해 두라.
제일급의 성공자와 다수의 凡人 사이에 있는
차이는 대개 극히 작은 것이다.
큰 성공은 콘트롤된 사고에 의해서
가져오게 된다.

마음의 작용을 세 배로,
지력으로 부자가 되려면

다섯 배의 가치를 지니려면 얼마나 노력해야 하는가?

여기에 자문하여 볼 만한 질문이 하나 있다. 그것은 연수가 5만 달러인 사람은 1만 달러를 버는 사람보다도 다섯 배나 더 노력해야 하는가이다.

그래서 만일 우리가 이 '더'라는 말을 지능 지수를 가리키는 것으로 규정한다면, 우리는 어떠한 사람이라도 남보다 다섯 배나 더 영리할 수 없다는 사실을 곧 알게 될 것이다. 그리고 또 우리가 '더'라는 말을 육체적인 스태미너라든지 노력을 의미하는 것으로 사용한다면 어떠한 사람이라도 남보다도 다섯 배의 힘을 가지고 있어야 할 게 아니냐 하는 사실도 곧 알 수 있을 것이다.

그렇다면 대체 사람들의 수입에서 오는 커다란 차이는 무엇으로 설명할 수 있을까? 나는 이 훌륭한 진리를 5, 6년 전에 처음으로 배운 것이다. 나는 마침 그 때 미국의 어느 일류 피아니스트 연주회에 참석했다. 나는 연주회가 끝난 뒤 나를 초대한 분이며 음악을 나보다 훨씬 더 많이 아는 친구에게 고백했다.

"짐, 나는 저 사람과 이제까지 내가 들은 여러 피아니스트들 사이에 별로 큰 차이를 발견하지 못하겠는데. 그가 독특하다는 점은 무엇인가?"

이에 대하여 짐은 다음과 같은 귀중한 교훈을 말해 주었던 것이다.

"차이라니? 그런 큰 차이는 없어요. 이 사람의 99%까지 잘 칠 수 있는 피아노 연주가는 수 만 명이나 될지도 모르지. 그러나 이 피아니스트는 나머지 1%를 더 잘 칠 수 있는 것이지. 그는 그 1%를 더 발휘함으로써 1회의 연주에 1500달러나 받고 있어요. 그의 경쟁 상대자들은 바로 그 1%가 부족해요. 그래서 그들은 같은 음악을 연주하더라도 50달러나 100달러밖에 받지 못해요. 일류 프로와 훌륭한 아마추어의 차이는 아주 작은 경우가 많지."

"자네는 10배의 돈을 벌려면 10배나 더 노력할 필요는 없다는 말을 하고 있는 거군."

나는 이렇게 말을 꺼내 보았다.

"사실이 그렇지."라고 친구는 수긍했다.

"예를 들면, 야구를 예로 들어 보세. 타율이 20%인 사람은 보통 선수지. 아마 그는 그 시즌 동안 재미를 못 볼지도 몰라요. 그러나 타율이 30%인 사람은 위대한 히어로이며 돈을 버는 사람이고. "

나는 이 귀중한 교훈에 대해 곰곰 생각해 보았다. 이와 같은 원칙은 다른 분야에도 적용된다. 판매에서도 10회의 상품 설명을 하여 평균보다도 하나만 많이 파는 사람은 돈을 버는 사람이 되는 것이다.

자기 일을 10%정도 더 많이 하는 회사 간부는 수입을 두 배에서 세 배나 더 올리고 있다. 10% 더 공부하는 학생은 성적을 C에서 A로 힘 안 들이고 올릴 수 있다.

10% 더 잘하는 것의 의미

나는 당신이 틀림없이 깜짝 놀랄 만한 사실을 알고 있다. 그것은 바로 이런 것이다. ──당신이 하는 일이 무엇이든 그것을 10%만 더 잘한다면 수입을 100%에서 500%이상 더 늘릴 수 있을 것이다.

7500달러 받는 관리자와 1만 2000달러 받는 사람의 차이는 항상 10% 이하이다. 당신이 의사, 변호사, 회사 간부, 회계사, 혹은 세일즈맨이든 간에 이 점에는 아무런 차이가 없다. 10%만 더 잘하는 것이다. 그렇게 하면 당신의 수입은 적어도 두 배는 될 것이다.

먼저 이것을 해 보고 그 결과를 보십시오.

사람들은 평균에 이르기까지는 열심히 일한다. 그러나 그들은 거기서 멈춰서고 만다. 조금만 더 노력해도 그들은 보통의 세계에서 훨씬 높은 위치로 자기를 끌어올릴 수 있는데도.

그럼 그 10%의 정신력을 익히는 비결은 무엇일까? 먼저 이것을 생각해 보기로 하자.

정신력에 대한 두 가지 큰 발견

우리는 정신력에서 훌륭한 두 가지 발견을 하고 있다. 그 첫째는 먼 옛날 문명의 여명기에 인간은 생각할 수 있다는 사실을 발견했다. 인류는 그것을 올바르게 활용하는 방법을 알 때까지 '생각하는 기계'를 가졌다는 사실을 알면서도 어물거리고 있었다. 발견도 우연에 의한 것이고, 발명도 우연, 업적도 우연한 것이었다. 사실상 모든 인류의 진보는 우발적이었다.

그 뒤 비교적 근대에 와서 인간은 제2의 위대한 발견을 했다. 제2의 발견은 당신의 두뇌, 당신의 생각하는 기계는 지배되고, 단련될 수 있다는 것이다. 왜냐 하면 당신은 자신의 마음대로 원하는 것을 시킬 수 있다는 것, 당신은 기계를 콘트롤하는 것과 본질적으로는 같은 방법으로 자신의 마음을 콘트롤할 수 있다는 것이다. 당신은 거기에 원하는 것을 시킬 수 있다. 물론 현재로서는 생각하는 기계에 대하여 완전한 통제력을 가진 사람은 없다. 그러나 세심한 주의력을 가지고 해 가는 사이에 더 큰 콘트롤을 할 수 있게 될 것은 틀림없다.

그럼 그 방법을 나타내는 다섯 가지 법칙을 다음에 들어 보자.

정신력을 콘트롤하는 첫째 법칙

▨ 첫째 법칙—마음의 추진력을 늘리기 위해 생각하는 것을 실행하라

몇 년 전에 나는 체육관에 근무하고 있는 어느 체육 코치를

본 일이 있다. 그의 학급에는 약 10명의 수강자가 있었는데, 그 대부분은 느슨한 상태에 있었다. 그들은 미용 체조를 하고 있었다. 그리고 그 대부분은 분명히 교사쪽을 주목하고 있었다. 그는 힘차게 미용 체조를 하느라 땀투성이가 되어 있었다. 그러나 그의 학생들——젊음을 되찾기 위해 수강료를 내고 있는 이 중년기의 사람들은 마지 못해 참가하고 있을 따름이었다.

이 교사는 드디어 화가 발끈 치밀어 이렇게 외쳤다.

"여러분, 말씀드려둡니다만 내가 하는 것을 보고만 있으면 여러분은 근육을 단련할 수 없습니다."

그리고 그는 이어서 그 그룹에게 교사만 바라보아서는 신체의 조정은 할 수 없다고 경고하였다.

이것은 두뇌의 경우도 같다. 두뇌가 최선의 일을 하기 위해서는 단련이 필요하다. 당신도 틀림없이 집에 들어가 너무나 놀아 버려서 피로한 나머지 숙제를 하지 못하게 된 학생의 이야기를 들은 적이 있을 것이다. 그 학생은 머리가 어떤 침투 현상(浸透現象)을 일으켜 자기가 해야 할 숙제를 모두 해 주기를 바라고 머리맡에 책을 놓아 두고 잤다는 것이다.

다른 사람이 마음을 단련하는 것을 보기만 해 가지고는 마음은 단련할 수 없는 것이다. 만일 제일급의 창조적인 지력을 익히려고 한다면 당신은 거기에 몰두하지 않으면 안 된다.

정신적 둔화의 원인

사고(思考)는 일종의 노동이다. 사고 능력을 높이기 위해서는 우리의 마음을 새로운 길로 이끄는 수련을 쌓지 않으면 안 된다.

나한테는 전생애를 거의 남의 사고를 흡수하는 데에 보낸 교수인 친구가 있다. 그의 마음은 도서관과 같다. 거기에는 사실이 가득차 있지만, 그는 생각하는 것을 이제까지 실행한 일이 없기 때문에 창조적인 사고 방식은 할 수가 없는 것이다. 만일 당신이 이 정도의 사실만을 필요로 한다면 그를 모방하는 게 좋다. 그러나 만일 당신이 아이디어를 아쉬워하고 진보적인 조언을 바라고 창조적인 사고를 바란다면, 그를 뒤따라서는 안 된다. 그는 자기의 창조적인 마음의 기계를 개발하지 않았다. 그는 정신적인 변비증에 걸려 있다. 그는 지식을 소화하여 거기서 새로운 사고를 꺼낼 수가 없는 것이다.

정신적 둔화의 원인은 무엇일까?

'세월은 빠른데 학문은 이루기 어렵다'고 말한 것은 어째서일까? 성인(成人)이 되고도 아는 게 없는 것은 어째서일까? 아마 여러 가지 이유가 있을 것으로 생각되지만, 내가 생각하기에는 그 기본적인 이유는 우리가 육체적으로 단정치 못하게 성장하는 것과 기본적으로는 같은 이유로서 정신적으로 단정치 못하게 자라는 데 있다. 음식물이 좋지 못하든지 좋은 컨디션에 있을 수 없었던 탓이다.

내가 즐겨 사람들을 '에어컨된 머리'라 부르는 이유는 그들의 머리에 스며들 듯한 것은 공기 뿐이기 때문이다. 이러한 사람들은 소리는 듣지만 결코 생각은 들으려고 하지 않는다. 하지만 두뇌, 당신의 마음——이 세계에서 우리가 알고 있는 가장 훌륭한 기계는 단순히 소음 흡수기로써만 사용하기에는 너무나도 귀중하지 않을까? 당신이 머리를 소유하고 있는 의미와 이유는 당신을 위해 그것을 사용하기 때문이다.

생각하기를 피하려는 것은 인간의 자연적인 경향인 것 같다 (인간의 진화 과정을 보면 사고는 최후에 발달한 것이다). 많은 사람들이 텔레비전에 달라붙거나 신문을 탐독하는 것은 이 때문이다.

근년에 보는 스포츠의 급증에 커다란 관심이 기울어지고 있다. 직접 가담하여 플레이하는 대신에 우리들 대부분은 스타디움에 가서 팀이 플레이하는 것을 관전한다. 하지만 당신이나 나나 다음 사실은 알고 있을 것이다. 우리는 20승 투수가 일요일마다 공던지는 것은 볼 수 있어도 그들은 우리가 게임이 끝나서 집에 돌아간 뒤에도 연습을 하지 않으면 시즌이 끝날 때까지 더 좋은 공은 한 번도 던질 수 없다는 사실을.

자진해서 새로운 문제와 맞서라

여기에 마음의 추진력을 높이기 위해 사용할 수 있는 하나의 기술이 있다. 그것은 자진해서 생각할 필요가 있는 새로운 문제, 새로운 상황과 맞서는 것이다.

설명을 좀 하여 보자.

오늘날 군대의 사관은 단순히 쓸데 없는 강의나 듣는 학교로 보낼 수는 없다. 그들에게는 스스로 참가하여 현실 문제를 실제로 해결할 것이 요구되고 있다. 내가 알고 있는 어느 기술관계 회사에서는 일이 뜸하면 그 기사들에게 품질 개선을 실험시키기로 하고 있다. 이것은 머리의 자본을 만드는 훌륭한 방법일 뿐 아니라 사람들로 하여금 그들의 일에 관심을 가지게 하는 아주 좋은 연구라고 할 수 있겠다.

또 내가 알고 있는 한 아버지는 자기가 들려 주는 정도의 이야기를 자기의 자녀들도 이야기하도록 요구하고 있다.

"아이들에게 이야기를 시키는 것은 그들의 두뇌를 발달시키는 것입니다."

라고 그는 말한다.

최근에 나는 어느 보험 회사의 중역이 그가 '약삭빠른 죄'라고 하는 의견을 들은 적이 있다. 그는 그것을 이렇게 설명했다.

"당신이 새로 비서를 고용했다고 가정합시다. 첫 2주 동안에 그녀는 여러 가지 일을 배웁니다. 그녀는 화장실이 어디에 있고, 점심 시간은 어떻게 되어 있으며, 당신은 몇 시에 출근하고, 어떤 식으로 서명하는지 등을 배웁니다. 그러나 그 뒤부터는 어떻게 될까요? 그 다음부터 그녀는 익숙해져서 배우지 않더라도 타성으로 해 갈 만큼 일에 대한 지식을 익히고 맙니다. 생각을 하지 않으므로 그녀의 머리는 조금도 성장하지 않습니다. 벌써 그럴 필요가 없으므로 새로운 것을 찾지도 않습니다."

그 뒤 그 회사의 부사장이 된 이 중역은 이런 말도 해 주었다.

"당신도 알지만 디이브, 나는 우리 회사에서 3년이나 4년마다 포스트를 바꿀 수 있었던 것을 무척 기뻐하고 있어요. 나는 꾸준히 무언가 새로운 것을 배우게 되니까. 나는 여러 부문을 돌아다닌 결과 계속 자극을 받습니다. 나는 지금 이에 대하여 회사에 감사하고 있습니다."

다음을 기억해 두어야 한다. ──살아 온 시간의 길이와 흡수한 지혜의 양 사이에는 아무런 상관 관계가 없다는 사실을. 그보다도 오히려 지혜 지수가 18인 사람과 80인 사람의 차이

는 80 의 사람은 18 의 사람보다도 더 많은 사업상의 난문제를
알게 된다는 경우가 가끔 있다.

이 법칙에 따라야 한다. 꾸준히 당신의 사고에 대한 새로운
도전을 찾아야 한다. 사업상으로도 사실은 당신이 알지 못하지
만 알려고 하는 새로운 타이프의 일을 찾으십시오. 미지의 것
을 찾으십시오. 그것과 격투하여 정복하십시오.

다시 한 번 학교에 되돌아가는 의미

그런데 여기에 다음의 추진력을 높이고 경쟁에 승리하기 위
한 다른 방법이 있다. 그것은 학교에 되돌아가는 것이다. 비록
그것이 한 달에 몇 시간일지라도 학교에 되돌아가는 것이다.

오늘날에는 더 많고 훌륭한 교육의 필요성을 크게 외치고 있
는 덕택으로 당신은 수많은 흥미있는 주제 중에서 어느 것이나
배울 수 있다. 교육은 당신을 보다 기민하게 하고 언제까지고
젊음을 유지하며 다른 사람에 대해 관심을 갖게 하고, 그리고
이것이 가장 중요한데 당신 마음의 추진력을 증대시켜 주는 점
이다.

그러나 하나의 커다란 난점이 있다. 그것은 성인 교육은 누
구에게나 도움이 되지만 호응하는 사람은 비교적 적다는 사실
이다.

나는 과거에도 성인을 위한 교육 프로그램을 제공했을 때 대
부분의 사람, 특히 그것을 가장 필요로 하는 사람들이 참가하
지 않기 위한 그럴 듯한 이유를 찾아 내려는 경향이 있다는 사
실을 목격해 왔다. 그것은 누구에게나 도움이 되지만, 그 기회
가 제공되었을 때 그것을 받아들이려고 하는 사람은 극히

적다.

또 하나의 난점은 수강은 하면서도 거기에 패스하기 위한 노력 밖에 하지 않는 경향이다. 남의 도움으로 살기를 바라는 사람은 수퍼마켓에 가서 1파운드의 고기를 사 가지고 집에 가서 달아보니까 8온스 밖에 안 되자 다시 그 가게에 가서 대단히 감사하다고 말하는 부인과 같다.

교육을 받는 이유가 거기에 있는 것이다. 왜 그 혜택을 받지 않는가? 거기에 출석한 다른 창조적 정신의 소유자와 사귀는 것은 그 비용의 몇 배나 되는 가치가 있을 것이다. 나는 여러 부류의 사람한테서 야간 학교는 성인에게 어떠냐는 질문을 받는 경우가 자주 있다. 그럴 때 나는 그들에게 이렇게 물어 본다.

"당신은 볼링을 하러 가십니까?"

만일 그들이 "예"라고 대답하면 나는 주에 하룻밤 어딘가 성인 교실에 나가는 것은 볼링 못지않게 도움이 된다고 말해 주고 있다.

정신력을 콘트롤하는 둘째 법칙

둘째 법칙―사고방식의 폭을 넓히라

여기에 당신의 두뇌를 더욱 효과적으로 작용하도록 조절하기 위한 두번째 기본 법칙이 있다. 그것은 당신의 사고 과정의 폭을 좀더 넓히는 것이다.

마음이 좁은 사람은 다음과 같이 모든 것에 부정적인 특질을 가지고 있다.

(1) 그들은 문제의 작은 부분만 본다.

(2) 마음이 좁은 사람들은 특히 편견이 강하다. 그들은 강한 증오를 할 수 있다.

(3) 그들은 지적인 점에서는 맹목이다. 어른이 되어도 참다운 지혜는 익히지 못한다.

사고 방식의 폭을 평가하기 위해서는 '나는 이 문제를 여러 측면에서 보고 있을까? 나는 균형이 잡힌 해결을 생각했을까?' 라는 질문을 자기에게 던져 보는 게 좋다.

당신은 얼마나 폭넓게 생각하고 있는가

상황
(1) 사장의 인상
(2) 어느 작가의 인상
(3) 이민 정책
(4) 유명한 영화배우의 못된 행적
(5) 뉴욕의 생활
(6) 자동차의 인상

좁은 사고 방식을 하는 사람
"사장은 얼간이다. 무슨 일에나 바보 짓만 하고 있다."

"나는 그가 쓴 것은 하나도 읽지 않았다. 그뿐이 아니다. 앞으로도 읽지 않을 것이다. 그가 쓴 것은 출판하지 않는 게 좋겠다."

"이번만으로 문호를 닫아야 한다. 이들 이민이 하는 일이란 미국인의 일자리만 빼앗고 있으니까."

"심한 친구들이다. 영화계에서 쫓아내야 한다. 그리고 그런 사람의 영화는 보이코트해야 한다."

"남이야 거기서 수소폭탄을 테스트하든 나에게는 아무런 상관이 없다. 뉴욕 사람은 자기 이외에는 누구한테나 무관심하다. 그리고 그들은 갈 데도 없는데 바쁘다."

"디트로이트 사람들은 모두 미쳤다. 그들은 차를 디자인할 줄도 모른다. 차를 디자인하고 만드는 점에서는 유럽쪽이 훨씬 진보되어 있다."

▓ 넓은 사고 방식을 하는 사람

"그렇다. 나는 사장이 국내 문제는 잘 처리하고 있는 줄 안다. 우리 회사의 해외 정책의 어느 면은 더 좋은 방법이 있다고 생각되지만——"

"나는 그가 쓴 것은 읽지 않아서 무어라고 의견을 말할 수 없다. 그러나 어쨌든 곧 읽으려고는 생각하고 있다."

"우리는 공평한 정책을 취해야 한다고 믿는다. 왜냐 하면 문호는 개방하여 두지만 좀더 선택적으로 해야 한다. 이 나라는 좀더 훌륭한 사람들을 필요로 하고 있다. 이민은 그러한 사람들을 얻는 하나의 방법이다."

"사람에게는 각자의 생활이 있는 것이다. 게다가 유명인일지라도 프라이버시의 권리는 있다. 나는 자기의 문제를 해결하기에 바빠서 도저히 남의 일까지 간여할 수 없다."

"뉴욕 생활은 다른 어디서 사는 거나 다름없이 좋은 점과 나쁜 점이 있다. 좋은 점만 있는 곳은 아무 데도 없다. 사람이면 누구나 나는 뉴욕 사람들에게도 다른 고장의 사람과 다름없이 좋은 점도 있으며 나쁜 점도 있다고 생각한다."

"그것은 자동차를 어떻게 사용하느냐에 달려 있다. 여행용이라면 나는 미국의 차가 훨씬 좋다. 그러나 경제를 생각한다면 나는 유럽의 차를 살 것이다."

폭넓게 생각하기 위해서는 다음을 기억해 두어야 한다.
(1) '흑이냐 백이냐'와 같이 결말짓고 마는 일에는 신중한 태도를 취합시오. 예를 들면, 이렇게 말하는 것은 주의할 일이다.

　"저 사람은 이에 대해서는 생각하지 않았다. 그는 쉴새 없이 지껄이고만 있었다."
(2) '미워한다'든지 '놈들은 바보다'라든지 '저 사람은 좋지 않다'와 같은 말을 피하십시오.
(3) 자기의 의견을 내놓기 전에 사람의 양면을 생각하십시오. 다 좋다든지 다 나쁘다는 경우는 없을 것이다.
(4) 당신의 의견을 서둘러 내놓아서는 안 된다. 대화에서는 가장 나중에 이야기하는 사람이 이기는 게 보통이다. 이론이 있는 문제는 분명한 입장을 취하기 전에 천천히 생각해야 한다.

정신력을 콘드롤하는 셋째 법칙

　▨ 셋째 법칙―손님으로서가 아니라 동료의 일원으로서 생각하라
　거의 어떠한 일이나 두 부류의 사람이 있는 법이다. 손님과 동료의 일원이다. 둘다 똑같이 고용 되어 있지만, 각자의 일하는 태도엔 큰 차이가 있다. 이 차이는 태도에 있다.
　새로운 정신력을 익히기 위한 첫째 걸음은 동료의 일원으로서 생각하는 것으로, 자기도 그 안에 뛰어들어가는 것이며, 일

어난 일에 책임을 지는 것이다.

다음에 실례를 보고 두 사고 방식의 차이를 비교하여 보기 바란다.

손님

(1) 여긴 내 회사가 아니다. 만일 한다고 하더라도…….
(2) 천천히 해 간다. '그래도 급료는 받을 수 있다. 어떻게 하든 차이는 없다.'
(3) 할 일 없이 시계만 보고 있다.
(4) 회사가 자기를 보살펴 주어야 한다고 생각하고 있다.

동료의 일원

여기는 내 회사다. 나는 이런 일을 하자.

열심히 한다. 급료를 받고 있는 이상 회사에 대하여 책임이 있다고 신중히 생각한다.

얼마나 일했느냐에 정신이 팔려 시간 같은 것은 염두에 없다.

자기가 회사를 보살펴야 한다고 생각한다.

'우리'와 '그들'

여기에 한 사람의 직장 동료가 있다고 하자. 당신은 그 사람이 '우리', 혹은 '나'라고 하느냐, 그렇지 않으면 그 사람이 '그들'이라고 말하느냐에 따라 동료냐 손님이냐를 실수없이 선별할 수 있다.

교회이든, 학교이든, 회사이든, 또는 군대이든——거의 어떠한 곳에서나 우리는 손님을 얼마든지 발견한다.

만일 당신이 성공을 생각하고 있다면 동료의 일원이 되어야지 결코 손님이 되어서는 안 된다.

아무 목표도 없는 사람가운데 위를 겨냥하고 있는 사람들을 구별하려면 그들이 '그들'이라고 말하느냐 '우리'라고 말하느냐에 따라서 분별하는 것보다 간단하고 확실한 방법은 없다. 예를 들어 본다면, 자기의 회사에 대한 질문에,

'그들'은 왜 그런 식으로 생각하는지 나는 알 수 없습니다."

라고 대답하는 세일즈맨 같은 사람이 그 예이다. 어느 경영 콘설턴트가 최근에 나한테 이런 말을 한 일이 있다.

"그것은 중요하지 않게 생각될지도 모르지만, '그들'이라는 말은 훈련된 귀에는 심리적인 폭발처럼 들립니다."

어느 회사 간부는 이렇게 말하고 있다.

"나는 이것을 아주 통감하고 있기 때문에 우리 회사의 모든 사람에게 회사를 말하는 경우에는 '우리'라 말하지 결코 '그들'이라고는 하지 말도록 지시하고 있습니다. 나는 '그들'이라고 하는 사람은 해고하려는 생각까지도 하고 있습니다. 왜냐하면 '그들'이라고 말하는 사람들은 결코 심리적으로는 우리 회사를 위해 일하는 것이 아니기 때문입니다."

정신력을 콘트롤하는 넷째 법칙

넷째 법칙—먼저 들으라 —— 그리고 나서 당신이 영향을 미치려고 하는 사람과 마음을 나누라

몇 주 전에 나는 어느 선전 콘테스트의 심사 위원이 될 기회를 가졌다. 라디오와 텔레비전의 CM이 여러 광고 대리점에서

제출되고, 그 중에서 다른 심사 위원과 나는 입상자를 골랐다. 그 뒤에 나는 라디오와 텔레비전의 두 부분에서 1등상을 받은 대리점의 사장과 한담을 할 기회가 있었다. 나는 그에게 그의 성공은 무엇에 돌릴 것인가——그는 어떻게 해서 이처럼 훌륭한 CM을 만들 수 있었느냐고 물어 보았다.

그는 잠시 먼 산을 보는 눈매로 천천히 설명하기 시작했다.

"물론 판매 촉진은 어떤 경우에나 필요합니다. 예를 들면, 어린이가 아버지한테 30 달러짜리 글러브를 사주게 만드는 재주, 이것도 세일즈맨십입니다. 또 사람들에게 어떤 브랜드의 담배를 피우게 하는 것, 이것 또한 세일즈맨십입니다. 인생 그 자체가 하나의 커다란 판매인 것입니다. 어느 여자를 당신과 결혼하도록 결심하게 만든다——거기에도 세일즈맨십이 필요합니다."

나는 그를 가로막고 이렇게 질문했다.

"그러나 그것이 저렇게 입선하는 선전문, 즉 실제로 사람들에게 사고 싶게 만드는 것과 어떤 관계가 있습니까?"

그는 내가 그런 질문을 하는 의도를 다 알고 있는 것 같았다.

"그렇습니다. 나는 행운이었습니다."

라고 말한 후 그 특유의 먼 산을 보는 눈매로 다시 말을 이었다.

"전쟁이 끝나자 나는 제대하게 되었습니다. 다른 모든 사람들과 마찬가지로 너무나 아는 게 없었습니다. 나는 입대하기 전에는 일다운 일을 해 본 적이 없었고, 군대에서는 제대해서 써먹을 것이라곤 아무 것도 가르쳐 주지 않았습니다. 그러나 나는 다른 대부분의 군인과는 달랐습니다. 나는 하나의 플랜을 가지고 있었습니다. 나는 학교에 들어가기로 결심했습니다. 거기에는 군대의 급료보다도 많은 돈이 필요했기 때문에 나는 시내 버스를 운전하는 직업에 종사했습니다.

나는 5년 동안 버스를 운전하면서 거리를 누비고 밤에는 학교에 다녔습니다. 이 직업은 내가 학교를 졸업하는 데에 도움을 주었습니다만 틀림없이 나는 싫증이 났습니다.

권태로움을 날려 버리기 위해 나는 사람들과 이야기하는 습관을 들였습니다. 몸집이 작은 할머니, 학생, 공장노동자, 어린이를 데리고 나온 어머니──아무튼 별 사람이 다 있습니다. 나는 이야기했습니다. 그리고 사람들의 사고 방식이라는 것이 무언가 깨닫게 되었습니다. 아마 아실 줄로 믿습니다만 나는 우리가 만든 광고가 크게 성공한 것은 내가 사람을 배웠기 때문이라고 생각합니다."

여기서 그는 하던 이야기를 멈추고 나에게 이런 질문을 했다.

"당신은 광고들이 어디가 잘못되어 있는지를 알고 계십니까?"

나는 광고가 내 직업상으로도 관심을 두고 있는 것이기 때문에 꼭 알고 싶다고 대답하였다.

"그렇습니다. 그것은 이런 것입니다."라고 그는 말했다.

"어느 대리점이나 일류 대학을 나온 수재를 고용하려고 합니다. 그것은 그렇다 칩시다. 우리 광고업계에서는 영리한 사람들, 아주 영리한 사람들을 필요로 하고 있으니까요. 그러나 이들 젊은이 대부분에게 부족한 점은 그들은 참으로 사람들을 이해하지 못한다는 사실입니다. 그들은 철학자 플라톤이나 아리스토텔레스를 배웁니다. 그것은 그것으로 좋습니다. 그러나 디이브, 그들은 주급 90달러의 철학자 빌 스미드나, 계모와 함께 살고 있는 철학자 톰 브라운에 대해서는 연구하고 있지 않습니다.

그러나 나는 행운이었습니다. 나도 플라톤이나 아리스토텔레스가 한 말을 배웠습니다. 그러나 내가 행운이었던 것은 나는 위대한 사람들의 철학과 보통 사람들의 철학 사이에 가교의 역할을 할 수 있었던 것입니다. 사람들이 생각하고 있는 게 무엇인지를 배웠습니다. 나는 그들한테 파장(波長)을 맞추는 방법을 배웠습니다."

"이제 나는"하며 그는 말을 이었다.

"어떤 계급의 어떤 사람하고도 대화를 할 수 있습니다. 나는 최근에도 대통령이 임석한 어느 위원이 되었습니다만 대통령과의 대화에 조금도 당황하지 않았습니다.

그러나 나는 또 가난한 노동자나 작은 사람이나 큰 사람이나 중키의 사람이나 그 누구든 이야기할 수 있습니다. 그래서 사업에 내가 성공한 첫째 원칙은 남의 이야기를 듣는 것이었습니다. 남의 이야기를 듣고 그들과 공감하는 것입니다. 나는 그들에게 나의 의견은 말하지 않습니다. 나는 그들의 의견을 들으려고 합니다. 아시다시피 우리들 대부분은 다른 사람과 이야기를 할 때 잘못을 저지르는 것은 사실상 상대방의 말을 듣지 않는 데 있습니다. 우리는 크리스마스 휴가에서 돌아온 두 어린이와 같습니다. 그 중 한 어린이가 다른 어린이에게 '휴가 중에 너는 무얼 했니?'라고 묻습니다. 거기서 질문을 받은 어린이가 이야기를 하기 시작합니다. 그러나 질문한 어린이는 듣지 않습니다.

대답하던 어린이가 이야기를 끝내고 한숨 돌릴 때까지 가만히 보고 있을 따름, 곧 자기가 한 일을 이야기하려고 합니다.

그렇습니다. 이것이 이른바 대화라는 것의 실태입니다. 나는 버스 운전을 하면서 남의 이야기를 듣는 방법을 배웠습니다. 나는 그들과 토론 같은 것은 하지 않습니다. 나는 그들이 잘못되어 있다는 말은 절대로 하지 않습니다. 그들이 생각하고 있는 것, 왜 그들은 그런 생각을 하는가에 대하여 좀더 많은 것을 알고 싶어서 여러 모로 질문해 보는 것입니다.

농민을 상대로 한 광고를 쓰려고 하는 사람이 10 년 이상이나, 아니 한 번도 농민과 이야기한 일이 없다. ──이런 사람이 얼마나 많은가 하는 사실에는 당신도 틀림없이 놀랄 것입니다. 한 번도 이야기한 사실이 없는 운전수나 벽돌공에게 영향을 미치는 광고를 만들려고 합니다. 다른 사람이 옳다든지 잘못이라든지 성급하게 결정하려고 해서는 안 됩니다. 그를 이해하려고 힘써야 합니다."

남의 이야기를 듣는 중요성

이것이 남과 의사를 소통하는 데에 훌륭한 교훈이 아닐까? 나는 사회에 실업(失業)이 끼치는 영향에 대한 강연을 준비하고 있던 사람을 알고 있다. 그는 도서관을 찾아다니면서 최근의 신문, 잡지류를 대량으로 모아서 강연을 했다. 그러나 그것은 별로 평판이 좋지 않았다. 그런데 또 다른 강연이 있었다.

같은 주제를 놓고 두 번째 사람은 많은 통계를 모으는 대신에 실업자를 찾아다니며 실제로 이야기를 나누었다. 그는 그들이 무엇을 하고 있는지, 어떻게 해서 살아가고 있는지 또는 무엇을 생각하고 있으며 어떤 방침을 세우고 있는지 물었다.

당신은 어느 강연이 성공했다고 생각하는가?

남의 이야기를 듣는다는 넷째 법칙을 기억해 두라. 그 다음에 영향을 미치려고 생각하는 사람들과 마음을 나누어 보라.

아동의 가정을 방문하는 학교 교사는 보다 잘 가르칠 수 있다. 가정 방문을 하여 신도들의 일상 환경 밑에서 대화를 하는 목사는 보다 훌륭한 설교를 할 수 있다.

중요한 것은 당신이 얼마나 많이 이야기하느냐가 아님을 잘 기억해 두어야 한다. 당신의 머리가 다른 사람을 복종시키는 이해력과 힘을 가질 수 있느냐를 결정하는 것은 당신이 얼마나 많이 듣느냐 하는 점이다. 당신의 머리가 최대 능력을 발휘하고 있느냐를 알기 위해 다음을 테스트해 보라. 그것은 이렇게 자문해 보는 것이다.

당신이 농민과 잠시 동안 대화를 나눈지가 얼마나 되었는가? 학교 교사와는? 그리고 벽돌공, 갱, 유죄로 선고된 범죄자, 회사 간부, 수위, 청소부, 교수, 목사와는?

이것은 어려운 테스트이긴 하지만, 우리 모두가 해 보지 않으면 안 되는 것이다. 만일 우리가 사람들에게 영향을 줌으로써 살아가는 것이라면 우리가 팔아 넘기려고 힘쓰고 있는 사람들이 하는 말을 듣고 그들과 마음을 나누는 것은 의미있는 일이 아닐까?

정신력을 콘트롤하는 다섯째 법칙

다섯째 법칙—당신 자신의 '지혜제조기'를 개발하라

최근에 미네아폴리스를 방문했을 때 나를 초청해 준 친구 변호사가 저녁 식사에 초대해 주었다. 식사가 끝나자 서재로 자

리를 옮겨 그는 "당신에게 보이고 싶은 게 있습니다."라고 말
했다. 그것은 그가 '지혜제조기(智慧製造機)'라고 부르는 것이
었다.

내가 그것에 열중하게 된 것은 말할 것도 없다. 왜냐하면 나
는 이제까지 '지혜제조기'라는 말을 들은 일도 없었으니까. 그
래서 나는 당연히 이렇게 물었다.

"그게 뭡니까? 그리고 어떻게 작용하나요."

그의 '지혜제조기'는 겉으로 보기엔 커다란 일기장과 비슷
했다. 그는 그것이 이렇게 작용한다고 설명해 주었다.

"밤마다 나는 그 날의 내 경험을 돌이켜 생각해 보기로 했습
니다. 나는 그 날의 사건에서 어떤 계시를 끌어내려 힘쓰고 있
습니다. 다음에 나는 그 안에 들어있는 원칙을 요약하여 간결
한 문장으로 정리해 둡니다. 몇 가지 보여 드릴까요?"

거기에는 이런 문장이 있었다. "너무 아는 것처럼 보이는 것
을 피하라. 내 머리의 힘을 뽐내려고 해선 안 된다."

그가 어느 날 이것을 쓴 이유는 매우 샤프한 행동을 한 탓으
로 소송에서 큰 손해를 본 경험 때문이라고 설명해 주었다. 그
는 판사를 얕잡아 본 탓으로 벌을 받았다.

그가 나한테 보여 준 다른 지혜의 단편에는 이런 것도 있
었다. '내일의 행동은 오늘 중에 계획하라. 그렇게 하면 시간
의 여유가 생기고 머리를 보다 효과적으로 활용할 수가 있다.'
이 밖에도 언쟁하거나 잘못이라고 남을 지적하는 것이 왜 어리
석으냐 하는 광범한 문제를 논한 것도 있다.

나는 여기에 큰 감명을 받았다. 그것은 실제적인 지혜의 훌
륭한 증거서류처럼 보였다.

"당신은 어떤 동기에서 이같은 습관을 익히게 되었는가요?"

라고 물어 보았다.

프랭클린의 성공 법칙

"그렇군요."하고 그는 설명했다.

"나는 언제나 자기 개선에 관심을 가지고 있었지요. 그러나 내가 이것을 시작하게 된 참다운 원인은 대학 시절로 거슬러 올라가지요. 나는 벤자민 프랭클린의 생애에 대한 연구 과제를 받았어요. 나는 그것을 연구하는 동안에 벤자민 프랭클린의 성공 법칙에서 내가 이제까지 알지 못했던 것을 배웠어요. 나는 그가 행동 지침으로서 자기를 위해 '가난한 리처드의 일기'를 쓴 것을 알았어요. 나중에 친구들이 그의 실천 철학을 인쇄하여 그것을 세상에 내 놓으라고 무리하게 권했지만 그는 이 법칙을 공개하려고 썼던 것은 아니었습니다.

그리고 만일 벤자민 프랭클린이 날마다 자신을 위해 어떤 충고를 쓸 수 있었다면, 나도 그것을 쓸 수 있지 않겠느냐 하는 생각이 들었지요. 그것이 그에게 도움이 되었다면 나에게도 도움이 될 것이라고. 그래서 나는 이것에 습관을 들이기 시작했는데 지금은 그 날 배운 것에서 무언가 한 가지 법칙을 기록하지 않고는 잠자리에 들 수 없을 정도가 되었어요. 나는 이 '지혜제조기'를 여행할 때에도 가지고 가고 비행기 안에서도 그것을 꺼내는 경우가 가끔 있습니다.

물론 여기에는 독창적인 점이 있는 것은 아니지요. 당신은 이와 같은 성공 법칙을 여러 책에서 발견할 수 있을 것입니다. 그러나 나는 이것을 스스로 발견한 것이니까 나에게는 그만큼 의미가 깊습니다. 이것은 결코 중고품의 지혜는 아니니까요?"

이것은 훌륭한 생각이 아닐까? 친구는 계속해서 나에게 같은 실수를 되풀이하는 것을 피하는 데에 이것이 얼마나 도움이 되었는가를 이야기해 주었다.

"나는 학교에 다닐 당시 다른 것도 공부했어요. '한 번 속으면 상대방이 나쁘지만, 두 번 속는 것은 네가 나쁘다.'라는 말을."

당신은 아마 일기를 쓰는 사람을 많이 알고 있을 줄로 안다. 그리고 나는 내기를 해도 좋지만 이런 사람들의 대부분은 이러한 방법으로 쓸 것이다.

'오늘도 역시 음울한 날이었다. 하루 종일 비. 말타한테서 병이 났다고 전화가 걸려 왔다. 내일은 의사한테 가야겠다.'

그러나 내 친구 변호사는 이와는 달랐고 훨씬 영리했다. 그는 이 점에 관한 이야기를 내가 잊지 못할 다음과 같은 의견으로 매듭지었던 것이다.

"당신도 알겠지만 어떤 사람은 날마다 그들에게 일어나는 고통스러운 일을 빠짐없이 일기에 씁니다. 그러나 나는 그런 짓은 하지 않아요. 내가 하려고 하는 것은 인생의 농축된 본질을 기록해 두는 것입니다. 나는 지혜를 몸에 익히려는 것이니까요."

당신도 이 기술을 활용하십시오

이같은 '지혜제조기'는 많은 위인들이 사용하고 있다. 구약 성서에 나오는 시편의 작자로서, 또한 역사상의 진실하고 심원한 사상가로서 유명한 다윗은 자기 자신을 인도하고 이해하기 위해 시편을 썼다고 한다. 그는 편히 앉아서 이런 말을 자신에게 하지는 않았다. '오늘은 사람들에게 어떻게 살아야 할 것인가를 가르치기 위해 성서 한 장을 더 쓰자'라고. 그런 게 아니고 다윗은 자기 자신에게 지시를 하기 위해 시편을 쓴 것이다. 그리고 자기가 배운 교훈을 기록하여 남긴 자연적인 부산물로서 다윗은 그의 지도 능력을 높였다.

우리는 다음 사실을 확신할 수 있다. ——다윗의 영원한 지혜를 배운 수억의 사람 중에서 가장 큰 이익을 얻은 사람은 아마 다윗 자신인 것을. 그것은 그를 창조적인 심리학자, 훌륭한 철학자로 만드는 데에 이바지했던 것이다.

이와 같은 지혜제조 기술은 당신에게도 도움이 될 것으로 믿는다. 당신이 해야 할 일은 다음 뿐이다. 먼저 일기장이나 노트북을 갖추는 것이다. 그리고 나서 '나는 오늘 어떤 위대한 교훈을 배웠을까?'라는 질문에 대한 대답을 그 일기에 날마다 쓴다. 그 다음에 당신이 기록한 모든 '지혜'를 재음미하는 데에 한두 시간을 소비한다. 그리고 그것이 도움이 되는 것을 알면 빠뜨리지 말고 계속해 가도록 한다.

그럼 이 방법이 왜 효과가 있는가를 설명해 보자. (실천철학이나 응용심리학과 같은) 지혜의 소재는 당신의 주변 어디에서나 하루하루의 생활을 형성하고 있는 크고 작은 많은 사건 중에 굴러다니고 있다. 그리고 이같은 교훈을 기록하는 그 자체가 조직적인 마음의 추구가 되는 것이다. 당신이 그것을 기록할 때에는 마음의 에너지는 100%가 사고 위에 집중되는 것임을 잊지 말아야 한다. 쓰는 것은 이야기하는 것의 10배나 분명히 기억된다. 종이와 연필——이것이 지혜를 만드는 강력한 도구이다. 그것을 활용하는 것이다.

이 장에서 기억해 둘 포인트

(1) 다섯 배의 돈을 벌기 위해서는 다섯 배만큼 더 노력해야 하는 것이 아님을 잘 기억해 두라. 제일급의 성공자와 다수의 범인(凡人) 사이에 있는 차이는 대개 극히 작은 것이다. 큰 성공은 콘트롤된 사고에 의해서 가져오게 된다.

(2) 당신의 마음을 활용하라. ——정신력을 기르기 위해 '생각하는 것'을 실행해야 한다. 날마다 활발한 정신 단련을 하는 것이다. 다른 사람이 하는 것을 보기만 하면 정신의 근육을 단련할 수 있다고 믿는 함정에 빠져서는 안 된다.

(3) 크게 생각하라. 생각에 폭을 가지라. 그림의 일부분이 아니라 전체를 보도록 자기 자신을 훈련하라.

(4) 손님으로서가 아니라 동료의 일원으로서 생각하라. '나'와 '우리'의 입장에서 생각하라. 결코 '그들'이라고 생각하지 않아야 한다. '그들'이라고 생각하는 사람은 아류에 속하는 인물로 운명지어져 있다.

(5) 마음을 오가게 하는 테크닉을 실행하라. 당신이 영향을 미치려고 하는 사람들의 이야기에 귀를 기울이라. 온갖 계급, 온갖 지위에 있는 사람들과 이야기하고 이해할 수 있을 때까지는 결코 마음을 허용하지 않아야 한다.

(6) 당신 자신의 지혜제조기를 개발하라. 당신이 배운 교훈을 기록해 둘 일이다. 당신이 그것을 기록할 때에는 마음의 컴퓨터에 영구적인 지시를 기록하고 있다는 사실을 잊지 말아야 한다.

제10장

정신력을 강화하여
그 혜택을 증가시키려면

나의
실패와 몰락에 대해서
책망할 사람은 나 자신 이외에는 없다.
나는 깨닫게 되었다. 내가 나 자신의 최대의 적이며,
나 자신의 비참한 운명의
원인이었던 것이다.
―나폴레옹―

정신력을 강화하여 그 혜택을 증가시키려면

우리는 흔히 인용되는 다음과 같은 말을 여러 차례 들었을 것이다. —— 말하거나 또는 글로 기록되는 가장 슬픈 말은 '저렇게 했더라면 좋았을 것'이라는 말이다. 이제부터 당신에게 '저렇게 했더라면 좋았을 걸'이라는 말이 실제로 얼마나 슬픈 것인가를 설명하는 한 사건을 이야기하자.

지난 해 6월 나는 어느 대회사의 연례 총회에서 연설을 했다. 이 총회에서 고참자 한 사람의 은퇴가 발표되었다. 그 회사의 사장은 일어서서 "해리가 얼마나 귀중한 존재였던가."라든지 "그가 물러나는 것을 우리 일동은 더없이 유감으로 생각한다."와 같은 정해진 말을 하였다.

강연을 마친 뒤에 나는 관계자와 잠시 이야기를 나누고 나서 물러서려고 하는데 식이 끝나자 사람들이 거의 거들떠보지도 않던 해리가 내 어깨를 두들기면서 이렇게 묻는 것이었다.

"30분 정도 시간을 내실 수 있겠습니까? 나는 공연히 아무 하고나 이야기하고 싶습니다."

이러한 청을 나는 어떻게 거절할 수 있겠는가? 나는 "좋습니다."라고 말하며 내 자리에 가서 약간의 샌드위치를 주문하고 편안한 자세를 취했다. 해리가 낙담하고 있는 것은 어렵지 않게 알아볼 수 있었다.

나는 해리가 어쩐지 슬퍼보였기에 나즉이 말했다.

"참, 오늘밤은 틀림없이 당신에게 기념이 될 만한 밤이군요. 오랜 세월 일한 끝에 은퇴하시게 되니까? 나와 이야기하고 싶으시다니 아주 기쁩니다."

"말씀대로입니다만"하고 해리는 입을 열었다.

"나는 행복하지는 않습니다. 오늘밤은 제 인생에서 가장 슬픈 밤입니다."

"왜 그렇습니까?"

사실은 그렇지 않았지만, 나는 몹시 놀란 표정을 지으면서 이렇게 물었다.

"예. 나는 오늘 밤 저곳에 앉아 있으면서 헛되이 보낸 인생을 회고해 보았습니다. 듣기는 좋았습니다만 마음 속으로는 완전한 실패자라고 생각했습니다."

"이제부터 어떻게 하실 작정입니까? 당신은 아직 예순 다섯 살입니다(나는 그가 비관적으로보다는 낙관적으로 생각하게 하려고 했다)."

"당신은 어떻게 생각하십니까?"라고 자기 혐오를 보이면서 그는 날카롭게 말했다.

"나는 이제부터 최후의 날까지 불안한 속에서 살아가야 합니다. 집사람과 나는 앞으로 플로리다의 포오크스빌로 이사할 생각입니다만 아마 죽는 날까지 거기에 있게 되겠지요. 나는 약간의 연금과 사회 보험금이 있으니까 그것으로 작은 집에서 살며 죽음을 기다릴 수밖에 없습니다."

"그리고 아시겠지만"하고 그는 괴로운 듯이 덧붙였다.

"나는 그 시기가 빨리 오기를 바라고 있습니다."

잠시 침묵이 흐른 뒤에 그는 포켓에서 아직 케이스에 들어 있는 시계를 꺼내어 이렇게 말했다.

"나는 이것을 남에게 주어 버리려고 합니다. 나는 상기하고 싶지 않습니다."

"당신은 그것을 나한테 이야기하려고 했습니까?"

내가 그렇게 묻자 해리는 이제 마음이 조금 편해진 듯이 그 결말을 이야기하기 시작하였다.

"오늘 아침 죠(그 회사의 사장)가 인사말을 하러 일어 섰을 때 내가 얼마나 마음이 상했는지 당신은 모르실 것입니다. 죠와 나는 함께 입사했습니다. 그러나 죠는 출세했습니다. 그리고 나는 하지 못했습니다. 이제까지 내가 회사에서 가장 많이 받은 급료는 연수 7250 달러였습니다. 최근에 나는 죠가 보너스라든지 그 밖의 수입은 별도로 하고도 그 10 배나 받는다고 들었습니다. 옛일을 생각해 보면 죠는 결코 나보다 머리가 좋다고는 할 수 없었습니다. 그는 소극적이 아니었을 따름입니다. 그는 잘 뛰어다녔으며 나는 그렇게 하지 못했습니다.

기회가 전혀 없었던 것은 아니었습니다. 있기도 했습니다. 회사 안에서나 밖에서 여러 차례나. 회사에 들어간지 5 년 뒤에도 남부에 가서 그 곳 지점을 관리할 기회가 있었습니다. 그러나 나는 잘 되지 않을 것 같아서 그것을 거절했습니다. 다른 기회도 있었습니다만 기회가 있을 때마다 나는 뒷걸음칠 구실을 찾았습니다.

이제 그것은 모두 사라졌습니다. 그리고 나에게는 내 인생을 돌이켜보고 실망하는 이외에는 아무 것도 남지 않았습니다. 아마 포오크스빌에 가서도 헛되이 보낸 나의 인생을 회상하는 일 밖에는 아무 일도 못할 것입니다.

그러나 나는 완전히 비참했던 것은 아닙니다. 나한테 어울리는 중류생활은 해 왔습니다. 먹을 것도 충분했고, 집사람은 값비싼 옷은 아니었습니다만 그래도 꽤 좋은 것을 입어 왔습니다. 적긴 했습니다만 휴가도 취했습니다. 어린이들을 대학에도 보냈습니다. 나를 상처 준 것은 바로 이 점입니다."

해리는 아픈 곳을 찔린 것처럼 입을 다물었다.

"나는 두 아들이 있습니다만 둘 다 어릴 때부터 원래 소심하지 않았나 생각됩니다."

해리는 그칠 줄 모르고 이야기를 계속하였다. 그는 방법을 바꾸어 가면서 자립에 실패한 사실에 대한 불만을 설명하는 것이었다.

그것들은 모두 '말하거나 또는 글로 기록되면 가장 슬픈, 이렇게 되었더라면 좋았을 것'이라는 말이었는데 이는 영원한 지혜에 내포되는 커다란 통찰(洞察)을 증명하는 것이었다.

마음의 강화 프로그램 여섯 가지

해리는 참다운 목표가 없었기 때문에 모든 일에 주견없이 살아 왔던 것이다. 해리는 참다운 삶이 두려워서 바깥 세계에 뛰어들어 책임지기를 꺼렸다. 해리는 '그날 그날'을 위해서만 살아 왔던 것이다. 그리고 근무를 마치고 과거를 회고하면서 덧없이 흘러간 자기의 인생을 바라보고 있는 것이다. 당신도 알고 있는 수많은 사람들과 마찬가지로 해리는 그 자신을 평생을 두고 심리적인 노예로 키웠던 것이다. 만일 당신이 하고 싶은 것을 하지 않는다면, 만일 당신이 자기를 억압하고 있다면, 만일 당신이 인생에서 감격을 얻지 못하고 있다면, 그리고 만일 당신이 자기는 참으로 살아 있는 게 아니라고 한탄하고 있다면, 다음에 씌어 있는 것을 잘 읽기 바란다. 나는 이제부터 당신이 선택한 어느 분야에서나 몇 배의 성공을 거둘 수 있도록 당신의 정신력을 강화하는 방법을 나타내는 여섯 가지 프로그램을 서술하려고 한다.

작고 하찮은 어린이용 확대경이라도 그것이 올바르게 다루어지면 불이 붙을 정도의 태양 광선을 모을 수 있듯이 당신도 강화된 정신력으로 부와 행복을 배가하고 진심으로 원하는 심리 궤도에 당신을 올려 놓을 수 있다. 이 마음의 강화 프로그램은 다음과 같은 특별한 사항을 포함하고 있다.

(1) 심리적인 노예 상태에서 당신을 해방할 것.

(2) 온갖 형태의 목표 결여증을 치료할 것.

(3) 당신의 '살기 위한 유서'를 만들 것.

(4) 당신은 이미 돈버는 데 필요한 소재를 가지고 있음을 실감할 것.

(5) 그리고 돈은 얼마든지 있고 당신은 원하는 만큼 가질 수 있다는 사실을 발견할 것.

(6) 가장 성공한 사람들만을 모방할 것.

심리적 노예 상태에서 벗어나라

그럼 서둘러 첫째 사항에 들어가자.

첫째 사항은 심리적 노예 상태에서 당신을 해방하는 것이다. 몇 년 전에 나는 어떤 학생 그룹을 위해 어느 대공장의 방문을 주선한 적이 있다. 그들 중에서 몇 사람은 짐작했던 대로 이제까지 공장 안에 들어가 본 일이 없었다. 공장을 돌아보는 도중에 견학은 잠시 중단되고, 그 그룹과 나는 종업원용 식당에서 몇 분 동안 커피를 마시게 되었다. 나는 내 테이블에 앉은 학생들에게 이제까지 본 데 대한 인상을 물어 보았다.

한 학생이 의견을 말하고 난처한 모습으로 이렇게 말했다. "어떻게 생각해야 좋을지 저는 모르겠습니다. 저는 크게 실망했습니다. 이곳에 있는 사람들은 대부분이 노예처럼 보였습니다. 자기의 일을 즐겁게 하는 사람은 거의 없습니다. 솔직히 말해서 그들은 자기들이 하는 일을 싫어하고 있는 것 같습니다."

그룹의 다른 사람들도 입을 모았다. 그들도 이와 같은 인상을 받았다는 것이다.

우리가 견학을 계속하고 있는 동안 '이곳에 있는 사람들은 대부분이 노예처럼 보인다'라는 의견이 내 생각을 완전히 점령하고 말았다. 그 학생의 말이 옳았던 것이다. 아마 그가 알고 있던 것보다도 더 옳았다.

어느 기계가 있는 곳에서 나는 '나는 이 일을 먹고 살기 위해서 어쩔 수 없이 하고 있습니다.'라는 모습으로 일하는 한 부인 노동자를 발견했다. 그녀를 보고 있는 동안에 나는 그녀의 동료 대부분이 멋진 일을 하고 있는데 그녀는 하필이면 여기서 이런 일을 하고 있는 것은 어째서일까 하고 이상한 생각이 들었다. 이 부인은 다른 일자리가 없었던 게 아닐까? 이왕 일할 바엔 못마땅해하는 것보다 웃으면서 일할 수 있지 않을까? 그녀는 여러 가지 훌륭한 일 중에서 하나를 선택할 수 있지 않을까? 그런데도 그녀는 여기에 있다. ——노예 상태로.

다른 기계가 있는 곳에서는 쉰 살 정도 된 사람이 자기가 하는 일이나 그 방법을 설명하고 있는 모습을 보았다. 그는 자기가 하는 일을 무척 잘 알고 있는 것 같았다. 그리고 또 지식이 풍부한 것 같았다. 그러나 그도 역시 '어쩔 수 없이' 일하고 있다는 것이 분명했다. 그도 또한 노예였던 것이다. 그는 무언가 다른 일을 할 수 있지 않았을까? 그는 기사가 될 수 있었던 것은 아닐까? 아마 그는 제대로 훈련을 받았다면 이제까지 인력으로 하던 일을 자동화하는 설비로 만들 수도 있었을 것이다.

여기에 있는 다른 사람들도 화학자라든지 작가라든지 상인 또는 회사 임원이라든지 세일즈맨이 될 수 있었을지도 모른다. 그러나 나의 학생이 한 말을 빌리면 그들은 노예였던 것이다.

우리는 이 20세기에도 수많은 노예 제도를 두고 있다. 그리고 이 노예 제도는 어떤 종류의 일에 한정되어 있는 것이 아니다. 사무실에도, 가게에도, 농장에도, 어디에도 노예는 있다.

다음에 주목해야 한다. ——오늘날의 노예는 누군가의 강제로 노예가 된 게 아니라 자기 의사로 노예가 되어 있다는 것을. 그들은 어떻게 하면 자유로워지는가를 알지 못하므로 마지 못해 노예를 선택하고 있다.

오늘날의 노예 제도는 육체적인 것이 아니라 정신적인 것이다. 오늘날의 노예는 자기 정신, 자기 야심, 자기 욕망을 가지고 있지만, 그것을 누군가 다른 사람에게 지배당하고 있다. 사실 그들은 육체적으로 쇠사슬에 얽매여 있거나 채찍질 당하지는 않는다. 그러나 오늘날의 노예는 정신적인 감옥에 묶여서 싫어하는 일을 하든지, 다른 사람에게 자기의 미래를 지배당하든지, 그러면서 자기는 인생을 즐길 수 있었으며, 즐겨야 했다고 말하는, 커다란 심리적인 형벌을 받고 있는 것이다.

당신의 인생을 움직이고 있는 것은 누군가?

성공에는 자유가 필요하다. 그리고 이 경우의 자유는 당신이 하려고 하는 최대, 최고의 도전적인 것에 몰두함으로써 안겨지는 것이다.

자유로우십시오! 20세기 노예가 되는 것을 거부해야 한다. 많은 사람들이 불만을 가지고 침울하게 무슨 일에나 실패하고 있는 것은 다음과 같은 사소한 이유 때문이다. 그들은 그것을 향하여 모든 에너지를 열광적으로 집중할 수 있는 목표 선택을 잘못한 것이다. 인생을 웅크리고 사는 대부분의 사람은 다음과 같은 사소한 이유로 아무 데도 가지 못한다. 그들은 가야 할 곳을 선택하지 못했다. 그들은 아무런 목표도 없으면서 자기 자신과 자기 에너지, 그리고 자기 재능을 낭비하고 있다. 목표가 없으면 명중도 있을 수 없다.

질문을 하나 생각해 내기 위해 약간의 시간을 할애하기 바란다. 그것은 당신이 이제까지 자기에게 던진 가장 중요한 질문이 될지도 모른다. 그 질문이란 '당신의 인생을 움직이는 것은 누군가?'이다. 다른 사람일까? 당신의 직업일까? 내 의

도는 오직 한 가지 점을 분명히 해 두고 싶기 때문이다. 생명은 아무리 보아도 엄밀히 한정되어 있다. 2만 5000일 이상 살 수 있는 사람은 별로 없다. 오늘날의 의학을 가지고서도 당신은 그보다 별로 장수할 수가 없다.

목표 결여증을 치료하라

둘째 사항은 목표 결여증을 치료하는 것이다. 여기에 흥미있는 관찰이 있다. 직업면에서 불행한 수많은 사람들——인생이 불만스럽고, 불쾌하고, 불평만 하면서 가난하게 살고 있는 사람들도 예전에는 이루려던 꿈이 있던 사람들이다. 그러나 그들은 그것을 철저하게 추구하지를 않았다. 왜 그랬을까? 그들은 '목표 결여증'에 걸려 있었기 때문이다.

'목표 결여증'에는 몇 가지 중요한 타이프가 있다. 이것을 읽어 두고 내일 사람들이 투덜거리는 것을 들어 보기 바란다. 당신은 틀림없이 그들이 그러한 구실의 하나를 가지고 실패를 설명하려고 하는 것을 들을 것이다.

▓ 첫째 구실—나는 이 일을 위해 교육받아 왔다. 나는 내 교육을 헛되이 할 수는 없다

목장주가 된 광고 대리점 간부의 사례

MB는 그의 직업의 목표를 철저하게 재평가했을 때 마흔 세 살이 되어 있었고, 어느 커다란 광고 대리점의 경리 부장을 지내고 있었다. 그는 선전업이 좋아서 이 일에 20년이나 종사하고 있지만, 기질에 맞지 않는 점이 있다고 나에게 설명해 주

었다.

"나는 내가 일을 잘하고 있는 것을 알고 있습니다."라고 그
는 말했다.

"나는 급료도 상당합니다. 그러나 나는 이제까지 어딘가 무
리한 일을 해 온 것 같습니다. 의사는 내가 '뜻과 다른 일을 하
고 있다.'고 말하면서 그것이 심장이라든지 위 또는 그 밖의
중요한 기관을 손상하는 원인이 되고 있다고 설명해 주었습
니다.

나는 오랜 세월, 내가 참으로 하려는 일이 무엇인가를 알고
있었습니다만, 그것을 아무에게도 말하지 않았습니다. 좀 오래
전의 일입니다만 다른 대리점에서 일하고 있을 때 나는 사료제
조회사의 광고를 담당한 적이 있습니다. 나는 거기서 소의 사
육에 대하여 여러 가지를 알게 되었습니다만 그것을 깊이 알수
록 나는 거기에 열중하게 되었습니다.

그러나 나는 광고업을 그만둔다는 생각을 할 때마다 그것을
어리석은 일로 생각하였습니다. 나는 이 직업을 위해서 6년 동
안이나 대학에 다녔습니다. 나는 3만 5000달러에 상당하는 교
육과 20년의 경험을 내던져 버리는 것은 바보스러운 게 아닌가
생각되었습니다. 그리고 전혀 다른 직업을 생각할 때 거기에는
또 하나의 커다란 문제가 들어 있었습니다. 나는 아내와 10대
의 딸이 있었습니다. 오랫동안 나는 내가 하려는 일을 이야기
하기조차 부끄럽게 알고 있었습니다. 내가 좋은 수입을 내던지
고 사우드 앨라배마에서 소를 사육하겠다는 것을 알면 집사람
은 나를 보고 어이없어 웃고 나서 정색을 하고 화를 낼 것이 뻔
했습니다.

그러나 어느 날 드디어 용기를 내어 그녀에게 내 계획을 설

명했습니다. 나는 틀림없이 그녀가 그 일을 따지면서 덤벼들 것으로 알았습니다. 그러나 그녀는 그렇지 않았습니다. 그녀는 여러 가지로 내 계획을 질문했습니다. 우리는 여러 시간 이야기를 나누었습니다. 내 계획을 이것저것 안 다음에 마침내 그녀는 이렇게 말했습니다. '나는 당신과 뜻을 같이 하겠어요. 그럼 언제부터 시작하나요?'

그 날 밤 나는 그녀가 내 생각에 찬성하여 준 것을 진심으로 감사했습니다.

그 때 그녀가 해 준 말은 아내가 그 남편에게 한 말 가운데서도 가장 훌륭한 말의 하나라 해도 과언이 아닐 것입니다. 그녀는 이렇게 말했습니다. '나는 당신과 결혼했습니다. 당신의 직업이나 은행 예금과 결혼한 것은 아닙니다. 당신이 오늘 오후 목장에 대하여 설명해 주셨을 때 나는 당신이 몇 년 사이 보지 못했던 활기에 넘쳐 있는 모습을 보았습니다. 내가 아쉬웠던 것은 바로 그것이었습니다.'"

MB는 목장주가 되었다. 나는 몇 개월 전에 그에게서 짧은 편지를 받았는데 거기에는 이렇게 씌어 있었다.

　　선생, 나는 훌륭한 광고인이었습니다만 목장주로서도 상당합니다. 부디 오셔서 구경해 주십시오.

그는 성실하게 노력하면 인간은 목표 결여증을 극복할 수 있음을 실증한 비교적 소수의 한 사람이다.

1년 동안에 나는 자기 일에 불만을 갖고도 '그 일을 위해 교육을 받아 왔으니까'라는 이유 때문에 그 일을 어쩔 수 없이 하고 있는 수많은 직업인을 만난다. 나는 만일 그들이 판매업에 종사한다면 좀더 행복해(그리고 좀더 부자로)질 수 있을 수많은 기사(技師)를 개인적으로 알고 있다. 교수가 돼야 할 실업인도 알고 있다. 참으로 기꺼이 원하는 일을 하고 있는 사람이 얼마나 적은가를 보면 누구나 놀라움을 금치 못할 것이다(그러면서도 그들은 왜 돈이 벌어지지 않느냐고 투덜거리고 있는 것이다 !).

나는 그것을 할 수 있을까 ?

'나는 이 직업을 위해 교육을 받아 왔기 때문에 그것을 버릴 수가 없다'는 구실과 밀접한 관계가 있는 것에 '나는 그것을 할 수 있을까 ?'라는 공포가 있다.

앤디라는 이름의 친구가 극복한 상황을 이야기해 보자. 다음에 서술하는 것은 그가 나한테 이야기해 준 것이다.

"당신도 알고 있듯이 오랜 세월 동안 '나는 그것을 할 수 있을까 ?'라는 질문때문에 괴로워했어요. 나는 그 때까지 13년 동안 같은 회사 어느 백화점에 근무하고 있었지요. 나는 원래 앤지니어 교육을 받아 왔고, 직업상으로도 그 지식을 이용해 왔지만, 나는 이 일을 좋아하지 않았습니다. 나는 직업을 바꾸려 했지만 용기가 없었습니다. 결국 마흔 살이 넘어 버렸지요. 나는 마흔 살이 넘으면 직업을 바꾸기가 얼마나 어려운가는 잘 알고 있었습니다. 집사람도 그런 기사를 읽고 당연히 위구심(危懼心)을 가지고 있었지요. 월부 지불은 어떻게 될까 ? 어린이들은 어떻게 해서 대학에 보낼 수 있을까 ?와 같은 것이 문제였습니다.

나는 이같은 일로 3, 4년 동안 번민해 왔습니다. 하지만 아무래도 용단을 내려 뛰쳐나갈 수가 없었어요. 날마다 나는 가게 일을 마지 못해 했습니다. 나는 그것을 적당히 하고 있었지요. 적어도 남의 말을 듣지 않을 정도로 일하고 있었습니다. 그러나 저녁이 되면 점점 더 욕구 불만에 빠진 채 집에 돌아갔습니다. 나는 그것을 달래기 위해 몸에 해로울 정도로 술을 마시기 시작했습니다.

그 뒤 한 사건이 발생했어요. 마치 기도에 대한 계시처럼 사실 나중에 그 일을 생각해 볼 때 나는 그것이 아무래도 기도에 대한 계시로 밖에 생각되지 않아요. 하긴 그것을 기도하고 있던 것을 나는 의식적으로 알지는 못했지만."

"대체 무슨 일이 있었나요?"

그가 100만 달러나 되는 유산이라도 상속받았다는 줄 알고 반쯤 기대를 걸면서 이렇게 물었다.

"이런 일이지요."하고 그는 대답했다.

"해고가 된 겁니다. 갑자기 사장실에 불려 가서 퇴직금을 받고 쫓겨났어요. 나는 잠시 어쩔 바를 몰라했지만 2, 3일 뒤에 이것은 참으로 다행한 일이었음을 알게 되었습니다. 집사람은 내가 일자리를 찾으려고 누구를 만나러 가는지 알고 싶어했지만 나는 의기 양양하게 이렇게 대답했습니다. '나를 만나러 가는 거야.'라고요."

"당시의 일을 돌이켜보면" 하며 친구는 말을 계속했다.

"나는 다 자랐으면서도 날기를 무서워하고 있는 새와 같았어요. 나는 둥우리에서 날아갈 때에 누가 뒤를 밀어올려 주어야 했는데 해고된 것이 바로 그 역할을 해 주었습니다."

앤디는 이어서 자기가 할 수 있는 것, 하고 싶은 것, 자기가 일하는 경우에 제공할 수 있다고 생각되는 것을 기록한 내역을 얘기해 주었다. 그는 유통업의 기술 콘설턴트를 개업했던 것이다.

그의 사업은 회사에 가서 보다 적은 인원과 비용으로 물적 유통을 확보하는 수단을 가르치는 것이었다.

앤디가 해고되고 나서 3 년이 되었다. 그 성과는 어땠을까? 앤디는 이제 연수가 4 만 달러나 되어 이전에 일하던 곳에서 받던 급료의 꼭 두 배 반이나 올랐다. 바꾸어 말하면, 그는 3 년도 채 못 되어 수입을 250%나 늘린 것이다.

그러나 이 경우 참으로 중요한 것은 돈이 아니다. 중요한 것은 앤디가 다시 활기를 얻은 점이다. 어깨가 저리던 것이나 두통, 피로라든지 게다가 온갖 마음 속의 욕구 불만은 흔적도 없이 사라져 버렸다.

나는 때때로 우리가 누구나 참으로 하고 싶은 일을 한다면 우리 나라의 국민 보건 향상에 얼마나 크게 기여할까 하고 생각하는 경우가 있다. 그 경우에는 아마 제약업자가 파산하는 상황이 빚어질지도 모른다. 현대의 온갖 불합리한 섭생(攝生)——과도한 끽연, 지나친 음주, 지나친 두통, 지나친 약의 복용, 지나친 교통 위반, 이러한 모든 것, 그리고 더욱 많은 지나친 행위는 일종의 심리적인 노예 상태에서 빚어지는 것이 아닐까? 날마다 대체로 4 만에 이르는 사람들이 해고되고 있다. 그리고 이러한 케이스의 적어도 95%의 경우, 이들은 실제로 날아 볼 찬스를 가지도록 그 둥우리에서 밀려나게 된 것을 오히려 감사해야 하지 않을까?

 실제로 존재하는 것은 정신적인 것뿐이다. 모든 육체적인 것은 겉으로 보일 뿐이다.

유치원 경영자가 된 국민 학교 교사의 사례

둘째 구실―재출발하기에는 나는 나이가 너무 많다

이 구실은 놀라울 정도로 일반적이며, 또 흔히 들을 수 있는 의견과는 반대로 이것은 마흔 살이 지났다든지 쉰 살이 지난 사람들에게 한정되어 있는 것은 아니다. 나는 20 대라든지 30 대에서 그들이 싫증이 난 직업을 그만두기에는 '나이가 너무 많다고 생각하고 있는' 젊은이들을 수없이 알고 있다.

25 년 동안이나 국민 학교 교사를 지낸 미스 JHP의 사례를 들어 보자. 그녀는 그것이 중요한 일임을 알고 있었으며 어린 이들이 좋았기 때문에 자기가 하는 일을 사랑하고 있었다. 그 러나 그녀는 국민 학교에서 가르치는 것이 자기의 주목표는 아 니라고 고백하였다.

"오래 전에 제가 대학에 있을 무렵"이라고 그녀는 설명했다. "저는 자신이 유치원을 경영하고 있는 모습을 꿈꾼 것입 니다. 저희 선생 한 분이 어린이의 사고 방식은 학령기에 이르 기 전에 확립된다는 점을 강조하신 적이 있습니다. 나는 학령 전 어린이의 교육을 무척 재미있는 일로 알았습니다. 그리고 만일 스스로 유치원을 경영할 수 있으면 훨씬 자유로울 것으로 생각했습니다.

그러나 제 결점은 그러한 것을 꿈만 꾸고 있었습니다. 막상 학교를 그만두고 유치원을 시작하려고 하면 불안해집니다. 교 사를 그만두어 버리기엔 나이가 너무 많다고 저는 생각한 것입 니다. 저의 많지 않은 저축이 없어질 것도 같았습니다.

그래서 저는 다시 '1, 2 년' 기다리기도 하지만 해마다 무언 가 변화가 일어나서 점점 더 어려워지는 것 같았습니다. 마침

내 제가 마흔 일곱 살이 되었을 때 시작하느냐 그렇지 않으면
이 계획을 단념하느냐를 결심하기로 했습니다. 나는 봄에 학교
를 그만두고 그 해 여름은 유치원을 세우는 데에 소비했습
니다. 저는 제 저금으로, 낡긴 했지만 크고 잘 지어진, 어느 집
을 사기 위한 계약금을 치렀습니다. 그리고 나서 저는 1층은
유치원으로 개장하고, 2층은 제 주거로 정했습니다. 8월이 되
자 저는 유치원과 그 취지에 대한 간단한 선전문을 만들어 그
지역의 부모들에게 우송했습니다.

저는 이 유치원을 금년까지 4년 동안 경영하고 있습니다만,
그것은 어느 점에서 보나 성공이었습니다. 저는 지금처럼 행복
해 본 적이 없었으며, 제 수입도 국민 학교에 근무하던 때의 두
배가 되었습니다. 저는 이제 전에 경험하지 못했던 열의에 불
타고 있습니다."

미스 JHP는 오직 그녀의 참다운 목표에 몸을 맡김으로써 기
쁨, 열의, 수입의 증가와 같은 보수를 얻은 것이다.

그러나 다음 사실을 간과하지 말아야 한다. —— 자기를 전진
시키기 위해서 미스 JHP는 '나는 나이가 너무 많다'는 구실을
극복하지 않으면 안 되었다는 사실을.

당신은 유서를 만들었는가? —— 살기 위한 유서를

여기에 내가 청중에게 곧잘 묻는 질문이 있다. 그것은 하나
의 특별한 요점을 분명히 하는 데 도움이 될 것이다. 나는 이렇
게 묻는다.

"여러분 중에 몇 사람이나 죽기 위한 플랜을 기록하고 있습

니까? 손을 들어 보십시오."

사람들은 내가 무슨 말을 하는지 알 수 없다는 듯이 잠시 갈피를 못잡는 것 같다. 그 뒤 누군가 정해 놓고 이런 말을 한다.

"유서 말입니까?"

이 말에 나는 이렇게 대답한다.

"그렇습니다. 유서, 또는 죽기 위한 문서로 만든 플랜입니다." 죽기 위한 '문서로 만든 플랜'이 유서를 의미한다고 설명하자 이번에는 50%에서 75%의 손이 올라간다.

나는 이렇게 말한다.

"좋습니다. 이렇게 많은 분들이 죽음의 준비를 하고 계신다는 것을 알고 나도 기쁘게 생각합니다."

"그런데"라는 단서를 붙여 나는 말을 잇는다.

"여러분 중에서 몇 사람이나 살기 위한 문서화된 플랜을 가지고 계십니까? 당신은 어디에 가려고 하는지 그리고 어떻게 거기까지 도달하느냐 하는 플랜입니다."

만일 청중이 대단히 많은 경우에는 아마 둘 또는 세 사람이 손을 들지도 모른다. 내가 함께 이야기하고 있는 사람들의 반 이상은 문서로 분명히 기록한 죽기 위한 플랜을 가지고 있다. 그런데 1%의 사람도 살기 위한, 문서화하여 명확히 기록한 플랜을 가지고 있지 못하다.

죽음을 위한 플랜은 있지만 살기 위한 플랜은 없는 것이다.

그러나 나는 조금도 유서의 중요성을 반대하려는 생각은 아니다. 그것은 중요하고 필요한 것이다. 그러나 정직히 말해서 죽기 위한 청사진이 살기 위한 청사진만큼 중요한 것일까? 결국 죽어버리면 이 세상에 없지만 살아 있는 한 당신은 이 세상에 있다.

나는 이제까지 최근 10여년 동안을 문서화한 사는 플랜의 가치를 강조해 왔는데 드디어 몇 가지 적극적인 결과가 보이기 시작했다. 몇 년 전에 내가 목표를 설정하도록 권장했던 사람들이 이 훌륭한 결과를 나에게 보고하기 시작하고 있다.

내가 《거시적 사고의 마술》에서 서술한 목표의 사례는 그 사람이 쟁취하려고 한 것보다도 훨씬 잘 도달되고 있다.

목표를 명확히 하라

이제 우리는 커다란 달성과 보답으로 가는 열쇠를 쥐고 있는 성공의 비결에 다가가고 있다. 그것은 성공하는 사람이란 참으로 하고 싶은 것을 하는 사람들이며, 최선의 노력을 기울여서 목적에 매진하고 있는 사람들인 것이다.

다음에 무엇보다도 가장 중요한 사항에 대하여 서술하자. 그것은 당신의 목적을 명확히 하라는 것이다. 당신이 참으로 하고 싶은 것을 명확히 해야 한다.

훌륭한 목사는 이렇게 말할 것이다. 그의 목적은 교회를 신도로 가득하게 만드는 것도 아니고, 기부금을 많이 모으는 것도 아니고, 새로운 회당을 세우는 것도 아니고, '영혼을 구하는' 데에 있다고. 그는 진실로 중요한 것에 주의를 집중하고 있으므로 이러한 것은 자동적으로 뒤따르게 된다.

유능한 중역은 이렇게 말할 것이다. 자기의 목적은 '이 회사를 키우는' 데에 있다고. 새로운 공장을 세우는 것, 새로운 판매 대리점을 개설하는 것, 좋은 사람들을 고용하는 것——이러한 것은 모두 적절하게 행해지는데 그것은 그가 자기의 목적을 바르게 설정하고 있기 때문이다.

이 밖에도 여러 가지가 있다.

훌륭한 정치가는 이렇게 말한다. ——"선거에 당선하는 것"이라고.

유능한 자동차 세일즈맨은 이렇게 말한다. ——"차를 파는 것"이라고.

유명한 축구 코치는 이렇게 말한다. ——"시합에 이기는 것"이라고.

유능한 저자는 이렇게 말한다. ——"책을 쓰는 것"이라고.

그리고 일단 당신이 목적을 잠재 의식에게 심어 버린 다음엔 가려는 곳에 도달하려면 어떻게 하면 좋은가를 놓고 번민할 필요는 없다. 그 목적이 '차를 파는' 데에 있는 세일즈맨은 커피를 마시거나 잡지를 읽는 데에 많은 시간을 소비하지는 않는다. 그는 다 제쳐놓고 차를 팔려고 할 것이다.

이 경우 생각되는 한 가지 위험은 당신의 목적이 너무나도 막연하고 혼란하다는 점이다. 당신은 인생의 대목적이 무엇인가를 세 마디 이하로 줄여서 말할 수 있게 되어야 한다. 만일 그것이 세 마디 이상이라면 당신의 목적은 아직도 혼란 상태에 있는 것이다.

다음에 목적을 분명하게 만드는 올바른 방법을 설명하기 위해 몇 가지 예를 들어본다.

그러나 나는 돈을 벌고 싶다. 이것은 어디에 있을까?

대학을 나온지 4년째가 되는 스물 일곱 살인 사람이 보충 교육에 대하여 상담을 하러 나를 찾아 왔다.

"선생님도 아시는 바와 같이"라고 그는 이야기를 시작했다.

"저는 법률을 공부하려 합니다. 그러나 저는 법률 강좌를 듣기 전에 어떤 부분의 법률을 배우면 좋을지 알고 싶습니다. 저는 가장 돈을 많이 벌 수 있는 부문을 택하고 싶습니다."

"제가 보기에는" 하고 그는 덧붙였다.

"저로서는 회사법을 공부하면 어떨까 합니다. 회사의 고문변호사는 다른 변호사보다도 수입이 많다고 들었습니다만."

나는 이 사람의 생각을 바로잡아 주는데 무척 애를 썼다. 형법, 회사법, 민법, 부동산법과 같은 어떠한 법률 분야도 큰 돈을 벌 충분한 기회가 있다고 그를 인식시키기란 꽤 어려운 일이었다.

"그 어느 것을 배워도 좋습니다만" 하고 나는 설명해 주었다.

"당신이 참으로 그것을 좋아하지 않는 한 어떤 분야에서도 참으로 훌륭하고 예민해질 수는 없어요."

어떤 분야에서나 예외적인 사람만이 돈을 벌 수 있다. 바꾸어 말하면 모든 직업은 '다이어먼드의 땅'이다.

다음과 같이 말하는 사람을 나는 수없이 만나고 있다.

"나는 자동차 딜러가 되려고 합니다. 그것을 하면 돈을 벌수 있을 것 같습니다."

"나는 보험업을 해 보려고 합니다. 돈을 벌 수 있다는 말을 들었습니다."

"나는 이러이러한 사업을 해 보려고 합니다. 돈을 벌 수 있을 것 같습니다."라고 말하는 사람을.

대부분의 사람이 값비싼 잘못을 저지르는 것은 바로 이 점에 있는 것이다. 우리가 '많은 돈'을 벌었다는 말을 듣는 것은 직업을 선택하는 단계에서 뿐이다.

사실 우리는 돈많은 자동차 상인을 몇몇 발견할 수 있을 것이다. 그러나 우리는 파산 직전에 있는 많은 자동차 상인이나 가난한 보험 외무원도 얼마든지 발견할 수 있다. 간신히 살아가고 있는 변호사도 결코 드물지는 않다. 의사이건 세일즈맨이건 다른 어떤 직업 그룹이라도 다를 바가 없다.

요점은 이런 것이다. ──당신이 생각할 수 있는 어떤 직업이나 수입이 많은 사람과 아주 적은 수입 밖에 올리지 못하는 사람이 있게 마련이다. 교사라든지 목사와 같은 이른바 저소득 계층 안에도 연간 5만 달러 이상 되는 수입을 올리고 있는 사람들을 나는 직접 알고 있다. 농가는 별로 수입이 많지 않은 것으로 알려져 있지만 부농을 나는 수없이 알고 있다.

어디에 돈이 있느냐보다도 어디에 돈이 없느냐를 결정하기가 훨씬 어렵다.

실은 급여가 좋지 못한 직업 같은 것은 없다. 있는 것은 그 직업에 종사하기를 진심으로 원하지 않는 수많은 사람들 뿐이다. 이러한 사람들을 찾아다니며 자기가 좋아하는 일을 얻어야 할 것이다.

참으로 하고 싶은 일을 하라

최근에 나는 자기 일을 좋아하지 않을 뿐더러 극히 평범한 업적 밖에 올리지 못하는 뉴욕의 어느 화학제품 세일즈맨이 하는 이야기를 들었다(나는 그것을 체크하여 보았지만 이것은 거짓이 아닌 이야기였다). 그의 주된 도락은 둘이 있었다. 개를 좋아했고, 그리고 걷는 것이 좋았다. 그래서 이 적극적인 사람은 돈많은 뉴욕 사람을 위해 개의 산책을 맡아 해 주기 시작한 것이다. 이렇게 그는 자기가 참으로 하려 하는 것을 하여 주에 500달러 이상의 수입을 올리고 있다.

만일 당신이

* 참으로 그것을 좋아하고,
* 거기에 최대의 노력을 기울인다면

어떠한 직업이라도 큰 돈을 벌 가망이 있다.

'나는 이러이러한 일을 하려고 한다. 그렇게 하면 돈을 벌 수 있으니까'라고 결의하는 것은 당신이 할 수 있는 가장 어리석은 결의이다.

'나는 이러이러한 일을 하려고 한다. 그것이 참으로 내가 하려고 하는 것이기 때문에'라고 결의하는 것이야말로 당신이 할 수 있는 가장 현명한 결의이다.

돈벌이의 가망성만으로는 안 된다. 그 일이 당신의 마음에 들어야 한다. 당신을 끌어들이고 끌어당겨야 한다. 만일 그렇다면 당신은 틀림없이 돈을 벌 수 있을 것이다.

사실을 말하면 성공하는 가장 적합한 직업 같은 것은 없다. 미국에는 사양길에 있는 직업 같은 게 없다. 있는 것은 수많은 정돈 상태에 있는 또는 목적이 없는 사람들 뿐이다. 온갖 직업에 황금의 통이 있고 행복과 커다란 만족의 통이 있는 것이다.

나는 큰 돈을 벌도록 힘써야 할까?

오늘날에는 돈을 번다는 것에 죄악감을 느끼는 사람이 극소

수밖에 없다. 그들은 어떤 이유 때문에 돈을 목표로 삼는 데 대하여 변명하려고 서둘러 이런 말을 한다.

"나는 부자가 되려고는 하지 않습니다. —— '훌륭한' 생활을 하고 싶을 따름입니다."

그럼 한 가지를 분명히 해 두자. 돈은 나쁜 것은 아니다. 완전한 유통성이 있는 보수의 한 형식인 돈은 두 가지 사실을 나타내고 있다.

첫째는 당신은 얼마나 사회적으로 인정되는 서비스를 사람들에게 주었느냐 하는 것이며, 둘째는 돈은 좋은 일을 하는 당신의 능력을 나타내고 있는 것이다. 예를 든다면, 5만 달러의 연수가 있는 사람은 2만 5000달러의 연수가 있는 사람의 두 배나 더 좋은 일을 할 능력이 있는 것이 된다.

돈을 번다는 강렬한 욕망은 건전한 것이지 결코 해로운 것은 아니다. 그리고 이 책에서 내가 몇 번이고 강조해 온 것을 되풀이한다면 경제적인 독립은 정신적인 자유를 얻고 싶다는 충동의 중요한 부분을 차지하고 있다. 그리고 돈 문제를 해결한 사람은 다른 문제와 맞서는 데에도 훨씬 좋은 위치에 놓이게 된다.

돈을 벌기 위한 마법의 교훈

별로 오래 된 일은 아니지만 잘 알고 있는 은행장과 나는 성공하려면 무엇이 필요한가를 이야기한 일이 있다. 친구는 나에게 매우 날카로운 질문을 하였다.

"디이브 씨, 당신은 자신이 가르치거나 강의하시는 노력에 대하여 무언가 실망을 느끼지는 않습니까? 사람들은 일반적으로 당신의 훌륭한 성공 철학의 핵심을 포착하지 못하고 있다고 느끼지는 않습니까?"

나는 하나의 커다란 실망을 안고 있었기 때문에 그 질문에 오래 생각할 필요도 없었다. 그것은 나에게 능력이 없어서 돈을 벌기 위한 마법의 교훈을 모든 사람에게 이해시킬 수 없는 것이다. 그러나 이 교훈을 일단 터득만 하면 자동적으로 많은 돈이 벌리기 시작하는 것이다.

요약해서 말하면 그것은 이런 것이다. 돈을 벌기 위한 마법의 교훈이란 돈을 당신의 첫째 목표로는 삼지 말라는 것이다. 돈은 선이지 악은 아니라고 생각하는 사람이 보면 이것은 이상하게 들릴지도 모른다. 그러나 돈을 많이 벌기 위해선 그것은 첫째 목표가 아니라 둘째 목표여야 한다.

이를 좀 설명하여 보자.

중부 죠지아에서 임업(林業)을 경영하는 다정한 친구가 있다. 그의 현재의 순재산은 적어도 200달러 이상으로 되어 있다. 그러나 그는 약 16년 전에는 완전히 무일푼에서 출발했던 것이다. 그는 최근에 나에게 이런 말을 해 주었다.

"다 알겠지만, 나는 1940년대에 세계 제일의 임업가가 될 생각으로 출발했습니다. 나는 나무가 좋았습니다. 나는 오랫동안 황폐한 땅을 일구어 그곳을 싱싱한 소나무가 가득히 자라고 있는 수풀로 바꾸어 놓은 일에 한없는 기쁨을 느꼈습니다. 현재 나는 많은 재산이 있고 그것이 줄기차게 늘고 있습니다만, 재미있는 것은 나는 이제까지 돈을 벌려고 열중한 일은 한 번도 없었습니다. 다만 나는 최선의 방법으로 나무를 키우는 데에 정성을 다했을 따름입니다. 돈은 저절로 모여들었습니다."

이것으로 알 수 있을 것이다.

돈을 첫째로 치면 당신은 아마 가난에서 벗어날 수 없을 것이다.

당신의 목적을 제일 위에 두십시오. 그렇게 하면 당신은 부를 향하여 치닫게 될 것이다.

이 마법의 실례는 얼마든지 있다. 대개의 생명보험 세일즈맨은 '적당히' 성공하고 있을 뿐이다. 그들은 보편적으로 중류의 사람보다도 수입이 약간 나을 따름이다. 그리고 그들이 보통 사람보다도 얼마간 행복한지 어떤지는 나도 잘 알 수 없다.

그러나 가끔 당신은 일을 민첩하게 해치우고 최고의 성적을 올리는 보험 세일즈맨을 보는 경우가 있을 것이다. 그리고 그런 경우의 매우 성공하고 있는 세일즈맨은 '사람들이 재산을 만드는 것을 돕는' 것을 '큰 코미션을 얻는' 것보다도 높은 곳에 두는 것을 발견할 것이다.

서비스를 제일 위에 두십시오. 그렇게 하면 돈은 자연히 모이는 법이다.

목적이 없는 사람들

당신은 왜 사람들이 평범한 아류의 생활로 만족하고 있어야 하는지 그 이유를 빨리 알고 싶지 않을까? 어떻게 하면 그것을 찾아 낼 수 있는지 가르쳐 주자. 내일, 당신이 '왜 사람은 아침이 되면 일어나는가?'라는 기사를 쓰는 신문의 탐방 기자가 되었다고 생각하십시오. 다음에 당신이 알지도 못하는 사람을 불러세우고 이렇게 말한다.

"잠깐 실례합니다. 저는 특별 기사를 쓰고 있습니다만 질문

을 해도 될까요? 당신이 오늘 아침 왜 일어나게 되었는지 가
르쳐 주지 않겠습니까?"

이렇게 당신의 질문을 받은 사람은 혹시 당신의 머리가 이상
하지 않은가 해서 당신을 바라볼 것이다. 그러나 당신이 그 질
문을 계속한다면 답은 들을 수 있을 것이다.

기묘한 일이지만 사람들은 대개 이렇게 말할 것이다.

"내가 오늘 아침 일어난 것은 일을 하러 가야 하기 때문입
니다."

그러면 당신은 "어째서입니까?"라고 묻는다. 그러면 대개의
사람들은 당연한 일을 묻지 말라는 투로 이렇게 대답한다.

"왜라니? 먹고 살아야 될 거 아니요 : "

이번에는 이렇게 묻는다.

"왜 당신은 먹어야 합니까?"

"살기 위해섭니다."라는 것이 그에 대한 전형적인 답이다.

이번에는 이렇게 묻는다.

"당신은 왜 살아야 합니까?"

여기서 상대방은 이 이상 참을 수 없다는 표정으로 당신을
바라보며 이렇게 말할 것이다.

"왜라니? 내일 다시 일하러 가야 하니까 그렇지."

이 실험에서 당신에게 사람들은 '먹을 수 있기 때문에' 그리
고 '살아갈 수 있기 때문에' 그리고 '다음날 다시 일어나서 일
하러 갈 수 있기 때문에', '일하러 가지 않으면 안 되기 때문
에' 아침에 일어나는 것임을 보여 주고 있을 것이다.

만일 당신이 이 실험을 계속한다면 대개의 사람은 '먹어야
하기 때문에', '일어나지 않으면 일자리를 잃기 때문에' 또는
'누구나 아침에 일어나기 때문에', '살아가기 위해' 일어난다

는 사실을 알 수 있을 것이다.

당신이 받는 답은 사람들이 살아가는 방법에 대하여 두 가지 커다란 사실을 알리고 있다. 첫째로 그들은 아무 데도 도달할 수 없는 소용돌이 속에 있다는 것. 그들은 먹을 수 있도록 노예와 같은 일을 하러 가기 위해 일어나는 것이며, 그 노예와 같은 일을 계속해 갈 수 있기 위해, 그리고 참으로 산다는 것을 경험하지 못하고 결국은 죽기 위해 아침에 일어나는 것이다.

사람들은 왜 아침에 일어나느냐 하는 당신의 연구가 밝히고 있는 둘째 사실은 목적이 없는 사람은 아무 데도 갈 수 없고, 아무 것도 이룩할 수 없으며 즐기는 일도 적다는 사실이다.

성공한 사람을 닮으라, 제일급의 교사를 선택하라

내가 관찰한 가장 성공한 사람들이 사용하는 방법을 설명하여 보자. 그들은 성공한 다른 사람들의 방법을 흉내내고 있다.

다음 사실은 누구나 이의를 제기할 수 없을 것이다. ——우리는 다른 어떤 방법보다도 흉내냄으로써 많은 것을 배운다. 예를 들면, 당신은 어떤 종류의 액센트라든지 억양을 붙여서 이야기하는 경우가 있을 것이다. 대개의 사람들은 그렇다. 당신은 화술이나 음색의 특질을 어떻게 익혔을까? 누군가 다른 사람의 이야기를 듣고, 관찰하고, 그리고 나서 그것을 모방함으로써 이루어지는 것이다. 당신의 화술, 당신의 걸음걸이, 당신의 태도, 당신의 몸짓은 그 대부분이 당신과 밀접한 관계가 있는 사람들을 모방한 것이다.

당신의 육체적인 버릇의 대부분이 과거의 환경에서 나온 산물일 뿐더러 당신의 정신적인 버릇도 그렇다. 당신의 태도나 개인적인 사고 방식은 당신의 주위, 특히 부모라든지 목사라든지 상사와 같은 윗사람들로부터 얻은 것이다.

무엇을 기준으로 직업을 선택해야 하는가?

4년 전 일인데 내 제자인 두 청년이 대학을 졸업한 뒤 일자리에 연줄을 대기 위해 나를 개인적으로 찾아 온 일이 있다. 두 사람 다 머리가 좋고, 학교 성적도 우수했으며, 거의 같은 소질을 가지고 있었다. 이들에게 몇 군데에서 취직 신청이 있었다. 마침 그 때 작은 회사를 경영하여 크게 성공하고 있는 내 친구가 자기의 보좌역을 할 인물을 구하기에 나는 이들을 각각 친구에게 소개하고, 그 일이 어떤 일인지 보고 오라고 권하였다.

그래서 두 사람은 제각기 회사를 찾아 갔는데 최초의 청년 지미 Y는 사장을 만난 뒤에 곧 나를 찾아 와서 "슈워쯔 선생님."하고 감정을 억누르면서 이렇게 말한 것이다.

"선생님의 친구는 지독하게 돈에 잘다군요. 초봉이 한 달에 겨우 400달러라고 합니다. 저는 딱잘라 거절할 수밖에 없었습니다. 뭐라해도 저는 이미 한 달에 600달러로 다른 회사에서 실습을 단단히 받고 있으니까요."

다음날 또 한 사람의 학생 촬스 T가 내 친구를 만나러 갔다. 그도 또한 더 유리한 신청을 받고 있었지만 내 친구한테 가기로 승낙한 것이다. 그가 자기의 결정을 알리러 찾아 왔을 때 나는 이렇게 물어 보았다.

"자네의 초봉이 보통보다 상당히 낮다는데 불만이 없는가?"

그의 답은 이랬다.

"틀림없이 저도 돈벌이를 좋아합니다. 그러나 저는 선생님의 친구한테서 매우 강한 인상을 받았기 때문에 그 분한테서 배우는 것은 급료 차이 이상의 가치가 있다고 생각했습니다. 저는 그 분이 여러 가지 일을 가르쳐 줄 것으로 믿습니다. 그렇다면 긴 안목으로 볼 때 그 쪽이 득이 아닐까요?"

앞에서도 말했듯이 이것은 4년 전의 일이었다. 그럼 지금은 성적이 어떻게 되었을까? 다른 회사에서 연수 7200 달러로 일한 지미는 현재 8700 달러를 받고 있다. 그런데 내 친구에게서 4800 달러만을 받고 일하기 시작한 촬스는 현재 2만 달러 이외에도 많은 보너스를 받는 신분이 되었다.

이 차이는 어디에서 온 것일까? 지미는 오로지 초봉만을 생각하고 일자리를 찾은 데 비해 촬스는 자기가 받드는 사람이 무엇을 가르쳐 줄 것인가를 조건으로 삼아 일자리를 선택한 것이다.

나는 대부분의 사람이 일자리를 선택하는 데에 맹목적인 방법을 쓰고 있음에 놀라는 경우가 많다. 대개의 사람은 다음과 같은 질문에 대한 답만을 얻으려고 한다.

"얼마를 받게 될까요?", "몇 시간 근무할까요?", "복지 시설은 어떻게 되어 있을까요?", "유급 휴가는 어느 정도일까요?", "정기 승급은 언제일까요?"

이러한 사람들은——그들은 적어도 전체의 90%를 차지하고 있는데——'내가 받드는 사람은 어떤 사람일까?'라는 무엇보다도 가장 중요한 요소를 간과하고 있는 것이다.

일자리를 선택할 때 대답하지 않으면 안 될 유일하고 가장 중요한 질문은 다음과 같다.——'나는 내가 받드는 사람, 또

는 사람들한테 무엇을 배울 수 있을까? 그들은 내가 일을 하는 데에 무엇을 가르쳐 줄 수 있을까?'

만일 당신이 고등 학교 축구 선수이고, 대학을 나온 뒤에 프로가 되려고 한다면 당신은 어떤 대학을 선택할까? 그 때 가장 중요한 요소는 당신을 제일 잘 가르쳐 줄 코치가 아닐까?

내가 이제까지 관찰해 온 바에 따르면, 위대한 사람은 보통 잠시 동안 다른 위대한 사람을 모방한다. 그래서 당신에게 무언가를 가르칠 수 있는 사람을 선택하는 것이다. 만일 당신이 정직하게 객관적으로 생각하여 윗사람이 아무 것도 가르칠 수 없고 당신이 바라는 가치 체계를 갖지 못하였으며, 당신이 마음에 품고 있는 이미지를 달성하는 데에 도움이 될 수 없다고 결론을 내린다면 말없이 그 곳을 떠나야 한다.

자기의 부모는 선택할 수 없지만, 성인이 되면 누구를 마음의 부모로 모셔야 하는가는 스스로 선택할 수 있을 것이다.

사람들은 일자리를 평가할 때 자기의 상사한테서 무엇을 배울 수 있는지 어떤지는 조금도 고려하지 않는다. 그들의 조사 범위는 급료, 근무 시간, 휴가, 복지 시설, 정기 승급과 같은 것에 한정되어 있다.

다음을 테스트 하라

누군가와 함께 일을 하기 전에 다음 질문을 자기에게 해 본다.

◆ 만일 내가 이 사람과 일한다면 대체 어떤 사람으로 나는 될 것인가?

FOCUS

이 장에서 기억해 둘 포인트

당신의 정신력을 강화하기 위해서는 다음과 같은 착실한 방법을 택하라.

(1) 지금 당장 '말하거나 또는 글로 기록하는 가장 슬픈 말은 이렇게 했더라면 좋았을 것이라는 말이다'와는 관계가 없다고 결의하라.

(2) 심리적인 노예의 고삐를 자르라.

(3) 목표 결여증을 치료하라. 다음과 같은 생각은 어리석고 헛된 일이다.

① '나는 이 일을 위해 교육을 받아 왔다. 그러니까 여기에 머무를 수밖에 없다.'

② '나는 그런 일은 할 수 없다.' 당신은 할 수 있을 것이다!

③ '재출발을 하기에는 너무 나이가 많다.'

④ '나는 이 일은 좋아하지 않지만 부모가 원하니까…….'

⑤ '나는 현재 좋은 일을 하고 있으므로 그것을 버리는 것은 어리석다.'(손에 든 새 한마리는 덤불 속에 있는 두 마리보다 가치가 없다는 사실을 잘 기억해 두라).

(4) 살기 위한 유서를 만들라.

(5) 돈――큰 돈은 어떤 직업에서나 벌 수 있다는 사실을 알
라.

(6) 서비스를 제일 위에 두면 돈은 자연히 모인다는, 돈을
버는 마법의 교훈을 잘 기억해 두라.

(7) 성공한 사람의 모방을 하라. 제일급 교사를 선택하라.